KB053165

1000개 기업 탐방으로 알게 된 수익 내는 주식 투자의 원칙

1000개 기업 탐방으로 알게 된

수익 내는 주식 투자의 원칙

호크마 지음

BM 황금부엉이

<일러두기>

- 이 책에 나오는 투자 관련 내용은 필자의 의견입니다. 투자에 따른 수익 또는 손실은 투자자에게 귀속됩니다.
- 책에 나오는 정보, 숫자는 이후 변동될 수 있습니다. 투자할 경우 변동된 사항을 확인한 후 진행하시기 바랍니다.

머리말

필자는 주식 공부를 시작하면서 처음 읽은 책이 《슈퍼개미 박성득의 주식투자 교과서》였다. 당시 대학생이었던 필자에게 이 책 저자의 스토리는 영화 같았다. 읽고 난 다음에는 주식 투자로 많은 돈을 벌고 싶다는 생각을 하게 됐다. 기업을 분석하고, 적정 매수 가격을 찾아서 매집하고, 원했던 가격에 매도하는 모습이 너무나도 멋있어 보였다. 큰돈을 벌었다는 사람의 글에서 교만함보다는 냉정함이 묻어 있었는데 그 역시도 너무 멋있어 보였다. 당시 주식을 막 시작한 필자는 '나도 언젠가 큰돈을 만지면서 냉정함을 잃지 않는 모습의 투자자가 되고 싶다'라는 꿈을 꾸게 됐다.

그때부터 닥치는 대로 주식 관련 책을 읽고 실제로 투자도 하면서 공부했다. 뭐든 열심히 하면 결과를 낼 수 있다는 믿음이 있었기에 금방 큰돈을 벌 수 있을 것 같았다. 그러나 현실은 달랐다. 좀처럼 수익이 나지 않았다. 큰 수익이 났다가도 다른 종목에서 손실을 봤다. 이런 과정이 반복되다 보니 계좌잔고가 조금씩 늘어나기는 했지만 투자한 시간 대비 초라한 성적이었다. 이해할 수 없었다. 저PER, 저PBR 등 각종 수치를 달달 외우고 있었고 차트 보는 방법도 터득한 상태였다. 성공한 여러 투자자의 투자 마인드까지 내 것으로 만들기 위해 열심히 노력했지만 계좌잔고가 생각만큼 따라오지 않았다.

그렇게 5~6년의 세월이 지난 후 주식 투자 관련 회사에 취직할 기회가 있었다. 연봉이나 복지 같은 것은 하나도 생각하지 않았다. 그냥 주식을 더 잘하고 싶었다. 개인투자자로 투자하고 공부하는 것보다는 뭐라도 더 배울 것이 있지 않을까 하는 막연한 생각으로 일을 시작했다.

필자의 업무는 기업 탐방을 다니는 것이었다. 기업 탐방을 다니면서 해당 기업의 상황을 업데이트하고 추적해야 했다. 나름 주식 공부 오래 했다고 생각했었는데 이런 업무가 있는지조차 몰랐다(기업 탐방과 관련된 내용은 1장에서 자세하게 다뤘다). 너무 생소했는데 생각보다 재미있었다. 무엇보다도 투자 실력이 많이 늘어나는 계기가 된 것이 가장 좋았다. '투자는 이렇게 했어야 하는구나!'라는 생각도 들었다. 일도 하면서 계좌도 불어나니 이보다 좋은 일이 없었다. 기업 탐방을 다닌 이후부터 필자의 계좌잔고가 쭉쭉 불어나기 시작했다. 물론 필자가 원하는 수준에는 도달하지 못했지만 이론만 알고 투자했던 시절 때보다는 훨씬 빠른 속도로 계좌잔고가 불어나고 있다.

기업 탐방을 다니면서 필자는 큰 깨달음을 얻었다. 왜 그동안 계좌잔고가 불어나지 않았는지 이해할 수 있었다. 각종 수치를 연구하는 그런 공부는 주식 투자를 위한 일부일 뿐이었다. 이런 내용을 이론 과정이라 한다면 기업 탐방은 실전 과정이다. 기업 탐방을 다니기 전까지의 모습은 축구선수가 되겠다는 사람이 이론만 달달 외우고 있는 것과 마찬가지였다. 필드에 나가서 직접 뛰어도 보고 공도 차봐야 하는데 책상 앞에 앉아 책만 보면서 유명한 축구선수들의 스토리만 읽고 있었다. 이론적으로는 완벽한 축구를 할 수 있을지 모르지만 실제 필드에서는 생각지 못한 여러 변수가 있기 마련이다. 날씨, 잔디 상태, 상대팀 실력 등 이론이 완벽해질 수 없게 만드는 수많은 변수가 존재한다. 여러 상황을 직접 뛰어보면서 겪어봐야 훌륭한 축구선수가 되는 것이다. 필드 한 번 안 뛰어보고 성공한 축구선수는 없다.

주식 투자도 마찬가지다. 각종 수치와 차트는 이론일 뿐이다. 이론만으로는 성공할 수 없다. 반드시 실전에서 뛰어봐야 한다. 이것이 필자가 이 책을 쓰게 된 계기다. 수많은 주식 투자책을 읽어보면 저평가된 기업을 찾는 방법이라든지, 수치상으로 어떻게 종목을 찾아야 하는지, 차트를 어떻게 봐야 하는지와 같은 내용을 쉽게 찾아볼 수 있다. 저자의 투자 철학이 무엇인지, 투자 마인드를 어떻게 가져야 하는지 등을 소개하는 책도 많이 있다. 필자는 이런 내용을 '이론 과정'이라고 정의한다. 필자는 이론 과정보다는 실전 과정에 초점을 맞춰서 이 책을 집필했다. 주식은 반드시 이론 과정과 실전 과정을 병행해야 한다.

이 책은 총 5장으로 구성되어 있다. 1장에서는 필자가 기업 탐방을 다니게 된 계기와 기업 탐방의 정의를 담았다. 기업 탐방을 가지 못하는 개인투자자들이 할 수 있는 4가지 방법도 소개했다. 2장에서는 최근 성공 사례를 통해 투자자가 반드시 알아야 할 현실적인 조언들을 공유하고자 한다. 여기서도 이론적인 내용보다는 실전에서 도움이 되는 조언들 위주로 담았다.

3장에서는 필자가 기업 탐방을 다니면서 깨닫게 된 좋은 기업 고르는 방법을 알려주고자 한다. 4장에서는 매수 이후부터 매도하는 순간까지 무엇을 해야 하는지를, 그리고 5장에서는 필자가 1,000개 넘는 기업을 탐방하면서 겪었던 실전 사례들을 담았다. 좋은 기업을 분별하기까지 겪었던 실전 사례들로 구성했다. 이 책에서 다루는 IR 담당자와 관련된 내용은 필자가 기업 탐방을 가서 미팅했을 당시 시점의 내용이며 개인적인 느낌과 생각이 포함되어 있다. 필자가 만났던 IR 담당자들이 지금은 자리에 없을 수도 있다.

주식 시장은 하루하루 변동이 심한 곳이기 때문에 특정 기간의 정보에 의존해서는 안 된다. 필자가 이 책에 기록해둔 각종 데이터는 이 책을 집필한 시점을 기준으로 유용한 정보다. 데이터나 숫자보다는 기업을 어떻게 바라보고 분석해야 하는지를 참고하는 것이 좋다. 어떤 방식으로 기업을 추적하는지 등에 집중해서 읽으면 도움이 될 것이다. 익명 처리가 필요한 기업들은 알파벳 순서로 표기했다. 특정 기업의 이니셜이 아니다. 또한, 필자는 이 책에 언급된 그 어떤 기업에도 투자하고 있지 않다. 이 책은 특정 종목을 추천하기 위해 집필한 책이 아니다. 필자의 경험을 토대로 이제 막 주식 투자를 시작하는 사람들에게 조금이라도 도움이 됐으면 하는 바람으로 쓴 책일 뿐이다.

주식 투자에 있어서 특정 인물의 조언이나 말이 절대적인 기준이 되어서는 안 된다. 참고만 하고 자신의 투자 철학을 만들어가는 데 아주 작은 역할만 하게 해야 한다. 주식 투자로 큰돈을 벌고 싶다면 반드시 그래야만 한다. 필자가 아는 성공한 투자자들 중에서 자신만의 확고한 철학이 없는 사람은 단 한 명도 없다.

필자가 이론만 알면서 보냈던 5~6년의 세월 동안 누군가 실전에 대한 내용을 알려줬다면 주식 투자로 수익을 더 낼 수 있었을 것이라는 아쉬움이 늘 있었다. 이 책을 읽는 독자 여러분은 필자보다 좀 더 빨리 주식 투자로 경제적 자유를 얻을 수 있기를 바란다.

차례

1장

1,000개 기업을 탐방하기까지

2장

나는 6개월 만에 1억 원을 4.5억 원으로 불렸다

3장

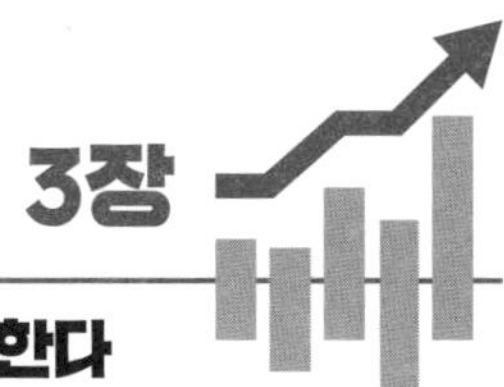

나는 3가지 조건이 맞으면 매수한다

4장

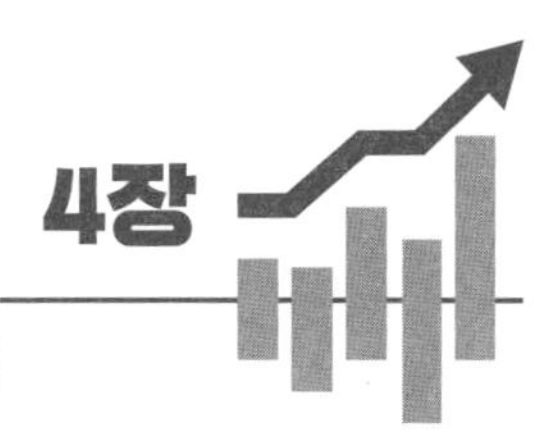

매도하는 순간까지 해야 할 것

5장

실전! 기업 탐방

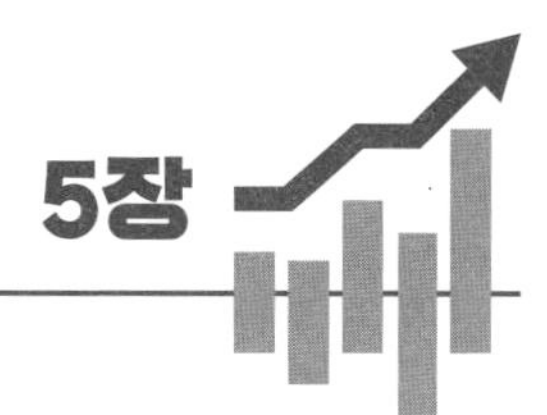

1장

1,000개 기업을 탐방하기까지

필자는 기업 탐방을 하지 않고 성공한 투자자를 본 적이 없다. 기업 탐방은 선택이 아니라 성공적으로 주식 투자를 하기 위한 필수 조건이다.

필자는 2016년부터 1,000개가 넘는 기업을 탐방했다. 1장에서는 필자가 기업 탐방을 다니게 된 계기와 기업 탐방의 정의를 공유하고자 한다.

기업 탐방을 가지 못하는 개인투자자들을 위한 현실적인 대안에 대해서도 알려주려고 한다. 많은 사람이 기업 탐방은 큰손 투자자나 기관투자자만 할 수 있다고 생각하지만 그렇지 않다. 개인투자자도 가능하다.

01 모 제약 IR 담당자가 들려준 투자의 세계

"오늘 혹시 실적과 관련된 이야기만 하실 거라면 딱히 드릴 말씀이 없습니다. 허허허."

필자는 몇 년 전에 모 제약사를 탐방했다. 머리는 희끗희끗하고 안경을 쓴 중년의 IR 담당자가 필자를 반겨주며 입구 앞에서 던진 인사말이다. 웃는 모습이 굉장히 따뜻하면서 옆집 아저씨 같은 느낌의 편안한 인상을 풍겼지만 처음 건넨 말에는 깊은 의미가 담겨있음을 바로 알아차렸다. 미팅실까지 걸어가는 짧은 시간 동안 머릿속이 복잡해졌다. '무슨 의미로 저런 말을 한 걸까?'

지금이야 탐방을 다녀온 기업이 많이 누적되다 보니 IR 담당자가 무슨 말만 해도 어떤 의미를 담고 있는지 금방 파악하지만 당시에는 탐방을 막 다니기 시작한 때라서 그런 눈치가 없던 시절이었다.

미팅실에 들어가서 명함을 교환했다. 인사를 나누고 단도

직입적으로 물어봤다.

필자: 아까 입구에서 하신 말씀을 이해하지 못했습니다.

IR 담당자: 우리 회사에 찾아오시는 분이 많아요. 대형 증권사 애널리스트도 많죠. 그런데 하나같이 질문이 다 똑같아요. 다음 분기 실적이 얼마가 나오는지, 이익률이 얼마인지 이런 내용만 물어보죠. 근데 제가 보기에 우리 회사를 이해하기 위한 핵심적인 질문은 많이 들어보지 못한 것 같아요. 그래서 혹시 팀장님(필자)께서도 그런 질문을 하실 건가 해서 미리 질문한 거죠.

필자: 무슨 말씀인지 이해했습니다.

IR 담당자: 혹시 팀장님도 숫자를 알고 싶으신 것이라면 긴 대화가 필요할까요? 이미 증권사 보고서에도 나와 있는 내용인데 여기까지 굳이 오실 필요가 없죠.

필자도 온갖 숫자에 대한 질문들을 준비해갔었기 때문에 살짝 당황했지만 어떻게 해서든 대화는 이어 나가야 했다. 지금이야 숫자와 관련된 내용은 잘 물어보지 않지만 당시만 해도 어떤 형식으로 탐방을 해야 하는지 알지 못했기 때문에 (지금 돌아보면) 질문 수준이 높지 않았다. 준비해간 질문들은 버리기로 마음을 먹고 대화를 이어갔다. 그 질문들을 순서대로 던진다면 IR 담당자가 어떤 표정을 지을지 생각만 해도 끔찍했다. '또 똑같은 사람 하나 찾아왔구나'라는 생각을 심어주고 싶지 않았다.

필자: 조금 더 말씀해주세요.

IR 담당자: 저는 투자를 하는 사람은 아닙니다. 그런데 주식 투자 할 때 '모르는 것에 투자하지 말라'는 말 많이 하지 않나요? 우리 회사 찾아오시는 분 중에서 제약업계에 대해서 깊이 이해하고 있다고 느껴진 분들은 거의 없었어요. 그렇게 투자하면 위험하지 않나요? 아니면 제가 투자의 세계를 이해하지 못하는 건가요? 원래 주식은 그렇게 하는 건지… 허허.

필자: 대형 증권사 애널리스트분들은 어땠나요? 좀 다르지 않았나요?

IR 담당자: 이름 있는 대형 증권사 다닌다고 해서 제약업에 대한 이해도가 높은 건 아닙니다. 증권가에서 바라보는 제약 산업과 업계 종사자가 바라보는 제약 산업 간에는 괴리가 있습니다. 제가 투자자가 아니라서 모르는 건지…, 숫자만 알아서는 제약업이 이해가 안 될 텐데 왜 자꾸 불필요한 질문들만 하는지 이해가 잘 가지 않아요. 팀장님께서 괜찮으시면 제가 제약 산업에 대한 역사부터 짧게 말씀드려도 될까요?

대화는 이렇게 시작됐다. 1950년대 한국전쟁이 발생한 이후 한국 제약업이 어떻게 시작됐는지, 다른 나라들과 우리나라 간의 제약업 차이는 무엇인지, 제약업을 이끄는 경영자들의 성향은 어떤지 등을 깊이 있게 들을 수 있었다. 의약분업(무분별한 약의 오남용을 막기 위해 환자 치료 역할을 분담하는 것으로 약 처방은 의사가, 조제는 약사가 하는 것을 말함)이 우리나라 제약업에 어떤 영향을 줬는지, 우리나라에서 정부가 제약업계에 미치는 영향은 무엇이 있는지를 배울 수 있었다. 대화 내내 IR 담당자는 '현장에 있는 사람들'과 '증권가에 있는 사람들' 간의 분위기와 온도가 다르다는 것을 강조했다.

그날 필자가 얻은 가장 큰 교훈은 한 산업을 이해하기 위해서는 이렇게 역사도 봐야 하고 정부가 해당 산업을 어떻게 바라보고 있는지 등에 대해서도 깊이 있게 분석해야 한다는 것이었다. 그래야지 앞으로 우리나라 제약업이 어떤 방향으로 흘러갈지를 예상할 수 있다. 이전까지 투자하면서 쳐다보지도 않았고, 생각해보지도 않았던 부분들이었다. 그동안 얼마나 깊이 없이 공부하고 있었는지 절실히 깨달았다.

> IR 담당자: 얼마 전에 A사가 기술 수출을 했다고 해서 잔치 분위기였잖아요. 그 당시에 주가도 쭉쭉 올라가서 난리였었죠? 제 기억으로 그 당시에 금융권에서 가장 난리가 난 것 같았는데 제약업계 종사자들은 조금 달랐어요. 만약 제 주변에 누군가가 그 당시에 투자한다고 했으면 절대 하지 말라고 말렸을 겁니다.

참고로, A사는 몇 년 전에 기술 수출에 성공했다는 소식이 뉴스 등에 나오자 그해 말까지 무려 10배가 넘는 상승을 만들어냈다. 그런데 필자가 집필하는 현시점까지도 주가는 그 당시 가격을 회복하지 못하고 있다. A사가 기술 이전을 발표한 그 당시에 이미 주가가 많이 올라간 것이었다.

IR 담당자가 전달하려는 메시지는 명확했다. 그때 당시 증권가에서 바라보고 있는 A사와 제약업계 종사자가 바라보는 A사는 달랐다는 것이다. 당시 증권사 애널리스트들은 A사 보고서를 많이 쏟아냈다. 일반 투자자들 대부분은 증권사 보고서에 의존하는데 보고서를 작성하는 애널리스트들이 현실과 괴리가 있는 내용을 쏟아내고 있었다는 것인가? 그렇다면 일반 투자자들이 정확한 정보를 접하는 것은 거의 불가능에 가깝지 않았을까? 혼란스럽기도 하면서 한편으로는 큰손 투자자들이 종종 "보고서에는 알맹이가 없다"라는 말을 왜 그렇게 했는지 조금 이해되기 시작했다. IR 담당자가 해준 그런 깊이 있는 내용은 증권사 보고서에서 찾아볼 수 없는 내용이었다. 쏟아지는 보고서들을 정리해보면 내용이 다 똑같다는 것을 알 수 있다. 분기 실적이 어떻게 나왔고, 다음 분기 예상 실적이 어떤지 등을 다루는 정도다.

IR 담당자: 제가 오늘 괜한 말을 너무 많이 했나요? 탐방 오시면 이런 내용은 별로 관심을 가지지 않으시던데 재미있게 들어주셔서 저도 신이 나서 말씀드렸습니다.

필자: 아닙니다. 오늘 생각지도 못한 귀한 내용 들을 수 있어서 좋았습니다. 오늘 정말 많이 배우고 갑니다. 오늘 해주신 말씀들은 꼭 기억하겠습니다. 진심으로 감사드립니다.

2시간이 넘는 시간 동안 정작 탐방한 제약사와 관련된 내용은 거의 없었다. 탐방한 제약사가 속한 제약업계에 관한 이야기가 대부분이었다. 놀라운 것은 탐방한 제약사와 관련된 아무런 질문을 하지 않았는데 대화가 끝난 이후 해당 제약사를 어떻게 바라봐야 하는지 감이 잡히기 시작했다. 또한, 과거 실적 흐름이 이해되기 시작했고 앞으로 해당 제약사가 무엇을 해야 실적이 쭉쭉 올라갈 수 있을지 감이 오기 시작했다.

기업 탐방을 마치고 사무실로 돌아오는 길에 많은 생각을 했다. 그동안 기업을 분석할 때 재무제표 조금 보고 기사와 보고서 몇 개 찾아서 읽어보는 정도로도 충분히 많은 것을 알고 있다고 생각했었는데 그것이 얼마나 제한적인 생각이었는지를 깨닫게 됐다. 그동안 해온 것은 분석이라고 부를 수도 없는 수준이었다. 아무것도 모르고 기업을 알고 있다고 생각하고 있었다. 그런 정보 몇 개로 주변 사람들에게 주식 좀 한다고 떠들었던 과거가 너무 부끄러워지는 순간이었다. 탐방했던 제약사 IR 담당자가 말하려던 것은 단순했다.

'증권가에서 말하는 내용과 현장에서 직접 몸으로 느끼는 현실 간에는 괴리가 있다!'

투자자로서 실패하지 않으려면 반드시 이 괴리를 좁혀내야 한다.

다음 날, 사무실에 앉아 기업 탐방 일정을 확인했다. 다음에 탐방을 가야 할 기업에 대한 1차 분석이 이미 끝났었지만 처음부터 다시 시작하기로 했다. 이때부터 필자의 기업 분석 방식은 완전히 달라지기 시작했다.

02 1,000개 기업 탐방이 알게 해준 주식 시장의 비밀

필자는 2016년부터 1,000개 넘는 기업에 탐방을 다녀왔고 지금도 열심히 다니고 있다. 처음에는 탐방이 너무 즐거워 하루에 2~3곳씩 다니기도 했다. 수익을 내기 위한 목적도 있었지만 그보다는 우리나라를 이끌어가는 기업들이 어떤 일을 하는지 알아가고 산업에 대한 이해도가 깊어지는 것에 큰 즐거움과 보람을 느꼈다. 요즘은 많아야 일주일에 1~2곳 탐방을 간다. 기업을 분석하는 데 걸리는 시간이 점점 늘어나고 있는데 예전보다 더 많은 자료와 데이터를 분석하기 때문이다. 투자는 디테일에 있다고 하는 말이 괜히 나온 것이 아니다. 작은 정보 하나가 투자 수익에 큰 도움이 될 수 있다.

필자가 수없이 많은 기업 탐방을 다니면서 깨달은 것이 있다. 기업에 찾아가서 담당자와 이야기를 나누기 전까지 파악하고 있는 내용은 현실과 반드시 괴리가 존재한다는 것이다. 투자자라면 이 부분을 반드시 파악해야 한다. 그렇다면 필자가 말하는 괴리는 무엇을 의미할까? 대표적인 예 3가지를 들어보겠다.

#가장 흔한 유형: 증권사 예상 실적 vs 실제 실적

가장 흔한 유형은 증권사 애널리스트의 실적 예상치다. 증권사 보고서에는 늘 예상 실적이 포함되어 있는데 실제 기업의 실적과 괴리가 발생하는 경우가 많다.

2019년 7월 한 증권사에서 B사 기업의 보고서를 냈다(2019년과 2020년 실적은 예상치라서 2019F와 2020F로 표기했다. 아직 확정된 실적이 아니라 보고서를 작성한 사람의 예상치라는 뜻이다).

[보고서에 나온 B사 실적 예상치]

Financial Data					
12월 결산(십억 원)	2016	2017	2018	2019F	2020F
매출액	51.1	69.6	69.2	80.4	93.5
영업이익	6.0	9.2	9.0	11.7	14.4

2019년 매출액 804억 원에 영업이익 117억 원, 2020년 매출액 935억 원에 영업이익 144억 원이 예상 수치다(단위가 '십억 원'으로 되어 있는데 이런 부분을 잘 확인해야 헷갈리지 않는다). 그렇다면 실제 실적은 어떻게 나왔을까?

[B사 실제 실적]

IFRS(별도)	Annual				
	2016/12	2017/12	2018/12	2019/12	2020/12
매출액(억 원)	511	696	692	519	665
영업이익(억 원)	60	92	90	-24	8

• 주: 2021년 5월 기준

2019년에 B사는 519억 원의 매출을 올렸고 영업이익은 24억 원 적자였다. 2020년에 조금 회복했지만 매출 665억 원은 2017년보다도 못한 실적이다. 2019년, 2020년 매출액 괴리는 각각 -285억 원과 -270억 원이다. 이 보고서가 나온 시점이 2019년 7월이다. 보고서만 보고 실적이 좋을 것으로 생각하고 투자했던 투자자는 어떤 생각을 했을까?

[B사 매출액 괴리]

	2019년	2020년
예상치	804	935
실제 수치	519	665
차이	-285	-270

• 단위: 억 원

반대로 너무 보수적으로 실적을 예상하기도 한다. 실제로는 기업의 사업 환경이 너무 좋아져서 매출액이 50% 이상 성장하고 있는데도 불구하고 매출액이 10% 정도 성장할 것으로 예측하는 식이다.

증권사에서 예상하는 실적이 빗나가는 경우는 생각보다 많다. 증권사에서 예상하는 실적은 말 그대로 '예상치'일 뿐이다. 자료로 참고할 수는 있지만 너무 신뢰하면 안 된다. 기업 실적을 가장 가깝게 추정할 수 있는 유일한 방법은 투자자가 해당 기업에 직접 알아보는 것이다. 이것보다 확실한 방법은 존재하지 않는다.

#대박 내기 가장 좋은 유형: 관심이 적은 기업

우리나라에 상장된 기업은 2,000개가 넘는다. 삼성전자, 현대차, 카카오, 네이버와 같은 기업들은 투자자들 사이에서 인기가 높다. 보고서나 뉴스도 많이 나오고 인터넷에서 분석 글도 쉽게 찾아볼 수 있다. 그러나 일반 투자자가 들어보지도 못한 기업도 아주 많다. 이런 기업들은 관련 보고서도 별로 없고 분석 글도 찾아보기가 어렵다. 정보를 얻기가 쉽지 않다고 할 수 있다. DI동일을 예로 들어보자.

필자는 다음 페이지의 차트에 동그라미로 표기해둔 2020년 6월에 DI동일로 탐방을 다녀왔다. 방직업체인 동일방직이 업종 변경을 하면서 사명까지 DI동일로 바꿨다.

이 기업을 관심 있게 본다고 했을 때 주변 지인들은 비슷한 반응을 보였다. 'DI동일이라는 회사도 있어?' 혹은 '거기 동일방직 아니야? 요즘에 누가 방직을 봐? 저성장 사업에 속해 있어서 재미도 없고 모멘텀도 없지 않아?' 이런 식이다. 맞는 말이다. 그러나 필자의 관심은 방직이 아닌 다른 곳에 있었다. DI동일은 전기차 배터리에 들어가는 필수 소재인 알루미늄박 사업도 하고 있다. 우리나라는 전기차 배터리 강

[DI동일의 주가 차트]

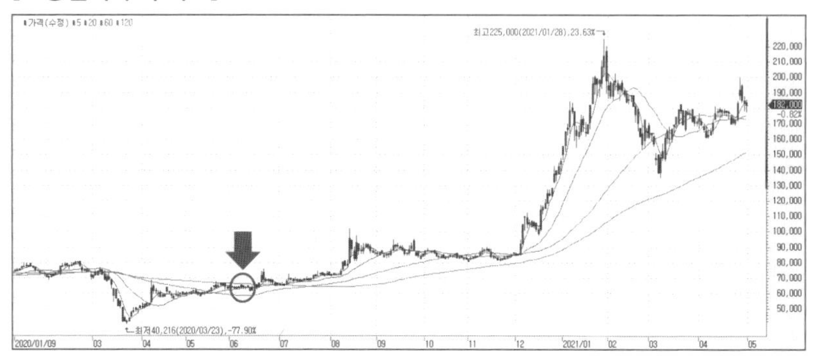

국이다. 반도체에 이어서 우리나라 살림을 책임질 산업으로 배터리가 꼽히기도 한다. 삼성(삼성SDI), SK(SK이노베이션), 그리고 LG(LG에너지솔루션)가 배터리 사업을 하고 있다. 이런 상황에서 배터리에 들어가는 알루미늄박을 만드는 기업이 있다면 당연히 앞으로의 성장이 기대되지 않는가? DI동일이 알루미늄박 사업을 한다는 것은 이미 그 전부터 알려져 있었지만 크게 관심을 두는 사람이 없었다. 증권사 보고서도 찾아보기 어려웠다.

DI동일은 국내 알루미늄박 1위 기업이다. 전기차 판매량이 늘어나니 배터리 판매량도 늘어날 테고, 알루미늄박 사업도 좋아질 것이 예상됐다. 탐방을 가보니 예상했던 것 이상이었다. 생각했던 것보다 사업이 잘 흘러가고 있었다. 탐방을 다녀온 이후 7~8개월 사이에 주가는 4배 이상 뛰었다.

필자가 탐방을 다녀온 이후에도 한동안 투자자들은 DI동일에 큰 관심을 두지 않았다. 2020년 주식 열풍과 함께 국내 투자자들이 가장 많이 사들인 미국 주식 1위는 테슬라다. 전기차의 성장성을 바라본 것이다. 우리나라 배터리 3사(LG에너지솔루션, SK이노베이션, 삼성SDI)를 포함해 여러 배터리 소재 기업들의 주가도 크게 올랐다. 이렇게 성장성이 높은 산업에서 배터리 핵심 부품 1위 사업체인 DI동일은 왜 크게 관심을 받지 못했을까? 동일방직이라는 회사가 주는 옛 이미지가 한몫했을 것이다. 그러나 그것은 이미지일 뿐이다. DI동일은 조용히 배터리 사업에서 성과를 내기 시작하고 있었다. 좋은 실적이 나오고 있었는데도 투자자들은 크게 관심을 두지 않았다. 사람들이 가지고 있는 '이미지'와 '현실' 간에는 괴리가 존재할 때가 많다. 이런 괴리를 잡아내면 큰 수익을 낼 수 있다.

보통 이런 경우가 시장에서 가장 대박을 내기 쉬운 유형이다. 사업은 좋은데 관심이 덜한 기업 말이다. 누구나 보고 있는 기업보다는 이런 기업을 잘 찾으면 400~500% 이상의 수익도 낼 수 있다.

#가장 조심해야 할 유형: 말만 하고 결과를 못 내는 기업

주식 시장은 꿈을 먹고 자란다. 미래를 보고 투자하는 곳이기에 당연한 말처럼 들린다. 실제로 주가가 잘 오르는 기업은 투자자에게 새로운 세상을 만들어 낼 수 있을 것만 같은 환상을 심어줘야 하는 것도 사실이다. 그러나 중요한 것이 있다. 말을 했으면 결과가 따라야 한다. 말만 하고 결과가 없으면 아무 의미가 없다.

반도체 생산 공장에 필수 제품을 공급하는 C사가 있다. C사는 과거 일본이 독점하고 있던 제품을 국산화시키는 데 성공했다. 성능을 유지하면서도 가격을 낮춰 국내 대기업을 거래처로 확보했다. 실적이 늘기 시작했고 주가도 반응하기 시작했다. 몇 년 안에 일본이 장악하고 있는 시장에서 점유율을 15%까지 끌어 올리겠다는 포부를 밝히기도 했다. 그런데 어쩐 일인지 그 후로 5년이 지나서도 '시장 점유율 15%' 목표를 내세웠고, 10년이 지난 시점에서도 '시장 점유율 15%'를 목표로 내세웠다. 무슨 일이 있었던 것일까?

일이 생각처럼 풀리지 않은 것이다. 국산화 성공까지는 좋았다. C사는 사업이 잘 될 것으로 예상했지만 정작 거래처로 확보한 국내 대기업은 그럴 마음이 없었다. 굳이 잘 쓰고 있는 제품을 바꿔가면서까지 리스크를 질 필요를 느끼지 못했다. 2021년에 탐방을 가서 당시 상황에 관해 물어봤다. 국산화에 처음 성공한 그때와 달라진 게 별로 없었다.

이렇게 미래에 대한 전망만 늘어놓는 기업들은 가장 조심해야 할 유형이다. 전망은 초등학생도 할 수 있다. 핵심은 '결과'다. 전망만 듣고 선불리 투자했다가 결과가 나오지 않으면 피해는 고스란히 투자자의 몫이다. 기업의 포부와 현실에 괴리가 있는 경우다. 투자자는 절대로 기업의 말만 믿고 투자하면 안 된다. 기업이 한 말을 여러 경로를 통해서 확인하는 절차를 거쳐야 한다.

#투자자가 아는 정보와 현실 간에는 괴리가 있다

투자자가 정보를 얻는 경로는 비슷하다. 사업보고서, 경제 방송, 유튜브, 신문, 잡지, 네이버 등이다. 기업에 대한 정보를 얻기에 훌륭한 도구라고 할 수 있다. 그렇다고 해도 정보를 얻는 도구일 뿐, 정보가 확실한지까지 검증하는 것은 투자자의 몫이다.

투자자가 보고 듣는 정보와 현실 간에는 반드시 괴리가 존재하기 마련이다. 좋은 것이 시장에서 좋지 않은 것으로 인식될 때도 있고, 반대로 좋지 않은 것이 좋은 것으로 인식될 때도 있다. 어느 기업의 신제품이 불티나게 팔린다는 말을 들었다면 공장에서 그 물건이 찍혀서 나가는 것까지 확인하고 실제로 소비자들 손에 쥐어진 것까지 확인해야 진정한 확인이다. 유튜브에서 유명인이 나와서 '신제품이 불티나게 팔리고 있습니다'라고 이야기하는 것은 정보에 불과할 뿐이다. 이 정보를 듣고 '신제품이 불티나게 팔린다'라고 말한다면 유튜버가 그 말을 했다는 것을 들은 것이지 그 정보가 진짜인지를 확인한 것은 아니다.

투자 세계에는 반드시 괴리가 존재한다. 이것이 필자가 1,000개의 기업 탐방을 다니면서 얻은 가장 큰 교훈이고 큰 수익을 내기 위해서 반드시 파악해야 하는 부분이라는 것을 독자 여러분에게 알려주고 싶다.

03 탐방 없이 투자 실력은 절대 늘지 않는다

필자는 주식 투자를 시작한 지 10년이 넘었다. 이제 막 투자를 시작하는 투자자에게 해줄 수 있는 조언이 딱 하나 있다면 '탐방 없이 투자 실력은 절대 늘지 않는다'이다. 그렇다면 탐방이란 도대체 무엇인가? 탐방이 도대체 무엇이길래 필자는 1,000개가 넘는 기업을 탐방했고 여전히 탐방을 다니는 것인가?

#탐방은 연애다

필자는 탐방을 연애와 같다고 말하고 싶다. 처음에는 남녀가 잠깐씩 시간을 보내면서 서로를 알아간다. 서로에 대한 마음이 생기면 만남을 시작한다. 같이 시간을 보내다 보면 다양한 일을 겪게 된다. 함께 웃을 일도 있지만 서로 다툴 때도 있다. 서로 잘 맞는 부분도 있지만 맞지 않는 부분 때문에 갈등이 생기기도 한다. 시간을 보내면서 서로 잘 맞춰갈 수 있는 상대인지를 고민하다 결혼할 수도 있지만 이별이 찾아올 수도 있다. 꿈꿔왔던 이상형이라고 해도 나와 맞는 사람이 아닐 수도 있다. 반대로 나와 맞지 않을 것 같다고 생각한 사람인데 잘 맞아서 결혼할 수도 있다. 겪어보고 서로에 대해 알아가면서 결정을 내리게 된다. 이것이 탐방이다.

탐방은 기업을 직접 만나보고 느껴보는 것이다. 누군가의 말에 의존하는 것이 아니라 직접 회사를 몸으로 경험하는 것이다. 시간을 함께 보내는 과정이고, 꾸준히 함께할 수 있는 기업인지를 알아가는 과정이다.

#수익을 안겨다 줄 종목은 많지 않다

우리나라에는 2,000개가 넘는 기업이 상장해 있다. 이 기업들이 다 똑같을 수 없다. 나에게 수익을 안겨다 줄 종목은 정해져 있다. 모두가 좋다는 삼성전자가 나에게 좋을 수도 있지만 아닐 수도 있다. 반대로 모두가 피하는 기업이 나에게는 좋은 투자처가 될 수도 있다. 반도체 산업에 투자하고 싶은 투자자라고 해서 모두가 삼성전자에 투자해야 하는 것은 아니다. 누군가에게는 SK하이닉스가 더 좋은 투자처가 될 수도 있다.

수없이 많은 종목이 상장되어 있고 경제 전문가들이 좋다고 하는 종목은 많지만 투자자의 성향에 따라서 수익을 안겨다 줄 종목은 정해져 있다. 이것을 찾아가고 알아가는 과정이 탐방이다. 모두가 좋다고 하는 이성이 나에게는 맞지 않을 이성일 수도 있고 모두가 별로라고 해도 나와는 천생연분일 수 있는 것과 마찬가지다.

#탐방의 2가지 목적

필자는 1,000개 넘는 기업을 탐방하면서 산업 분야를 가리지 않았고 좋은 기업인지, 안 좋은 기업인지 따지지 않았다. 탐방을 다니면서 다음과 같은 이야기를 자주 들었다.

"좋아 보이는 기업만 가야 효율적이지 않아?"

매력이 없는 기업을 찾아가는 모습을 보면 그렇게 질문할 수 있다. 탐방의 목적은 2가지로 정리된다. 하나는 경험을 얻기 위함이고, 다른 하나는 큰 수익을 내기 위해서다.

경험을 얻기 위함에서 '경험'은 무엇을 의미하는가? '1,000개 넘는 기업에 탐방을 다녀왔다'는 1,000명이 넘는 IR 담당자를 만났다는 것이다(Investor Relations의 약자인 IR은 기업의 정보를 투자자에게 제공하는 행위를 말한다).

탐방을 가면 IR 담당자와 대화를 나누게 된다. IR 담당자는 투자자에게 경영 성과, 재무 상태, 현재 사업 현황에 관한 내용을 전달한다. 믿기 어렵겠지만 투자자를 상대로 기업 설명을 하는 자리에서 거짓말을 하는 IR 담당자도 있다. 신기하게도 거짓말하는 IR 담당자들은 늘 비슷한 패턴을 보인다. 필자도 그런 IR 담당자를 여러 명 만나다 보니 비슷한 패턴이 보이면 거짓말일 가능성에 무게를 둔다. 이러한 경험이 쌓이다 보면 기업을 분별해내는 능력이 더 좋아진다. IR 담당자가 하는 말을 어디까지 믿고 신뢰할지를 빠르게 파악할 수 있어야 한다. 이와 관련한 내용은 뒤에서 더 다루겠다.

다음으로 그냥 수익이 아닌 '큰 수익을 내기 위해서'에 대해 말해보겠다. 주식 투자는 수익을 내기 위해 하는 것이다. 그런데 수익 내는 일은 쉽지 않다. 자주 내기도 어렵다. 여러 번 자주 내는 것보다 한 번 낼 때 크게 내는 쪽이 훨씬 결과가 좋다.

투자의 전설 워런 버핏의 사무실에는 야구선수가 방망이를 들고 있는 사진이 걸려 있다고 한다. 워런 버핏은 투자를 야구에 비유한다.

"야구선수가 타석에 들어섰다면 자신이 좋아하는 공이 들어올 때까지 무한정 기다리며 어깨 위에 방망이를 올려놓아야 한다."

공은 여러 곳으로 날아올 수 있지만 좋은 결과를 낼 수 있는 공은 정해져 있다는 뜻이다. 국내외 유명한 투자자들이 경제적 자유를 얻는 데 필요한 종목은 5~6개라고 입을 모으는 이유도 같은 맥락이다. 투자자가 제대로 이해할 수 있는 기업을 찾아서 방망이를 강하게 휘두르는 것이 큰 수익을 내는 지름길이다.

방망이를 강하게 휘두르기 위해서는 반드시 따라야 하는 조건이 있다. 투자하려는 회사를 누구보다 깊고 세세하게 이해하고 있어야 한다. 이것이 필자가 탐방을 가는 두 번째 이유다. 한 사람이 집중할 수 있는 종목의 수는 정해져 있다. 기업 이름만 대면 줄줄 정보가 나오는 사람은 모든 기업을 잘 알기보다는 겉핥기식으로 해당 기업에 대해 얕은 지식이 많을 가능성이 높다. 방송에서 여러 종목에 대해 이야기해야 하는 사람이라면 넓고 얕은 지식이 필요할 수 있지만 큰 수익을 내고 싶은 투자자라면 깊고 세세하게 기업을 분석해야 한다.

'탐방 없이 주식 투자를 하겠다'는 얼굴 한 번 보지 않은 사람과 결혼하겠다는 것과 같다. 특정 직업을 가진 사람이 좋다고 해서 직업 하나만 확인하고 만나보지도 않고 결혼을 결정할 수 있을까? 특정 종교를 가진 사람을 원한다고 해서 한 번도 보지 않고 바로 결혼을 할 수 있을까? 결혼이라는 방망이를 휘두르기 위해서는 같이 시간도 보내봐야 하고 여러 상황을 함께 겪어 봐야 한다. 때로는 이별을 경험해야 할 수도 있다. 고민하고 또 고민해서 결정해도 쉽지 않은 것이 결혼이다. 투자도 마찬가지다.

투자자 대부분이 깊이 없이 투자하고 있다. 다들 삼성전자가 좋다고 하니 삼성전자를 매수한다. 그런데 정작 삼성전자가 어떤 사업을 하고 있는지는 잘 모른다. 코로나19(이하 '코로나') 수혜주가 좋다고 하니까 또 방망이를 휘두른다. 유명한 투자자가 좋다고 하니 보지도 않고 매수 버튼을 누른다. 2020년 국내 투자자들에게 가장 인기가 많았던 미국 기업은 테슬라였다. 테슬라에 투자한 지인들에게 "2020년에 몇 대나 팔았나요?"라고 질문을 해봤다. 정확하게 답한 사람이 거의 없었다. 우연이 아니다. 이것이 현실이다. 사람들은 자신이 투자하고 있는 기업에 대한 정확한 정보 없이 피땀 흘려 모은 돈을 투자하고 있다.

04

탐방을 가지 못하는 개인투자자가 할 수 있는 4가지 방법

투자를 전문적으로 하지 않고 다른 직업을 가진 직장인이라면 현실적으로 탐방이 어려울 수 있다. 또한, 증권사 같은 곳이 아니라면 탐방을 허락하지 않는 기업도 많다. 필자는 관련된 일을 하고 있어서 탐방이 조금 더 수월한 면도 있다. 그렇지만 실망할 필요가 없다. 탐방을 가지 못하는 개인투자자들을 위한 현실적인 방법이 4가지가 있다.

#기업 설명회

기업은 기업 설명회를 한 번씩 진행한다. 이 시간을 통해 투자자들과 소통하고 기업의 현황을 알려준다. 탐방이 투자자가 기업에 찾아가는 것이라면, 기업 설명회는 해당 기업이 시간을 내서 투자자들을 찾아가는 것이다.

기업 설명회는 탐방보다는 비교적 많은 인원을 모아놓고 진행한다. 기업 설명회가 탐방보다 참석 인원이 훨씬 많지만 탐방과 비슷한 효과를 낼 수 있다. 기업 설명회 방식은 다양하다. 장소를 잡아서 하거나 전화 회담처럼 컨퍼런스 콜(Conference Call) 형태로 하기도 한다. 코로나 사태 이후에는 온라인 비대면 채팅을 통해 하는 기업이 많아졌다.

기업 설명회를 개최하는 기업들의 스케줄은 공시를 통해서 확인할 수 있다. 금융감독원 전자공시시스템(dart.fss.or.kr)에서 기업명을 검색하면 공시 자료들이 올라온다.

다음은 PI첨단소재라는 기업의 공시 내용이다. 2021년 4월 20일에 기업 설명회(IR)를 개최한다는 공시를 냈다(동일한 내용이 4개 올라왔는데 클릭을 해서 열어보면 대상이 다른 것을 알 수 있다).

[PI첨단소재 공시 내용]

번호	공시대상회사	보고서명	제출인	접수일자	비고
1	코 PI첨단소재 IR	의결권대리행사권유참고서류	PI첨단소재	2021.05.06	
2	코 PI첨단소재 IR	주주총회소집공고	PI첨단소재	2021.05.06	
3	코 PI첨단소재 IR	신규시설투자등	PI첨단소재	2021.04.26	코
4	코 PI첨단소재 IR	영업(잠정)실적(공정공시)	PI첨단소재	2021.04.26	코
5	코 PI첨단소재 IR	기업설명회(IR)개최	PI첨단소재	2021.04.23	코
6	코 PI첨단소재 IR	기업설명회(IR)개최	PI첨단소재	2021.04.23	코
7	코 PI첨단소재 IR	기업설명회(IR)개최	PI첨단소재	2021.04.20	코
8	코 PI첨단소재 IR	기업설명회(IR)개최	PI첨단소재	2021.04.20	코
9	코 PI첨단소재 IR	결산실적공시예고	PI첨단소재	2021.04.20	코
10	코 PI첨단소재 IR	주주명부폐쇄기간또는기준일설정	PI첨단소재	2021.04.08	코
11	코 PI첨단소재 IR	주주총회소집결의	PI첨단소재	2021.04.08	코
12	코 PI첨단소재 IR	상장폐지승인을위한의안상정결정	PI첨단소재	2021.04.08	코
13	코 PI첨단소재 IR	풍문또는보도에대한해명(미확정)	PI첨단소재	2021.04.01	코
14	코 PI첨단소재 IR	정기주주총회결과	PI첨단소재	2021.03.19	코
15	코 PI첨단소재 IR	사업보고서 (2020.12)	PI첨단소재	2021.03.11	

• 출처: 전자공시시스템(DART)

공시된 기업 설명회 자료를 클릭해서 열어보면, 2021년 1분기 실적을 발표하고 경영 현황에 대한 투자자의 이해 증진을 실시 목적으로 표기해뒀다. 대상자가 개인투자자라고 적혀 있고 실시 방법에 대해서도 자세하게 기록되어 있다. 실시 방법은 기업마다 다르니 잘 참고해야 한다. 잘 모르면 담당자 연락처를 통해 직접 연락해서 물어보는 방법도 있다.

[PI첨단소재 기업 설명회 내용]

기업설명회(IR) 개최

1. 일시		행사일		시간(현지시간)	
		시작일	종료일	시작시간	종료시간
		2021-04-26	2021-04-26	14:00	15:00
2. 장소		-			
3. 대상자		개인투자자 등			
4. 실시목적		2021년 1분기 경영실적 발표 및 경영현황에 대한 투자자의 이해 증진			
5. 실시방법		컨퍼런스콜 (해당 기업설명회는 사전 등록을 해야 참가가 가능합니다) [컨퍼런스콜 사전등록 및 접속번호 안내] - 사전등록 사이트 주소 https://ircc.kudosworks.co.kr/prereg/step1.do (비밀번호 : [illegible]) ※ 사전등록 후 개인비밀번호를 취득하시기 바랍니다.			
6. 주요내용		2021년 1분기 경영실적 및 Q&A			
7. 후원기관		자사주관			
8. 개최확정일		2021-04-19			
9. 담당자	담당부서(담당자)	전략본부 (홍[illegible])			
	전화번호(팩스번호)	02-2181-[illegible] (02-2181-[illegible])			
10. IR 자료게재	게재일시	2021-04-26			
	게재장소	행사당일 한국거래소 KIND시스템(http://kind.krx.co.kr) IR자료실 게재 및 당사 IR페이지(https://pimaterials.irpage.co.kr/)에 게재 예정			

#주담통화

'주담'이란, 주식 담당자의 줄임말로 IR 담당자와 같은 말이다. 주담통화는 IR 담당자와 1대 1로 통화하는 것을 의미한다. 탐방이 직접 얼굴을 맞대고 하는 대화라면, 주담통화는 담당자와 유선상으로 대화하는 것이다. 물론 얼굴을 보는 것보다 부족한 부분이 있을 수 있지만, 주담통화만 잘해도 기업에 관한 내용을 깊게 파악할 수 있다.

주담통화는 탐방보다 효율적이라는 장점이 있다. 탐방은 직접 찾아가야 하는 수고와 교통비가 들지만, 통화는 아무 때나 할 수 있어서 탐방보다 효율적인 측면에서는 높은 점수를 줄 수 있다.

기업의 주담 전화번호는 홈페이지에 가면 찾을 수 있다. 전화해서 "IR 담당자분 계십니까?", "주식 담당자분 계십니까?"라고 질문하면 담당자로 연결해준다. 주담과 연결이 된 이후에는 간략하게 자신이 해당 기업에 투자하고 있는 주주라고 소개하고 질문하면 된다.

#정기 주주총회, 임시 주주총회

주식회사는 결산기 때마다 정기적으로 개최하는 정기 주주총회가 있고, 필요에 따라 수시로 개최하는 임시 주주총회가 있다.

많은 기업이 3월에 정기 주주총회를 개최한다. 이때는 기업의 주주들이 모여서 기업의 중요한 사안들에 대해서 논의하고 결정한다.

1주라도 가지고 있다면 주주총회에 참석할 수 있는 권한이 부여된다. 주식 투자를 해본 사람이라면 주주총회 초대장 우편물을 받아봤을 것이다.

직접 현장에 참여해서 기업 IR 담당자들을 볼 수 있는 시간이다. 주주라면 누구나 참석할 수 있다. IR 담당자와 얼굴도 익히고 직접 대화도 가능하니 주주총회가 좋다고 할 수 있다. 특히 인기 기업들이 아니면 주주총회에 주주들이 잘 참석하지 않는데 그럴 때는 IR 담당자와 좀 더 긴 시간 대화할 기회가 만들어진다(실제로 필자는 주주가 5명 정도만 참석한 주주총회에도 몇 번 가봤다). 주주총회에 참석해서 IR 담당자와 얼굴을 익히다 보면 개인적으로 연락할 수 있는 사이로 발전할 수도 있다.

#탐방

마지막은 탐방이다. 보통 개인투자자들의 탐방을 받지 않지만 받는 기업들도 있다. 이 내용은 사실상 직접 기업에 문의하기 전까지는 확인할 방법이 없다. IR 담당자에게 연락해서 개인투자자의 탐방도 받는지 물어보면 된다.

여기서 알아둘 것이 있다. 탐방의 본질은 해당 기업을 직접 찾아가는 행위 자체만은 아니다. 투자자가 직접 IR 담당자와 연락하고 궁금한 내용을 물어보면서 기업에 관한 내용을 직접 파악하고 느끼는 것이다. 포털사이트의 종목토론방이나 유튜브, 경제 TV를 보고 투자하는 것과는 완전히 다른 개념이다. 누군가가 삼성전자를 추천해서 사는 것과 직접 기업의 IR 담당자와 이야기도 하고 질문도 하면서 투자를 결정하는 것은 비교할 수가 없다. 필자도 탐방을 받지 않는 기업들은 전화로 문의를 하기도 하고 기업 설명회에 참석하기도 한다. 탐방을 받지 않는다고 해도 많은 대안이 있으니 너무 걱정하지 않아도 된다.

어떤 형태든 투자자는 인터넷이나 유튜브와 같은 경로가 아니라 해당 기업과 직접 연락하고 소통해야 한다. 이것이 탐방이고 투자를 위한 가장 필수 기본 조건이다. 만나보고 싶은 이성이 있으면 가서 직접 대화도 해보고 시간을 보내야지 주변 지인들한테 그 사람에 대해서 여러 번 물어봤자 아무 의미가 없다. 투자자는 반드시 자신이 투자하려 하는 기업과 직접 소통해야 한다. 이것이 탐방의 기본 개념이다.

2장

나는 6개월 만에 1억 원을 4.5억 원으로 불렸다

이번 장에서는 필자의 가장 최근 성공 사례를 통해 투자자가 반드시 알아야 할 현실적인 조언들을 공유하고자 한다.

최근 성공 사례를 통해 기업 탐방이 투자 결정 과정에서 어떻게 작용하는지 살펴보면서 기업 분석 외에 투자자가 알아야 할 내용을 담았다. 많은 투자자가 기업 분석만 잘하면 된다고 생각하지만 성공적인 주식 투자는 (기업 분석 외에도) 여러 요소가 맞물려진 결과다.

01

6개월 만에 수익률 350%

실제 성공 사례를 통해 투자의 세계를 좀 더 자세히 들여다 보자. 필자는 2020년 6월에 엘앤에프라는 종목을 매수했고 2020년 말까지 보유하다 매도했다. 이 종목은 실전 사례를 위한 예시일 뿐 종목 추천이 아니다. 필자는 현재 모두 매도한 상태이며 투자하고 있지 않다.

필자는 다음 페이지의 차트에 '매수'라고 표기한 시점에 투자를 결정했다. 평균 단가는 24,300원 정도였다. 2020년 말 '매도'라고 표기한 시점에서 매도를 결정했다. 72,000~74,000원 가격대에서 분할 매도했고 평균 매도 가격은 73,000원 정도다(분할 매도는 여러 번에 나눠서 매도하는 것으로 수익률 극대화를 위한 방법이다).

필자의 개인 자금 1억 원에 차입금 5,000만 원을 합쳐 총 1억 5,000만 원을 투자했다. 매도 후 손에 쥔 금액은 총 4억 5,000만 원이다. 개인 자금 1억 원을 투자했으므로 총 수익금은 3억 5,000만 원이었

[엘앤에프 주가 차트]

다. 350%의 수익률을 올린 것이다(수익률을 계산할 때 차입금은 제외하고 계산한다. 이 부분은 뒤에서 좀 더 설명하겠다).

여기서 잊지 말아야 할 것이 있다. 6개월이라는 시간 동안 350%라는 수익은 엄청난 결과다. 이렇게 주가가 빨리 오를 것을 필자가 예측했을까? 당연히 아니다. 보통 최소 1~2년 이상은 생각하고 투자를 하는데 엘앤에프는 생각보다 주가가 빨리 올랐을 뿐이다. 투자하는 기업마다 이렇게 빨리 수익이 나는 것은 불가능하다. 또한, 2020년은 코로나 이후 개인투자자들이 몰리면서 주식 시장이 정말 뜨거웠던 해였다. 굉장한 유동성이 시장으로 유입된 시기다. 이때는 오르지 않는 종목을 고르는 것이 더 힘들다는 말이 있을 정도였고 필자도 그 덕을 본 사람 중 한 명이다.

엘앤에프 주가가 6~7만 원이 넘으면 매도해야겠다는 계산은 하고 있었지만 6개월 만에 목표가에 도달하게 되리라고는 생각하지도 못했고 그런 기대는 하지도 않는다. 이 부분을 확실히 하고 싶다. 이 내용을 읽으면서 주식 투자가 이렇게 단기간에 고수익을 낼 수 있는 곳이라는 착각에 빠지지 않기를 바란다. 필자가 생각했던 투자 기간은 최소 1~2년, 많게는 3년 이상이었다. 엘앤에프는 운이 굉장히 좋았던 사례였고 코로나 사태 이후 풀려버린 유동성의 혜택을 받았다는 것을 절대 잊지 말자.

필자는 10년 이상 주식 투자를 해오면서 실패한 적도 많았고 성공한 적도 많았다. 그중 엘앤에프를 소개하는 이유는 최근 사례이기도 하지만 필자가 생각하는 가장 이상적인 방법으로 투자해 성공한 사례이기 때문이다. 필자 역시 아무것도 모르고 주변 사람이 추천해서 샀다가 수익을 낸 적도 있지만 이것은 이상적인 투자 방법도 아니고, 해서도 안 되는 방법이다. 지금도 지인의 추천을 통해 주식 투자를 하는 사람이 있다면 반드시 투자 결정 과정에 대해서 깊게 고민해보라고 조언하고 싶다.

다음 페이지 차트를 보자. 엘앤에프 주식을 사서 들고 있었던 기간은 6개월 정도지만 관심을 갖고 지켜보기 시작한 시점은 2019년 1월부터다. 이때부터 공부를 시작했고 경쟁사와의 차이점이 무엇인지를 비교하고 분석했다. 그 이후 탐방을 다녀왔고 IR 담당자와 여러 번 통화도 했다. 투자를 결정하기까지 몇 개월의 시간이 필요했다.

자, 이렇게 보면 실제 투자 기간이 6개월이라고 볼 수 있을까? 관심을 갖기 시작한 2019년 1월부터 투자를 마무리 한 2020년 12월까지 계산해보면 투자 기간은 거의 2년 정도가 된다. 관심을 갖고 시간을 투자했기 때문에 사실상 투자 기간에 포함되는 것이다. 사람들은 투

[엘앤에프 관심부터 매도까지]

자한 기간만을 놓고 계산하지만 사실은 투자를 결정하는 시간까지도 함께 계산해야 한다. 주식을 매수하고 매도하는 순간까지 보유한 기간이 6개월일 뿐이다.

그럼, 이제부터 어떻게 엘앤에프를 찾았고 매수 결정은 어떻게 했는지, 또 매도 가격은 어떻게 정했는지 등을 자세히 들여다보자. 필자가 소개할 내용은 다른 종목 투자에도 적용될 수 있음을 명심하자. 엘앤에프를 찾아서 투자 결정을 내리고 적정 매수가를 정한 다음, 매도 가격을 정한 전체 과정을 따라가다 보면 누구라도 좋은 종목을 찾아서 큰 수익을 낼 수 있다. 필자는 특별한 기법을 활용하지도 않았고 기업 내부에 특별한 인맥이 있었던 것도 아니다. 컴퓨터 1대와 전화기 1대, 그리고 시간만 있으면 누구라도 적용해서 수익을 낼 수 있다.

02 사람들이 말하는 엘앤에프 VS 내가 알게 된 엘앤에프

필자가 2019년 1월에 엘앤에프에 관심을 갖기 시작했던 이유는 단순하다. 이 기업에 투자해서 큰 수익을 낸 지인이 있었기 때문이다. 필자와 탐방도 같이 다니는 그 지인은 2015년에 엘앤에프에 투자해서 10배 이상의 큰 수익을 냈다. 엘앤에프에서 난 수익으로 고급 외제차를 사서 끌고 다녔는데 기회가 되면 엘앤에프에 반드시 다시 투자할 것이라는 이야기를 입에 달고 다녔다. 그 당시에 많은 투자자가 엘앤에프보다는 경쟁사에 더 관심이 많았다(경쟁사란, 같은 업종에 속해 비슷한 제품을 만드는 기업을 말한다). 필자는 대다수 사람과 다르게 왜 유독 이 지인은 엘앤에프를 이야기하는 것인지에 대해 궁금했다. 이런 호기심으로 자연스럽게 엘앤에프에 관심을 갖게 됐다.

처음 관심을 가졌던 2019년 1월 당시, 엘앤에프의 주가는 32,000~34,000원대였다. 차트에서 최저점 대비 10배가 올랐던 적이 있다는 것을 발견하고 썩 투자하고 싶다는 생각이 들지는 않았다. 엘앤에프의 주가는 2014~2015년 최저점 대비 2018년 말에 거의 10배 넘게 상승해 있었다.

어떤 기업이라 할지라도 10배가 넘는 시세를 분출한 기업은 일단 피할 것을 추천한다. 주가가 많이 올라있으면 그 지점부터 추가 수익을 내는 것은 생각보다 쉽지 않다. 매수하고 싶다면 충분한 조정이 나온 이후에 하는 것을 추천한다. 좋은 기업과 좋은 매수 타이밍은 분리해서 봐야 한다. 좋은 기업이라고 해서 언제나 좋은 매수 타이밍을 주는 것은 아니다. 좋은 기업에도 나쁜 매수 타이밍이 있는 법이다. 보통 주가가 많이 오르면 매수하기에 좋은 타이밍일 확률은 그만큼 떨어진다.

다음 차트에 엘앤에프가 10배 상승한 구간을 표기해뒀다. 2018년 53,000원 정도에서 최고점을 찍은 주가는 2년 동안 조정을 받는다. 코로나 사태가 발생한 2020년 3월 저점까지 계산해보면 2018년부터 무려 75%가 넘게 빠진 것이다. 고점에서 엘앤에프를 산 투자자가 있

[2014년 최저점부터 2018년까지 10배 오르다]

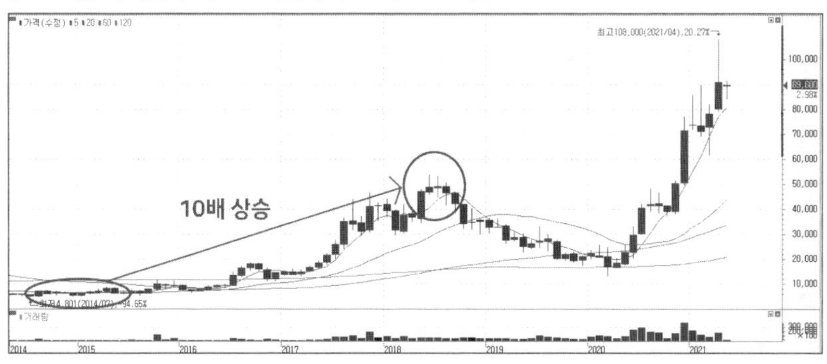

었다면 얼마나 고통스러운 시간을 보냈을지 상상해보라. 필자가 관심을 가지기 시작한 2019년 당시는 주가가 조정을 받는 시기였기 때문에 마음 편히 기업을 분석하면서 적정 매수 시점을 잡아볼 수 있었다. 기업을 공부할 때는 주가가 급등할 때보다 하락할 때 하는 것이 더 좋다. 주가가 급등하면 마음이 급해져서 실수하기가 쉬워지기 때문이다. 분석도 끝나기 전에 빨리 매수를 해야 한다는 조바심이 생기게 된다. 그런 측면에서 엘앤에프는 마음 놓고 분석할 시간이 충분했다. 분석하면서 투자를 결정짓도록 해준 핵심 2가지 매력 포인트를 소개하겠다.

첫 번째 매력은 경쟁사 대비 엘앤에프의 낮은 관심도였다. 엘앤에프는 2차 전지에 들어가는 양극재를 만든다(양극재는 2차 전지에 들어가는 필수 소재 중 하나다). 국내에서 같은 사업을 하는 대표 기업 D사와 E사가 있다. 투자하고 싶은 기업이 있다면 경쟁사는 반드시 같이 공부해야 한다. 그래야 내가 투자하려는 기업의 경쟁력을 명확히 파악할 수 있다. 보고서, 뉴스 등을 찾아보고 포털사이트에 올라온 분석 글도 많이 찾아봤다. 이상하리만큼 엘앤에프에 대한 관심이 적어 보였다. D사와 E사의 경우 증권사 보고서도 많았고, 뉴스 기사도 많이 나왔다. 주변에서도 양극재 관련 기업에 관해 이야기할 때 D사와 E사는 자주 언급됐지만 엘앤에프는 잘 언급되지 않았다. 양극재 기업에 투자하는 주변 사람 중에서 엘앤에프를 골랐다는 사람은 거의 찾아볼 수 없었다. 이것이 필자가 엘앤에프에 매력을 느낀 첫 번째 이유다. 상대적으로 관심이 덜 한 종목 중에서 대박이 나는 경우가 많기 때문이다. 모두가 알고 있는 곳에서 큰 수익이 나기 쉽지 않다.

두 번째 매력은 경쟁사보다 높은 기술력이었다(이 평가는 필자가 분석하던 당시 기준이다. 현재 기술 개발 상황에 대해서는 정확히 파악하고 있지 않다). 엘앤에프를 분석하기 위해서 경쟁사 두 기업까지 탐방을 다녀오고 여러 투자자의 의견을 종합해본 결과, 당시 엘앤에프의 기술력이 경쟁사인 D사와 E사보다 앞서 있다고 판단해도 괜찮겠다고 봤다.

기업 분석이 끝날 때쯤 엘앤에프와 관련해서 '경쟁사보다 기술력은 높은데 관심도는 오히려 떨어지는 기업'이라는 결론을 내릴 수 있었다. 그렇다면 무엇이 문제일까? 왜 사람들은 엘앤에프에 큰 관심이 없는 것일까? 기술력도 좋은데 무엇이 문제인가? 혹시 경쟁사의 경쟁력에 대해서 분석을 잘못한 것은 아닐까? 이런 고민을 하던 중에 원인은 다른 곳에 있다는 것을 찾아냈다.

양극재는 폭발적으로 성장하는 전기차 시장에 따라 수요가 함께 늘어나는 구조다. 전기차에 탑재되는 배터리가 늘어나면 당연히 필수 소재인 양극재도 늘어나게 된다. 시장이 필요로 하는 만큼의 양극재를 공급할 수 있는 능력이 있어야 살아남을 수 있다. 그 당시 시장은 양극재 기업들이 얼마나 공격적으로 생산 능력을 늘리는지를 주목하고 있었다. 2019년 당시 D사와 E사는 공격적으로 생산 능력을 키우고 있었다. 생산 능력을 키운다는 것은 공장을 더 많이 지어서 더 많은 양극재를 공급할 수 있게 된다는 의미다. 그런데 엘앤에프의 경우 생산 능력을 늘린다는 소식이 들리지 않았다. 시장에서는 '이러다 엘앤에프는 생산 능력이 뒤처져서 경쟁력을 잃는 것은 아닌가?' 하는 고민을 했을 것이다. 이것이 경쟁사 대비 엘앤에프가 관심을 덜 받고 있었던 핵심 이유 중 하나였다(여러 가지 이유가 더 있겠지만 여기서는 대표적인 이유만 소개하겠다).

상황이 이렇다 보니 당연히 증권가에서는 경쟁사인 D사와 E사를 좀 더 비중 있게 다뤘고 투자자들 사이에서도 엘앤에프의 존재감이 크지 않았다. 그때부터 왜 사람들이 경쟁사에 더 관심이 있었는지 이해되기 시작했다. 동시에 '엘앤에프가 기술력은 있으니 생산 능력만 해결하면 시장에서 관심을 받을 수 있겠다'라는 생각이 들었다. 이 부분까지 기업 측에 확인하고 최종 투자 결정을 내린 것이다. 엘앤에프도 생산 능력을 키울 생각이 없지 않았다. 이거면 충분했다. 시장에서 생산 능력에 대해 우려하는 상황에서 아무것도 하지 않겠다면 문제가 되지만 엘앤에프는 생산 능력을 키울 생각을 하고 있었다. 시간의 문제일 뿐이었다. 이 부분만 시장에 알려진다면 주가가 오를 수 있겠다는 확신이 들었다. 이것이 필자가 강조하는 탐방, 즉 기업과 직접 소통해야 하는 이유다. 생산 능력을 키울지에 대한 계획은 기업이 제일 잘 알고 있다. 직접 소통하다 보면 이런 힌트를 얻을 수 있다.

#사람들이 말하는 엘앤에프

정리해보자. 2019년 당시 엘앤에프를 바라보는 투자자들의 시선은 '엘앤에프는 뒤처진다'였다.

양극재 공급(생산) 능력을 키워야 하는 상황에서 경쟁사 D사와 E사는 쭉쭉 뛰어가는데 엘앤에프는 가만히 있었다. 이렇게 되면 앞으로 시장에서 엘앤에프가 경쟁력을 잃을 수 있다는 것이 그 당시 사람들이 말하는, 혹은 생각하고 있는 엘앤에프의 모습이었다.

#내가 직접 알게 된 엘앤에프

탐방을 하고 기업 측과 여러 번 대화를 해보니 '사람들이 말하는 엘앤에프'는 오해에 불과하다는 사실을 알 수 있었다. 엘앤에프는 기술력이 좋고, 생산 능력에서 경쟁사들보다 조금 뒤처져 있지만 해결할 계획이 있었다. 이것이 필자가 알게 된 엘앤에프의 진짜 모습이었다.

다음은 필자가 엘앤에프에 탐방 갔을 당시 밖에서 찍은 사진이다. 내부부터는 보안상 이유로 카메라를 활용할 수 없어서 밖에서 찍었다.

[엘앤에프 탐방 당시 사진]

엘앤에프가 가진 문제는 의지와 시간이 해결할 수 있는 영역이라 판단했다. 그런 상황에서 엘앤에프가 생산 능력을 키우려고 생각하고 있다는 사실을 확인하고 나니 매력적인 선택지라는 확신이 들었다. 그리고 투자자들의 낮은 관심도 덕분에 낮아져 있는 주가 역시 큰 매력으로 다가왔다.

좋은 기업이라면 100원이라도 싸게 사는 것이 좋지 않은가? 생산 능력이라는 측면에서 보면 2019년에는 분명 경쟁사들이 더 매력적으로 보일 수 있지만 중장기적으로 보면 엘앤에프가 낮은 평가를 받을 이유는 전혀 없었다. 경쟁사보다 뒤처지는 기업이라 소외된 것이 아니었다. 해결해야 할 문제가 하나 남아 있었을 뿐이다. 할 수 있는 기업이 잠시 안 하고 있는 것과 할 수 없는 기업이 못 하는 것은 다른 얘기다. 엘앤에프는 할 수 있는 일을 잠시 뒤로 미루고 있었을 뿐이다.

사람들이 말하는 엘앤에프와 필자가 직접 분석하고 파악한 엘앤에프 간에는 분명 괴리가 있었다. 이 부분을 확인하고 나서야 기회가 다가오고 있음을 알아차렸다. 마음속에서는 이미 투자하고 싶다는 생각이 들었지만 피 같은 돈을 그냥 투자할 수는 없었다. 몇 가지 더 확인이 필요했고 적정 매수 가격대가 어느 정도인지도 파악해야 했다.

03

수익을 낼 수 있게 나를 도와준 핵심 인물들

엘앤에프 투자를 성공적으로 마치기까지 도움을 준 핵심 인물들이 있다. 이런 이야기를 하면 '회사 내부에서 정보를 주는 사람'이 있었는지를 가장 먼저 궁금해한다. 필자는 주식 투자를 할 때 특정 인맥이나 네트워크에 의존하지 않는다. 생각보다 도움이 안 될뿐더러 그런 것에 의존하기 시작하면 투자 실력이 절대 늘지 않기 때문이다. 이것은 마치 공부 잘하는 아이가 시험을 잘 볼 수 있도록 답을 알려주는 것과 같다. 점수는 잘 나오겠지만 실력은 전혀 늘지 않는다.

엘앤에프 투자의 마침표를 찍기까지 도움을 준 인물들은 IR 담당자들이다. 내부의 고위관계자나 특정 비밀정보를 준 사람은 단 한 명도 없었다. 이제 막 투자를 시작하는 투자자라면 이 부분을 반드시 기억하길 바란다. IR 담당자는 누구라도 쉽게 접촉할 수 있는 사람들이다. 전화번호도 공개되어 있고 누구나 편하게 전화 한 번으로 연결될 수 있다. 큰돈을 굴리거나 기관에서 일해야만 연락할 수 있는 사람들이 아니다.

주식 투자에 성공하기 위해서는 특정 네트워크가 필요하다거나 회사 내부자를 알아야만 가능하다고 이야기하는 사람들이 있다. 증권가에도 정보를 얻겠다며 주말마다 골프 치러 다니고 술자리에 절대로 빠지지 않는 사람들이 있다. 특정한 인맥을 쌓아둬야 투자에 성공한다는 이유 때문이다. 완전히 틀린 말은 아니다. 분명 도움은 될 수 있다. 그러나 아무리 좋은 고급 정보라 해도 그것이 무엇을 의미하는지 직접 해석할 능력이 없으면 아무 쓸모 없다. 기회는 준비된 자에게 찾아온다 하지 않았던가? 기회가 찾아왔을 때 내 것으로 만들 수 있는 능력이 없으면 기회가 아니다.

주식 투자도 마찬가지다. 필자는 주변에 주식 투자로 성공한 사람들을 몇 알고 있다. 수십, 수백억대의 자산가들이다. 그중에는 인맥 쌓기에 시간 투자를 하는 사람도 분명 있지만 극소수에 불과하고 대부분 그런 인맥 관리에 시간을 크게 할애하지 않는다. 대다수는 "주식 처음 할 때 사람도 많이 만나보고 술도 마시고 했는데 도움은 별로 안 되고 시간만 버리더라"라는 말에 입을 모은다.

주식 시장에서는 개인의 실력, 미래를 내다보는 눈, 투자하기에 매력적인 기업인지와 적정 가격은 얼마인지를 찾아내는 능력이 필요하다. 운까지 따라주면 최고다. 술 마시고 골프를 잘 치는 것이 핵심이 아니다. 물론 이런 인맥 관리가 도움이 안 된다는 말은 아니다. 그런 것에 목숨 걸지 않아도 충분히 좋은 결과를 낼 수 있다는 말이다. 술 마시고 골프 칠 시간에 공부를 더 하고 성공과 실패를 여러 번 경험해보면서 자신에게 맞는 투자 철학을 만들어가는 것이 훨씬 큰 도움이 되는 것을 잊지 말아야 한다.

#엘앤에프 IR 담당자

특정 기업에 투자할 때 투자자가 가장 많이 대화하고 관계를 맺어야 하는 사람은 해당 기업의 IR 담당자다. 안타깝게도 투자자 대부분이 유명 유튜버나 증권사 애널리스트, 혹은 포털사이트에 글을 올리는 (누구인지 모르는) 사람에 의존하고 있다.

필자가 엘앤에프 투자에 있어서 가장 많은 대화를 나누고 괴롭혔던 사람은 엘앤에프의 IR 담당자다. 산업을 공부하다 궁금한 점이 생기면 전화해서 물어보고 탐방을 가서 얼굴을 익혔다. 주식 투자는 그 기업의 주인이 되는 것이다. 기업이 직원들을 고용하는 이유는 모든 일을 혼자 할 수 없기 때문이다. 필자는 엘앤에프의 주인이었고 기업의 전반적인 산업 흐름과 경쟁력, 경쟁사와의 차별점에 대해서 IR 담당자를 통해 업데이트받았다. 어떤 기업에 투자하든, 투자자가 가장 많은 대화를 나눠야 하는 사람은 IR 담당자다.

#경쟁사의 IR 담당자

다음으로 많은 시간을 함께한 사람들은 경쟁사 (혹은 같은 산업에 속한) IR 담당자들이다. 엘앤에프의 경우 핵심 경쟁사 D사와 E사가 있다. 누군가의 싸움에 개입되어 본 적이 있는가? 당사자들은 늘 누구나 자신이 피해자라고 이야기한다. 이럴 때 반드시 해야 할 일은 한쪽 이야기만 듣지 말고 양쪽 이야기를 듣는 것이다. 그렇게 해서 어떤 일이 있었는지를 추측해가는 것이 일반적이다. 같은 맥락이다. 엘앤에프와 경쟁사들을 함께 보는 것이다.

세 기업을 분석하면서 IR 담당자들과 대화를 하다 보니 2차 전지 산업에 대한 이해도가 굉장히 깊어졌다. 각 기업에서 하는 이야기들을 교차 검사하는 효과도 있었다. 예를 들어, 엘앤에프에서 들은 이야기를 경쟁사에서도 동일하게 한다면 이 정보는 어느 정도 신뢰할 수 있겠다고 판단하는 것이다. 반대로 세 기업 모두가 다른 이야기를 하는 내용이 있다면 좀 더 깊이 있게 분석을 해봐야 하는 정보라는 결론을 내린다.

이렇게 경쟁사들을 함께 비교하는 또 다른 이유는 경쟁사의 기술력이 어디까지 왔는지를 확인하기 위해서다. 필자가 분석했을 당시에는 엘앤에프의 기술력이 가장 앞서가고 있다고 결론을 내렸는데 이와 관련해서 경쟁사들의 이야기도 들어볼 필요가 있었다. 엘앤에프만의 정신승리인지, 아니면 진짜 기술에서 앞서고 있는지를 확인한 것이다.

#납품사 혹은 고객사 IR 담당자

마지막으로, 엘앤에프의 고객사 IR 담당자가 있다. 기업은 여러 기업과 많은 거래를 한다. 기업의 고객 기업이 있을 것이고 해당 기업이 다른 기업의 고객사일 수도 있다. 예를 들어보자. '○○유리'는 유리병을 생산하는 기업이다. ○○유리는 □□맥주에 병을 납품한다. □□맥주는 △△편의점에 맥주 완제품을 납품한다. △△편의점은 □□맥주의 고객사고, □□맥주는 ○○유리의 고객사다. □□맥주 사업이 잘 진행되고 있는지를 알아보는 방법은 3가지가 있다.

① □□맥주에 직접 물어보는 방법

② △△편의점에서 판매된 병 수를 알아내는 방법

③ ○○유리에서 산 병 수를 알아내는 방법

하나의 정보를 얻기 위해 3가지 방법을 활용하면 정보의 정확도를 높일 수 있다. □□맥주에서는 판매가 계속해서 늘어나고 있다고 하는데 △△편의점에서는 판매가 잘되지 않고 있다면 어떨까? ○○유리에서는 장사가 잘되고 있다고 하는데 □□맥주에서는 앞으로 맥주 생산량을 줄이겠다고 하면 어떨까? 다양한 경로를 통해 정보를 맞춰가야 정보의 정확도를 최대한 높일 수 있다.

엘앤에프는 2차 전지에 들어가는 양극재를 만드는 회사다. 엘앤에프는 국내 대표 배터리 제조사 기업인 삼성SDI, LG에너지솔루션, SK이노베이션을 고객사로 두고 있다. 배터리 3사를 고객사로 두고 있으니 이들 기업이 매출을 많이 올릴수록 엘앤에프도 매출이 오를 가능성이 커진다. 반대로 배터리 판매량이 지지부진하면 엘앤에프의 실적도 걱정해야 한다. 이렇게 고객사 현황까지 함께 분석하다 보면 투자 성공률이 오르게 된다.

실제로 2019년, 2020년을 지나면서 국내 배터리 3사는 큰 성장을 이뤄냈다. 전기차 시장이 폭발적으로 성장하면서 나타난 결과다. 당연히 양극재를 만드는 기업들도 성장할 수밖에 없는 환경이라는 결론을 내릴 수 있었다. 이렇게 빠르게 성장하는 시장에는 새로 생겨나는 기업도 많고 기술 변화가 빨라서 흐름을 따라가기가 쉽지 않다. 이런 상황 속에서 흔들리지 않고 산업의 흐름을 제대로 읽을 수 있도록 도와준 사람들은 양극재 3사와 배터리 3사를 포함한 2차 전지 기업들의 IR 담당자들이다.

성공적인 주식 투자에 있어서 고급 인맥이 필수는 아니다. 있으면 도움이 될 수는 있지만, 없다고 성공을 못 하지 않는다. 어느 기업에 투자하든 IR 담당자는 존재한다. 경쟁사의 IR 담당자도 있고, 고객사의 IR 담당자도 있다. 투자하는 사람이라면 누구라도 편하게 IR 담당자에게 연락할 수 있다. IR 담당자는 기업의 주인인 주주들에게 기업에 대한 전반적인 사항들을 알려줄 의무가 있다. 이들과 대화하는 것만으로도 투자에 필요한 정보를 충분히 얻을 수 있고 산업의 흐름을 읽어낼 수 있다.

필자는 엘앤에프를 성공적으로 매도하기까지 여러 기업의 IR 담당자들에게만 의존해서 매수와 매도를 결정했다. 고급 정보를 미리 준 사람은 없었다. IR 담당자들만 알아도 충분하다고 자신 있게 말할 수 있다. 지금도 여전히 투자한 기업 IR 담당자들에게 모든 정보를 의존하고 있고 자산도 잘 불어나고 있다. 인맥에 대한 환상을 가질 필요가 없다. 주식 시장은 누구에게나 공평한 곳이다.

04 내가 직접 소통하지 못하는 기업은 무조건 버려라

투자를 위해 반드시 알아야 하는 사람은 IR 담당자라고 했다. IR 담당자를 계속 강조하는 이유는 기업과 직접 소통을 할 수 있어야 투자를 할 수 있기 때문이다.

직접 소통을 한다는 의미는 무엇일까? 주가에 문제가 생겼을 때 많은 사람이 그 이유를 인터넷이나 유튜브에서 찾는다. 경제 TV 전문가 코너에 의뢰하는 사람도 있고, 포털사이트 종목토론방에 질문을 올리는 사람도 있다. 회원이 많은 투자 온라인 카페에도 질문이 많이 올라온다. 만약 이 책을 읽는 독자 중에서도 그런 경험이 있다면 기업과 직접 소통을 하지 못하고 있다는 신호다. 인터넷, 유튜버와 소통을 하는 것이지 기업과 소통을 하는 것이 아니다. 종목 추천을 받아서 주식 투자를 하면 주가가 좋을 때는 괜찮지만 주가가 떨어질 때는 문제가 생긴다. 종목 추천을 해준 사람이 사라지면 어떻게 대응할 것인가? 2가지 사례를 소개하고자 한다.

#사례 ①
지인에 의존하다 상장 폐지까지 당하다

지금은 상장 폐지된 F사와 관련된 일화를 소개하려고 한다.

김씨는 상장 폐지가 되기 전에 이 회사에 투자했다가 전액 손실을 봤다. 김씨가 투자를 결정하게 된 이유는 지인 때문이었다. 지인은 이름만 대면 알만한 자산운용사에서 오랜 기간 근무하다 은퇴했고 그동안 모아둔 전 재산을 F사에 투자했다.

필자는 그 지인과 인연이 닿아 대화를 몇 번 나눠본 적이 있다. 대화를 나누면 누구라도 F사에 투자할 수밖에 없을 것 같았다. 회사 내부에 벌레가 몇 마리 있는지까지 알 것 같은 사람이었다. 회사의 역사부터 현재 진행 상황 등 모르는 것이 없었다. 재무제표에 적혀있는 숫자들까지도 외우고 있을 정도였다. 회사 주가의 하루하루 움직임까지 세세하게 분석하고 설명하는 그런 사람이었다. 이런 사람이 종목을 추천하면 누구라도 매력을 느낄 수밖에 없다. 김씨도 그 지인의 설명에 매력을 느끼고 투자를 결정한 것이다.

그런데 F사가 어느 순간부터 이상한 조짐을 보이기 시작하자 문제가 발생했다. 늘 연락이 잘 되던 사람이 문제가 발생하자 되지 않기 시작했다. 일부러 안 받았다기보다는 자신도 어찌할 줄 몰랐던 것 같다. 이런 상황을 예상하지 못했을 것이다.

답답했던 김씨는 회사에 직접 연락을 해봤지만 받는 사람이 없었다(상장된 기업에는 IR 담당자들이 있지만 투자자들과의 소통을 잘 하지 않는 기업도 있다. 이런 기업은 피하는 것이 좋다. IR 담당자와 소통이 안 된다면 기업에 관한 내용을 알 방법이 사실상 없는 것과 마찬가지다). 알고 보니 그 지인은 회사 내부에 아는 직원을 통해 정보를 주고받고 있었다. 예상컨대 지인 역시 회사에 문제가 터지고 난 이후에는 회사 내부 직원과 연락이 되지 않았던 것 같다. 회사에 어떤 상황이 일어나는지 알 방법이 없었던 김씨는 안절부절못하다가 그대로 상장 폐지를 당했고 전액 손실을 보게 됐다. F사에 대한 정보를 주던 지인이 사라지고 나니 어떻게 대응을 해야 할지 몰랐던 것이다.

#사례 ②
호재를 악재로 판단해 투자 기회를 날리다

또 하나의 사례를 살펴보자. 엘앤에프는 2020년 6월 17일에 유상증자를 발표했다.

유상증자는 기업이 주식을 추가로 발행해 자본금을 늘리는 것이다. 유상증자는 발행 주식 수가 늘어나기 때문에 주당 가치가 희석되어 시장에서는 보통 악재로 받아들여진다(예를 들어, 시가총액 100원, 발행 주식이 100주인 기업의 1주당 가치는 1원이다. 시가총액을 발행 주식 수로 나눈 것이다. 여기서 유상증자를 해서 발행 주식을 200주로 늘리면 1주당 가치는 0.5원으로 줄어들게 된다. 시가총액은 그대로 100원인데 발행 주식이 2배로 늘어났기 때문에 1주당 가치가 반으로 줄어든 것이다). 그러나 유상증자가 호재일 때도 있다. 주주를 대상으로 하지 않고 제3자에게 배정하는 제3자 유상증자 방식이나 사업 확대를 위한 명확한 목표가 있는 유상증자라면 시장에서 호재로 작용하기도 한다. 간단하게 표현하면, 회사가 돈이 없어서 유상증자하는 것은 보통 악재로 받아들여지지만, 뚜렷한 목적이 있어서 하는 유상증자는 호재로 받아들여질 수도 있는 것이다.

엘앤에프의 유상증자 발표 후 주가는 예상대로 장 시작부터 하락해 장중 -7%가 넘는 내림세를 보였다. '유상증자=악재'라는 공식이 시장에서 받아들여진 것이다. 장 시작부터 매도한 투자자들이 있었다. 그러나 그날 이후부터 엘앤에프는 2만 원대의 가격을 볼 수 없는 수준까지 주가가 올라가 버렸다. 무슨 이유였을까? 왜 유상증자를 발표했음에도 엘앤에프의 주가는 오르기 시작한 것일까?

[유상증자 발표 후 엘앤에프의 주가 흐름]

시장에서 바라본 엘앤에프의 최대 약점은 지지부진한 생산 능력 증대였다. 경쟁사들은 공격적으로 공장을 늘려서 생산량을 늘

리는 데 비해 엘앤에프는 그런 움직임을 보이지 않고 있으니 시장에서 도태될 수도 있다는 우려가 있었다. 그런 와중에 엘앤에프의 유상증자 발표는 자금을 확보하고 생산 능력을 키우겠다는 신호탄이었다. 이것은 악재인가? 호재인가? 당연히 호재다. 늘어날 물량을 더 만들기 위해 자금을 모으는 것은 좋은 신호다. 회사가 매출도 늘리고 이익도 늘릴 기회에 투자하는 것이기 때문이다. 유상증자의 목적이 명확하고, 사업을 더 키우기 위한 움직임이었다. 전기차 시장이 폭발적으로 성장하니 배터리 수요도 많아질 것이고 양극재 수요도 많아질 것은 누구나 확신할 수 있었다.

엘앤에프의 생산 능력을 늘리려는 움직임은 IR 담당자와 꾸준히 관계를 맺고 대화를 나눠왔다면 충분히 예상할 수 있었던 시나리오였다. IR 담당자가 유상증자와 관련된 구체적인 내용을 투자자에게 언급하는 것은 어렵다. 그렇지만 회사가 저평가되어 있는 이유가 무엇인지, 주가가 우상향하는 데 필요한 조건이 무엇인지 등은 충분히 대화를 통해서 이야기할 수 있다. 엘앤에프에 조금만 관심을 갖고 IR 담당자와 지속적으로 대화를 한 투자자라면 '엘앤에프의 주가가 오르려면 생산 능력을 증대해야 하고 이를 위해서는 자금이 필요할 수 있다'라는 결론을 내렸을 것이다. 그런 투자자에게 유상증자 발표는 악재가 아닌 '기다리던 호재'로 인식됐을 것이다. 유상증자라는 소식에 누군가는 매도했겠지만 사정을 잘 아는 사람이었다면 이 기회를 통해서 엘앤에프를 적극적으로 매수했을 것이다. 필자도 이 시점에서 엘앤에프를 적극적으로 매수하기 시작했다.

종목을 고를 때 투자자들은 여러 경로를 통해 정보를 접하고 결정을 내린다. 유튜브, 주식 관련 도서, 경제 TV 등이 있다. 다 좋다. 그러나 누군가를 중간에 끼고 종목 선정을 했다면 반드시 다시 생각해 보라고 조언하고 싶다. 증권사 애널리스트가 특정 종목 보고서를 내다 안 내는 경우를 자주 봤을 것이다. 주가가 잘 오를 때는 보고서가 잘 나온다. 그러나 주가가 지지부진하면 보고서가 잘 나오지 않는다. 보고서에 의존하고 투자를 하는 사람이라면 갑자기 보고서가 나오지 않을 때 당황할 수밖에 없다. 주가가 내릴 때 어떻게 대응을 해야 할지 모르는데 믿고 의존했던 애널리스트는 보고서를 내주지 않는 것이다. 주가가 오를 때도 왜 오르는지 알 방법이 없다. 이렇게 되면 적절한 시기에 필요한 대응을 할 수 없게 된다. 투자에 굉장히 위험한 신호다.

2018년 한 증권사에서 앞에서 언급한 F사와 관련된 보고서를 발행했다(책에 보고서를 첨부하고 싶었지만 보고서만 봐도 어떤 회사인지 파악할 수 있어 생략했다). F사의 보고서를 발행한 증권사는 대형 증권사 중 1곳이었다. 보고서의 내용만 읽어보면 앞으로 폭발적인 성장이 일어날 것처럼 쓰여 있었고 주가가 앞으로 최소 40% 이상 오를 것이라는 전망까지 내놓았다. 아직도 당시 이 보고서를 보며 F사에 투자했던 투자자들이 얼마나 흥분했었는지 그 기억이 생생하다. 그동안의 실적 부진을 다 씻어내고 이제 앞으로 좋은 일만 가득할 것이라는 내용이다. 이 보고서가 나오고 두 달이 지난 이후 F사는 거래 정지가 됐고 그 이후 상장 폐지가 됐다. 해당 보고서를 작성한 애널리스트는 상장 폐지 결정 이후 '앞으로 계속해서 업데이트하겠다'라는 내용을 담은 보고서를 냈지만 그 이후로 해당 기업에 대한 보고서는 찾아볼 수 없었다. 애초에 업데이트를 할 생각이 없었을 것이다.

절대 잊지 마라. 투자하려는 기업이 있다면 반드시 직접 회사와 연락을 할 수 있어야 한다. 예상치 못한 일이 터졌을 때 적절한 대응을 하려면 투자자가 직접 결정을 내릴 수 있어야 한다. 이를 위한 가장 효율적인 소통 창구는 회사 IR 담당자다. 어떤 상황에서도 회사 주가와 관련된 내용을 확실하게 확인할 수 있는 사람은 IR 담당자뿐이다. 그런데 소통이 어려운 IR 담당자가 있는 회사라면 투자 대상에서 제외하는 것이 좋다. 대응하지 못하고 소통하지 못하는데 무슨 투자를 한단 말인가?

지인에게 투자 권유를 받은 사람도 이 부분을 반드시 기억해야 한다. 투자 권유를 해준 사람이라도 대응 방법을 매번 알려주는 것은 굉장히 어렵다. 나의 판단 잘못으로 다른 사람의 재산을 날려 버릴 수 있기 때문이다. 주식 투자를 하다 보면 인간관계가 나빠지는 경우가 많은 이유도 여기에 있다. 투자 권유를 한 사람이 나의 재산을 지켜주지 않는다는 것은 반드시 기억해야 한다.

《위대한 기업에 투자하라》를 쓴 필립 피셔는 좋은 기업을 매수하기 위한 15가지 조건을 제시했다. 그중 하나가 '경영진이 모든 것이 순조로울 때는 투자자들과 대화하면서 문제가 발생하거나 일이 터졌을 때는 입을 꾹 다물지 않는지'를 확인하는 것이다. 이것은 굉장한 통찰력이 있는 조언이다. 투자하고 있는 기업의 상황이 좋든 나쁘든 상관없다. 어떤 상황에서도, 언제라도 소통이 가능한 창구가 반드시 열려 있는 것이 제일 중요하다.

① 주식이 떨어질 때 안절부절못해 인터넷에서 이유를 찾아보려 한 경험이 있는가?
② 포털사이트 종목토론방에서 답을 찾으려고 한 경험이 있는가?
③ 그런데도 답을 찾지 못해서 답답해한 경험이 있는가?

만약 이 질문에 대한 답이 모두 '예'라면 회사와 직접 소통할 수 있는 창구가 없다는 신호일 가능성이 크다. 그리고 굉장히 위험한 신호다. 투자 결정에 대해서 다시 한번 생각해봐야 한다.

05

5,000만 원까지는 목숨 걸고 투자원금을 늘려라

주식 시장에서 성공적으로 수익을 올리기 위해서는 많은 것이 요구된다. 숫자를 잘 볼 수 있다고 해서, 혹은 좋은 종목을 골랐다고 해서 결과가 반드시 좋은 것이 아니다. 타이밍도 잘 맞아야 하고 투자자의 심리 상태도 굉장히 중요하다. 운도 좋아야 한다. 투자하고 있는 기간 동안 큰 악재가 없으면 더 좋다.

투자에 있어서 인간이 할 수 있는 영역이 있고 할 수 없는 영역이 있다. 매출액과 영업이익이 늘어나는 종목만 투자하겠다는 기준은 인간이 세우고 행동으로 옮길 수 있다. 실적이 나빠지는 기업을 안 사면 그만이다. 그러나 코로나와 같은 바이러스가 퍼져서 전 세계가 셧다운되는 상황을 생각해보라. 이것은 누구도 예상할 수 없었던 일이다. 주식 투자가 어려운 이유는 이렇게 복합적인 요인들이 작용하고 있기 때문이다.

이번에는 심리에 관한 내용을 집중적으로 다뤄보려고 한다. 주식 투자에 있어서 심리는 성공에 큰 영향을 미치는 요인 중 하나다. 그중에서 '빨리 돈을 벌어야겠다'는 조급한 심리에 대해서 알아보자.

필자는 주식 투자를 이제 막 시작한 사람들의 심리를 굉장히 잘 알고 있다. 2가지 이유가 있는데 하나는 직접 경험을 해봤기 때문이고, 다른 하나는 그런 사람을 많이 봤기 때문이다.

필자가 처음 주식 투자를 했을 때 가졌던 마음 상태는 굉장히 단순했다. 이미 10년이 지난 이야기지만 그 당시에도 지금처럼 주식 투자로 큰돈을 벌었다는 사람들이 있었다. 지금처럼 유튜브가 활발하던 시기가 아니라 필자는 책과 포털사이트 등을 통해서 정보를 접했다. 그런 사람들이 나와서 몇억 원을 벌었다는 이야기를 들을 때마다 마음이 초조해졌다. 계좌를 열어보면 몇백만 원밖에 되지 않는 돈으로 몇억 원을 만들어야 한다는 생각을 하니 눈앞이 캄캄했다. 가지고 있는 돈으로 계산을 해보니 불가능한 것은 아니었다. 이론상으로는 너무 쉬웠다. 정치 테마주들이 2~3배씩 잘 오르니 이런 종목들을 5~6번만 잘 고르면 그리 어렵지 않을 것 같았다. 지금 생각해보면 한심하기 그지없는 생각이었다. 그렇게 종목을 여기저기 옮겨 다니면서 현실을 깨닫기 시작했다.

'주식 투자 쉽지 않구나.'

그러나 이미 늦은 후회였다. 한두 번 성공한 적은 있었지만 중간중간 한 실패 때문에 원금이 불어나지를 못했다. 마음은 더 초조해졌다. 악순환의 반복이 계속되다 보니 공부를 해야겠다는 생각보다는 더 빨리 더 급격하게 오를 수 있는 '한 방'을 찾기 위해 한동안 시간 낭비를 했던 기억이 난다.

형태는 다르겠지만 맥락은 비슷할 것이다. 누구나 주식 투자를 할 때는 큰돈을 벌겠다는 생각을 많이 한다. 3%대 예금 상품은 나오자마자 완판이 된다고 한다. 그런데 주식 시장에 들어온 순간, 사람들이 기대하는 수익률은 최소 200~300% 정도가 된다. 그것도 1~2년이 걸리면 길다고 생각한다. 필자는 이 부분에 있어서 확실하게 말할 수 있다. 주식 시장에서 돈을 빨리 버는 방법은 존재하지 않는다. 예전에도 없었고 지금도 없고 앞으로도 없을 것이다. 워런 버핏은 바보여서 그런 투자를 하지 않을까? 필자도 그랬듯이 이 부분을 무시하고 '난 다르겠지'라는 생각으로 직접 경험해보는 것까지 말리지 않겠다. 경험을 통해 직접 깨닫는 것이 가장 좋은 방법이기는 하다. 그러나 다시 한번 말한다. 그런 길은 존재하지 않는다. 경험해보는 것은 개인의 자유지만 결과는 정해져 있다.

필자의 엘앤에프 투자를 다시 한번 기억해보자. 필자가 엘앤에프에 투자하고 나서 필자의 추천으로 엘앤에프를 산 사람이 몇 명 있었다. 그 사람들에게는 주식 시장이 새로운 세계를 경험하게 해줬을 것이다. 누가 말해줘서 샀더니 주가가 6개월도 안 돼서 2~3배가 올랐으니 말이다. 이렇게 몇 번만 하면 10억, 100억 금방 만들 수 있겠다는 생각이 당연히 들 것이다. 그러나 엘앤에프를 찾아가는 과정을 잊지 말아야 한다. 종목을 발굴하고 적정 매수가를 기다리는 시간이 있었기 때문에 좋은 결과가 나온 것이다. 또한, 2020년은 코로나 사태로 인해 전 세계적으로 유동성이 많이 풀렸던 해이기도 하다. 유동성으로 주식 시장이 밀려 올라갔던 해이기 때문에 비상식적인 상승이 나올 수 있었다.

#5,000만 원 투자자와 500만 원 투자자

주식 투자를 하면 '돈을 빨리 벌고 싶은 심리'가 생기는 것은 당연하다. 부정할 필요는 없다. 그러나 동시에 '이것이 투자를 망치는 가장 큰 원인 중 하나'라는 점도 인정해야 한다. 이런 심리를 다스리지 못하면 절대로 성공적인 투자를 할 수 없다. 이 부분을 극복하는 방법은 없을까? 100%는 아니지만 어느 정도까지 보완하는 방법은 있다.

원금을 늘리는 방법이다. 주식 투자로 어느 정도의 결과를 내고 싶다면 이 조언은 굉장히 중요하지만 자주 듣지 못하는 조언일 수도 있다. 최소한 5,000만 원이 될 때까지는 주식 투자보다는 '원금 늘리기'에 집중해야 한다. 물론 1억 원이면 더 좋겠지만 5,000만 원도 충분하다. 5,000만 원이라는 목표를 세우고 최대한 이 목표에 빨리 갈 방법을 찾아라. 커피를 자주 사 마신다면 집에서 커피를 타서 들고 다녀라. 아낄 수 있는 돈을 최대한 아껴서 투자원금 5,000만 원이라는 목표에 최대한 빠르게 도전할 것을 추천한다.

예를 들어보자. 다음은 전 국민이 사랑하는 삼성전자의 주가 차트다.

2020년 3월에 코로나로 주가가 폭락했다가 7~8월 정도가

[삼성전자 주가 차트]

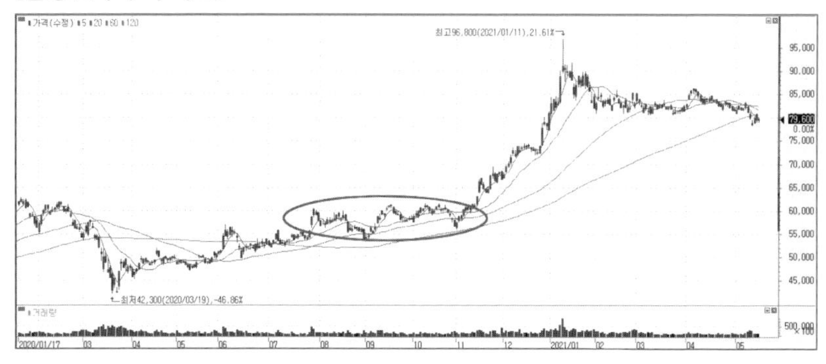

되어서야 코로나 이전 주가를 회복했다. 코로나 사태로 어지러웠던 시기가 어느 정도 지난 시점을 동그라미로 표기해봤다. 8월부터 11월까지 삼성전자의 평균 주가는 55,000~60,000원대였다. 이 시점에 삼성전자에 투자했다고 가정해보자. 계산상 편의를 위해 매수 단가를 60,000원으로 한다.

① 5,000만 원을 가진 투자자 이씨는 평균 단가 60,000원으로 매입할 경우 삼성전자 주식 833주를 매수할 수 있다.

② 500만 원을 가진 투자자 박씨는 평균 단가 60,000원으로 매입할 경우 삼성전자 주식 83주를 매수할 수 있다.

삼성전자 주가는 2021년 1월에 96,000원을 넘겼다. 이때까지 주가에 따른 수익을 비교해보자. 여기서 중요한 것은 수익률이 아니라 절대적인 수익금액이다. 주가가 10% 올라 66,000원이 되면 투자자

[삼성전자 주가에 따른 수익률]

삼성전자 주가(원)	수익률(%)	투자자 이씨 수익 (원금 5,000만 원)	투자자 박씨 수익 (원금 500만 원)
60,000	0	0	0
66,000	10	5,000,000	500,000
72,000	20	10,000,000	1,000,000
78,000	30	15,000,000	1,500,000
84,000	40	20,000,000	2,000,000
90,000	50	25,000,000	2,500,000
96,000	60	30,000,000	3,000,000

이씨의 수익은 500만 원으로 총 5,500만 원이 된다. 투자자 박씨도 10%가 올라 50만 원의 수익이 나므로 550만 원이 된다.

필자는 수익률보다 절대금액을 더 중요하게 생각한다. 투자자 이씨는 10%만 올라도 500만 원의 수익을 낼 수 있지만 투자자 박씨는 60%의 수익률을 내도 300만 원의 수익밖에 내지 못한다. 300만 원이 적은 금액이라는 말이 아니다. 심리적 측면을 이야기하는 것이다. 투자자 이씨는 20~30%만 올라도 넉넉한 수익을 낼 수 있다.

2020년에 발표된 다음 페이지의 통계 자료를 참고해보자. 당시 집계된 통계 기준은 600만 명이다. 코로나 이후 많은 사람이 주식투자를 시작했으니 지금은 수치가 훨씬 더 늘어났을 것이다. 통계 자료를 보면, 40%의 투자자는 주식 투자로 손실을 봤다. 50%의 투자자가 1,000만 원 이하의 수익을 올렸다. 즉, 주식 시장에 참가한 개인투자자 10명 중 9명은 손실을 봤거나 1,000만 원 이하의 수익을 올렸다고 할 수 있다. 10%의 참여자만이 1,000만 원 넘는 수익을 올렸다.

[개인투자자 수익 구간별 비율]

	비율(약, %)	인원(만 명)
손실	40	240
0~1,000만 원	50	300
1,000~2,000만 원	5	30
2,000만 원 초과	5	30
총	100	600

• 주: 한국조세재정연구원이 11년간 개인 증권계좌 손익을 분석한 결과임.

2021년 통계 자료에서는 수치에 변동이 있을 수 있겠지만 큰 흐름은 비슷하다고 예상한다. 주식 시장은 늘 소수의 투자자가 많은 수익을 쓸어가는 구조이기 때문이다. 삼성전자에 5,000만 원을 투자한 이씨는 주가가 20% 정도만 올라도 대한민국 주식 고수익자 상위 10%가 된다. 반면, 투자자 박씨는 삼성전자 주식이 3배 넘게 올라야 주식 고수익자 상위 10%가 될 수 있다.

여기서 심리와 관련된 내용을 강조하려고 한다. 어떤 종목이든 10~20% 오르는 것은 그리 어렵지 않다. 그러나 50~100%의 수익률은 10~20%보다는 당연히 더 어렵다. 같은 종목에 투자하면서 마음 편히 10~20%를 목표로 잡는 투자자와 50~100%를 목표로 잡는 투자자 간의 마음 상태는 다를 수밖에 없다. 절대 수익금액이 커지면 그에 따라 심리적으로도 안정된 투자를 할 수 있는 환경이 조성되는 것이다.

이것이 필자가 투자원금을 최소 5,000만 원까지 늘리라고 조언하는 이유다. 물론 1억 원이면 더 좋고 2억 원이면 더 좋다. 10억 원을 가진 투자자는 10%만 수익을 내도 절대 수익금액이 1억 원이 된다. 투자를 늘 수익률로만 계산하는 사람들이 있는데 필자는 절대 수익금액에도 집중하라고 권하고 싶다.

주식 투자를 시작하는 많은 사람이 "어떤 종목을 사야 합니까?"라는 질문을 던진다. 아직 투자원금이 5,000만 원이 되지 않았다면 필자는 주식이 아니라 현금 5,000만 원을 모으는 데 시간을 투자하라고 권한다. 5,000만 원으로 하는 주식 투자와 500만 원으로 하는 주식 투자는 심리적인 측면에서 다르다.

주식 투자에 성공하기 위한 필수 요소 중 하나가 심리를 잘 다스리는 것이다. 투자원금을 불리는 것만으로도 심리를 잘 다스릴 수 있는 강력한 카드 하나를 쥐게 된다. 투자원금이 커지면 커질수록 심리적으로는 더욱 안정적이게 되고 급하게 수익을 내야 한다는 조바심이 사라지게 된다.

06

분산 투자는 수익에 도움이 되지 않는다

'계란을 한 바구니에 담지 마라', '리스크를 분산하라'와 같은 조언을 자주 들어봤을 것이다. 투자를 시작하면 가장 자주 듣는 조언이 리스크와 관련된 내용이다. 이 부분만큼은 해외에서도 같다. 주식 투자를 하더라도 종목을 여러 개로 나눠서 투자해야 리스크에 대비할 수 있다는 내용이다.

어찌 보면 당연한 말이다. 2,000개가 넘는 기업이 우리나라 주식 시장에 상장되어 있다. 어떤 날은 대형주가 잘 오르고, 어떤 날은 중소형주가 잘 오른다. 삼성전자가 잘 오르는 날이 있는가 하면 자동차주들이 관심을 받는 날에는 현대차가 잘 오르기도 한다. 계좌에 종목을 4~5개 정도 갖고 있으면 하루에 오르는 종목과 내리는 종목으로 나뉠 것이다. 이렇게 해서 리스크를 분산하는 것이 '계란을 한 바구니에 담지 마라'는 조언의 핵심이다. 내가 가진 종목이 하루에 다 같이 폭락할 가능성은 생각보다 크지 않다.

요즘 ETF가 관심을 많이 받는 이유도 이와 비슷한 맥락이다. ETF란, 'Exchange Traded Fund'의 줄임말이다. 쉽게 표현하자면, 삼성전자나 현대차처럼 개별 주식을 사서 투자하는 것이 아니라 여러 종목이 묶여 있는 '세트 묶음'을 사서 거래하는 개념이라고 생각하면 된다. 실제 상장되어 거래되는 'KODEX삼성그룹'을 예로 들어보겠다.

다음은 KODEX삼성그룹의 구성종목 톱 10 비율을 보여주는 표다. 종목은 더 있는데 비중이 가장 높은 종목 10개의 구성비를 나타낸다. 삼성그룹의 대표 계열사들이 눈에 보인다. 삼성전자, 삼성SDI, 삼성바이오로직스 순으로 비중이 크다. 삼성전자의 반도체와 삼성SDI의 2차 전지, 그리고 삼성바이오로직스의 제약·바이오가 앞으로 가장 유망한 산업이라는 점을 생각한다면 왜 이 세 기업이 가장 큰 비중을 차지하는지는 쉽게 추측할 수 있다.

[KODEX삼성그룹 구성종목 Top 10]

종목명	구성비(%)
삼성전자	26.04
삼성SDI	23.19
삼성바이오로직스	10.12
삼성물산	9.48
삼성전기	6.50
삼성생명	4.99
삼성화재	4.60
삼성에스디에스	4.25
삼성엔지니어링	2.05
호텔신라	1.95

글을 쓰고 있는 지금 KODEX삼성그룹 1주의 가격은 10,000원 정도다. KODEX삼성그룹 1주를 매수한다면 이 모든 기업에 분산해 투자하는 것과 같은 효과를 가져온다. 개인이 직접 모든 기업을 1주, 1주 매수하는 것보다는 이런 방식으로 매수하는 것이 훨씬 효율적이다.

분산 투자의 효과를 확인해보자. 다음 차트는 KODEX삼성그룹의 주가 흐름을 보여주고 있다.

[KODEX삼성그룹 주가 흐름]

• 주: 2020년 5월~2021년 5월 기준

이번에는 KODEX삼성그룹에 4.6% 정도의 비중을 차지하고 있는 삼성화재의 차트를 보자. 사실상 하나도 오르지 못했다고 봐도 될 정도로 지루한 흐름을 이어가고 있다.

[삼성화재 주가 흐름]

• 주: 2020년 5월~2021년 5월 기준

같은 날짜에 KODEX삼성그룹 1주를 매수한 투자자와 삼성화재 1주를 매수한 투자자의 수익률을 비교해보자.

[KODEX삼성그룹 1주 수익률 vs 삼성화재 1주 수익률]

	KODEX삼성그룹 1주	삼성화재 1주
매수일자	2020년 5월 20일	
매수가	6,500원	199,000원
매도일자	2021년 5월 21일	
매도가	10,000원	206,000원
수익률	53.85%	3.52%

• 주: KODEX삼성그룹에는 삼성화재가 포함되어 있음.

수익률을 보면 어떤 선택이 더 좋았는지 명확하게 알 수 있다. 종목을 다양하게 담음으로써 참담한 결과(낮은 수익률)를 만드는 리스크를 분산시킬 수 있었다(삼성화재에 투자하는 효과까지 누렸다). 이것이 분산 투자의 가장 큰 매력이다.

자, 그러면 삼성화재가 아닌 삼성SDI를 갖고 비교를 해보

자. 삼성SDI는 KODEX삼성그룹에서 23.19%의 비중을 차지하고 있는 종목이다.

[삼성SDI 주가 흐름]

• 주: 2020년 5월 ~ 2021년 5월 기준

같은 날짜에 KODEX삼성그룹 1주를 매수한 투자자와 삼성SDI 1주를 매수한 투자자의 수익률을 비교해보자. KODEX삼성그룹이 1년 동안 53.85%의 수익을 냈다면 삼성SDI는 105.1%의 수익을 냈다. 삼성화재일 때와 비교해보면 KODEX삼성그룹이 더 나은 선택이었지만 삼성SDI의 경우에서는 그렇지 않은 결과가 나왔다.

[KODEX삼성그룹 1주 수익률 vs 삼성SDI 1주 수익률]

	KODEX삼성그룹 1주	삼성SDI 1주
매수일자	2020년 5월 20일	
매수가	6,500원	316,500원
매도일자	2021년 5월 21일	
매도가	10,000원	649,000원
수익률	53.85%	105.1%

• 주: KODEX삼성그룹에는 삼성SDI가 포함되어 있음.

이렇게 보면 '분산'이라는 개념이 조금 더 명확해질 것이다. 리스크를 감소시키는 차원에서 분산은 좋은 개념일 수 있다. 그러나 반대로 이익도 분산시키는 역효과가 있음을 기억해야 한다.

필자는 계좌에 종목 수가 3개를 넘지 않는다. 많아야 3개, 적으면 2개다. 수익을 낼 때는 한 방에 크게 내야 계좌가 불어날 수 있기 때문이다. 또한, 종목이 많아지면 정신이 분산된다. 주식 투자를 한다는 것은 매도하는 순간까지 그 회사와 함께하는 것이다. 매일같이 끊임없이 회사의 상황을 파악하고 있어야 한다. 투자하는 회사의 수가 많아지면 그만큼 한 회사도 제대로 파악하지 못하고 있을 가능성이 크다는 이야기다.

오해는 하지 말자. 리스크는 반드시 관리해야 한다. 그러나 큰 수익을 내기 위해서는 집중 투자도 필요하다. 그래서 필자는 최대한 성공 가능성이 큰 기업을 찾을 것을 추천하며 종목은 2~3개 정도로 최소한의 분산만 시켜놓으라고 권하고 싶다. 리스크 분산은 종목 개수를 늘리는 방법으로도 할 수 있지만 성장이 확실한 기업을 찾는 방법으로도 할 수 있다. 좋은 종목을 찾을 수 있는 능력을 길러냄으로써 리스크를 최소화시키고 종목 분산으로 리스크를 분산시키는 것도 필요하지만 이익을 분산시킬 수 있으니 최소한으로만 하자.

주식 투자를 하는 사람마다 목표가 다르다. 누군가는 큰 수익을 내기 위해 하지만 누군가는 은행 이자보다 1~2%만 더 받아도 만족한다. 후자라면 분산 투자를 해도 괜찮다. 여러 종목을 사들이는 방법도 있고 앞에서 소개한 ETF에 투자하는 방법도 있다. 그러나 큰 수익을 낼 목표를 가진 사람이라면 분산 투자와 집중 투자의 장단점을 파악하고 있어야 한다. 분산 투자는 리스크를 분산시키는 큰 효과가 있다. 그러나 이익 역시 분산시키는 역효과도 있다.

큰 수익을 내고 싶다면 방망이를 자주 휘두를 생각보다는 최대한 적게 휘두르다가 한 방에 세게 휘두르는 것이 수익률 측면에서는 훨씬 낫다.

07 확신이 든다면 레버리지를 적극적으로 활용해라

앞에서 분산 투자를 야구에 비유했다. 큰 이익을 내고 싶다면 방망이를 자주 휘두르지 말아야 한다. 종목을 2~3개 정도로 압축시켜서 운영하는 것이 좋다. 물론 주식에 투자하는 금액이 더 커지면 종목을 늘려야 할 수도 있다. 투자금액이 커져서 10억 원 이상 단위가 된다고 하면 그때부터는 종목을 더 늘려야 할 수도 있겠지만 그 전까지는 2~3개 종목으로 수익을 극대화하는 전략이 좋다.

수익률 극대화를 위해 방망이를 자주 휘두르지 않아야 하지만 잊지 말아야 할 것이 있다. 한 번 휘두를 때는 강하게, 그리고 온 힘을 다해 휘둘러야 한다. 여기서 레버리지(Leverage)의 개념이 등장한다. 한 번 투자할 때 자금력을 극대화해서 수익도 극대화하는 것이다. 레버리지의 개념은 투자자가 반드시 알고 있어야 한다. 레버리지라는 도구를 활용할지, 하지 않을지는 개개인의 선택이고 투자 레벨에 따라 달라질 수 있어도 개념은 반드시 이해해야 한다.

'레버리지' 자체는 투자를 위한 단어는 아니다. 지렛대를 이용하면 실제 힘보다 몇 배 무거운 물건을 움직일 수 있다는 개념이다. 투자에서는 지렛대에 비유해 실제 가격 변동률보다 더 큰 수익률을 발생시키는 현상을 의미한다. 좀 더 쉽게 표현하자면, '부채를 투자에 활용해 수익률을 극대화하는 것'이라 할 수 있다.

예를 들어보겠다. 필자는 엘앤에프에 총 1억 5,000만 원을 투입했다. 1억 원은 필자의 돈이었고 5,000만 원은 주식 담보 대출로 마련한 투자금이었다. 매수 단가는 평균 24,300원 정도, 매도 단가는 평균 73,000원 정도였다.

[엘앤에프 투자 당시 개인 투자금과 차입금액]

개인 투자금(A)	차입금액(B)	총투자금액(A+B)
1억 원	5,000만 원	1억 5,000만 원

[엘앤에프 매수가, 매도가, 주가 상승률]

매수가	매도가	주가 상승률
24,300원	73,000원	200%

주가 상승률로만 본다면 200% 상승이다. 엘앤에프 주식을 24,300원에 100만 원어치를 사서 73,000원에 매도했다면 매도 후 약 300만 원을 손에 쥔다. 투자원금 100만 원을 빼면 200만 원 수익이다.

필자가 투자한 금액을 대입해보자. 24,300원이라는 가격에 1억 5,000만 원을 투입해 엘앤에프 주식 6,172주를 확보할 수 있었다

(계산 편의를 위해서 소수점 이하는 제외했다).

[엘앤에프 총수량]

매수가(A)	총투입금액(B)	총수량(B÷A)
24,300원	1억 5,000만 원	6,172주

매도 당시 필자가 손에 쥐었던 금액도 계산해보자. 여기서도 계산 편의를 위해서 거래 수수료나 소수점 이하는 제외한다. 매도 후 확보한 금액은 4억 5,000만 원 정도다.

[엘앤에프 매도 후 확보금액]

매도가(A)	총수량(B)	매도금액(A×B)
73,000원	6,172주	4억 5,056만 원

이제 수익률을 계산해보자. 얼핏 보면 1억 5,000만 원을 투자해서 4억 5,000만 원을 확보했으니 3억 원의 수익을 올린 것으로 생각이 된다. 이러면 수익률은 200%가 된다고 생각하기 쉽다. 그러나 필자가 투자한 1억 5,000만 원 중에서 5,000만 원은 차입금이다. 이 부분을 같이 계산해야 한다. 필자의 돈은 1억 원이었다. 1억 원의 자금을 투입해서 3억 5,000만 원의 수익이 났다고 계산하면 수익금은 350%가 된다. 물론 이자도 고려해야 한다.

필자는 차입금 5,000만 원을 6% 이자율로 마련했다. 매월 내야 하는 이자가 25만 원 정도 발생했다(이자율은 금융기관에 따라 달라질 수 있다. 최대한 낮은 이자율이 좋다). 엘앤에프는 운이 좋게 6개월 만에 정리했으니 납부한 이자는 총 150만 원 정도였다. 결론적으로 150만 원의 비용으로 5,000만 원 추가 투자를 했고 투자 수익률을 극대화할 수 있었다.

[총차입금 이자 규모]

차입금액	이자율	월 납부이자
5,000만 원	6%	25만 원

레버리지와 관련한 내용은 굉장히 조심스럽다. 마치 주식 투자를 할 때마다 빚을 내서 하면 큰 수익을 낼 수 있다는 이야기처럼 들릴 수 있어서다. 레버리지는 확실한 곳에 잘 쓰면 큰 도움이 되지만, 잘못된 곳에 쓰면 큰 손실을 볼 수 있다. 초보 투자자는 레버리지를 쓰지 말고 투자에 대한 감을 익히고 성공 경험부터 먼저 쌓아야 한다. 경력이 어느 정도 쌓이고 투자 성공률이 올라간다면, 그리고 확실한 종목을 발견했다면 레버리지는 수익률을 극대화하는 큰 도구가 될 수 있다. 물론 이때도 최악을 생각해야 한다. 투자에서 100%는 존재하지 않는다. 최악의 상황에 발생할 수 있는 손실까지도 고려해서 레버리지 금액을 조절해야 한다.

필자도 엘앤에프 투자에 있어서 레버리지의 도움을 받았고 큰 이득을 봤다. 필자는 10번 투자하면 그중 8~9번은 레버리지를 쓰지 않는다. 엘앤에프는 그만큼 확신이 있었기 때문에 레버리지를 썼을 뿐이다. 확실한 곳에 방망이를 강하게 휘둘렀을 뿐이다. 큰 수익을 내고 싶다면 방망이를 자주 휘두르지 말고 한 번 휘두를 때 강하게 휘둘러라.

08

성장하는 산업을 고르면 투자가 조금은 쉬워진다

엘앤에프라는 기업으로 수익을 낼 수 있었던 이유로는 여러 가지가 있다. 성공 요인을 세세하게 분석하자면 끝도 없을 것이다.

직접 소통할 수 있는 기업이었고 IR 담당자도 투자에 큰 도움을 줬다. 투자금액을 1억 5,000만 원까지 끌어올림으로써 한 번에 낼 수 있는 절대 수익금액도 괜찮은 규모였다. 또한, 종목을 2~3개에만 집중하는 상황이라서 정신 분산도 예방할 수 있었다. 운도 좋았다.

주식 투자 성공을 이야기할 때 딱 1가지 요소만 이야기하는 것은 쉽지 않다. 여러 가지가 맞물려 돌아가는 곳이 주식 시장이다.

주식 투자를 성공적으로 하기 위해서 절대 빼놓을 수 없는 주제가 있다. 바로 '톱 다운 vs 바텀 업'의 종목 선택 방식이다. 종목을 고르는 과정을 나타내는 표현이다.

톱 다운(Top-down)은 산업을 먼저 보고 그 안에 속한 기업들을 찾아가는 과정이다. 반도체 섹터에 투자하고 싶다는 결정을 먼저 내려놓고 그 안에서 삼성전자, SK하이닉스 같은 종목을 골라가는 것이다. 바텀 업(Bottom-up)은 반대 개념이다. 종목부터 보는 것이다. 저평가인 종목을 찾은 다음, 그 기업이 속한 산업까지 거슬러 올라가면서 알아보는 방식이다.

전 세계적으로 이 두 방식에 대해서는 투자자마다 추구하는 바가 다르고 선호도가 달라서 무엇이 정답이라고 이야기하기가 쉽지 않다. 톱 다운으로 성공한 투자자도 있고 바텀 업으로 성공한 투자자도 있기 때문이다. 필자 주변에도 두 부류로 나뉘는데 양쪽 모두에서 큰돈을 벌어 성공한 투자자로 살아가는 사람들이 있다. 한 방식만이 답이라고 하기에는 무리가 있다.

다음은 톱 다운 투자 결정 과정을 보여주는 한 예다. 큰 그림부터 그리는 것이다.

[톱 다운 투자 결정 과정]

톱 다운(Top-down)
반도체 산업에 투자할까?
코스닥보다는 코스피에 투자하는 것이 안정적이다.
코스피에 상장된 반도체 기업 중 매출액 기준 상위권 기업으로 한다.
삼성전자와 SK하이닉스가 1, 2위다.
두 기업 모두 재무제표도 괜찮다.
삼성전자가 대한민국 1등 기업이니 삼성전자로 하겠다.

반도체 섹터에 투자하겠다고 결정하는 그 자체가 톱 다운의 가장 첫 번째 순서다. 그다음, 투자자의 성향에 맞춰서 종목을 추려

간다. 기준은 세우기 나름이다. 섹터를 고른 이후 '10년 연속 이익이 증가하는 기업' 같은 기준을 포함할 수도 있다. 이렇게 조건을 추가하면서 걸러지는 종목들 안에서 고르는 방식이다.

앞의 과정은 예시일 뿐이다. 큰 그림을 그리면서 그 안에서 대상을 좁혀가는 방식을 알려주기 위함이다. 친구와 식사를 하기 위해 메뉴를 정해가는 과정을 생각하면 쉽다. 한식, 중식, 일식, 양식 등의 큰 카테고리를 먼저 고른다. 그다음에 동네를 고르고, 인터넷에서 후기가 좋은 식당들 안에서 결정하는 방식이 톱 다운 방식이다.

다음은 바텀 업 투자 결정 과정을 보여주는 한 예다. 여기서는 큰 그림을 그리는 것이 우선순위가 아니다. 종목을 놓고 거기서부터 분석해서 위로 올라간다. 기업을 먼저 고르고 분석을 시작하는 방식이다.

[바텀 업 투자 결정 과정]

바텀 업(Bottom-up)
삼성전자 이번 분기 실적이 잘 나왔다. 한번 알아볼까?
반도체, 스마트폰, 가전제품, 디스플레이 사업을 하고 있다.
사업 부문이 여러 개라 안정적이다.
재무제표를 봐도 괜찮다. 매출액과 이익이 꾸준히 늘고 있고 배당도 준다.
앞으로 반도체와 디스플레이 사업이 더 좋아질 것 같다.
삼성전자에 투자해야겠다!

순서에 있어서 톱 다운과 다른 점이 보일 것이다. 물론 투자 과정을 살펴보면 결국에는 비슷한 질문들에 대한 답을 내려야 한다. 친구와 식사를 하기 위해 그냥 눈앞에 보이는 식당 하나를 놓고 갈지 말

지를 정하는 과정이다. 인터넷에서 식당에 대한 후기를 찾아보고 가격도 살펴본다. 괜찮으면 들어가는 것이고 아니라면 다른 식당을 찾는다.

톱 다운이든 바텀 업이든 투자자는 결정 과정에서 동일하지만 중요한 질문을 하게 된다. 투자할만한 가치가 있는지를 결정하기 위해서는 재무제표를 봐야 하고 성장할 수 있을지 질문을 던져야 한다. 다만 순서가 다를 뿐이다.

필자는 톱 다운과 바텀 업 방식 중 어떤 쪽을 선호할까? 주식 투자를 시작한 이후 두 방식 모두 사용해봤고 여전히 모두 사용한다. 그러나 경험상 톱 다운 방식이 투자자에게 좀 더 쉬운 측면이 있다.

바다에서 1킬로미터를 수영해야 한다고 생각해보자. 물이 흘러가는 방향에 맞춰 수영하면 1킬로미터는 생각보다 먼 거리가 아니다. 물이 흘러가는 방향으로 몸을 맡기면 잠시 떠 있기만 해도 물의 힘으로 몸이 움직인다. 그러나 물이 흘러가는 반대 방향으로 수영을 해야 한다면 어떨까? 같은 1킬로미터를 가야 하지만 더 많은 에너지가 요구된다. 중간에 쉬기라도 한다면 물의 흐름 때문에 뒤로 밀려나기도 할 것이다. 같은 1킬로미터를 간다고 해도 흐름을 따라가는 것과 흐름을 역행해서 가는 것 간에는 큰 차이가 있다.

필자가 투자했던 엘앤에프를 다시 살펴보자. 2020년 코로나 사태 이후 전 세계적으로 가장 관심을 받은 기업은 미국의 테슬라다. 테슬라는 전기차 시장에서 선두주자를 달리고 있다. 예전에 전기차는 내연기관차보다 소비자들의 선택을 받지 못했다. 가격도 비싸고 충전소도 충분하지 않았으며 디자인 측면에서도 매력이 크지 않았기 때문이다. 한 번 충전으로 달릴 수 있는 거리도 길지 않다 보니 환경에 좋다고는 하지만 불편을 감수하면서까지 사려는 수요가 많이 없었다. 그러나 어느 순간부터 충전소도 많아지고 내연기관차와의 가격 격차도 줄어들기 시작했다. 한 번 충전으로 달릴 수 있는 거리도 점점 늘어나기 시작했다. 글로벌 오토 메이커들이 전기차를 출시하기 시작했고 각국에서 전기차 시장을 키우기 위해 보조금을 지급하고 정책적으로도 뒷받침을 해줬다. 자연스럽게 전기차를 선택하는 소비자가 늘기 시작했고 각국에서는 가까운 미래에 내연기관차를 법적으로 금지하겠다는 발표까지 하기에 이른다. 전기차 시장은 소비자들의 선택이 아니라 앞으로 반드시 다가올 미래가 되어 버린 것이다. 전기차를 판매하는 기업들과 핵심 필수 부품을 제조하는 기업들의 미래가 밝아지기 시작했다. 이것이 테슬라의 주가가 치솟기 시작한 이유이며 우리나라 배터리 3사(삼성SDI, LG에너지솔루션, SK이노베이션) 주가가 오르기 시작한 이유이기도 하다. 또한, 배터리에 들어가는 필수 소재를 만드는 기업들의 주가도 덩달아 올랐다.

필자가 엘앤에프를 골랐던 큰 이유 중 하나가 바로 여기에 있다. 엘앤에프는 성장하는 산업에 속해 있었다. 물이 흐르는 방향으로 수영하는 것과 같다고 할 수 있다. 각국에서 밀고, 전 세계 자동차 기업들이 전기차의 방향으로 가기 위해 움직이고 있다. 전기차가 많아질 것은 확실한 미래였고 배터리 수요가 많아질 것이 보였다. 그 안에 들어가는 필수 소재들도 수요가 늘어날 수밖에 없는 구조였다. 이 안에 속해 있으면 당연히 성공할 확률이 그만큼 늘어나게 된다. 2020년이 지나면서 국내 배터리 3사를 포함해 전기차나 2차 전지 관련주 중에서 안 오른 종목을 찾기가 쉽지 않았다. 이 시기에는 전기차와 2차 전지 관련주 중에서 떨어지는 종목을 고르기가 더 어려웠을 정도다. 그만큼 시장에서 이 산업에 포함된 기업들의 미래를 밝게 봤다는 것이다. 필자 역시 (여러 방면으로 분석은 했지만) 물이 흐르는 방향에 몸을 맡겨서 엘앤에프를 골랐던 것이기도 하다. 이왕이면 수익을 쉽게 낼 방법으로 종목을 고르는 것이 좋지 않은가?

반대의 예를 들어보자. 어떤 기업이 옛 감성을 살리고 싶다 해서 MP3 플레이어를 출시했다고 가정해보자. 기술력도 뛰어나고 디자인도 예쁘다. 저장 용량도 예전 같지 않다. 무한으로 노래를 저장할 수 있다. 이런 기업에 투자하겠는가? 성공할 수도 있겠지만 성공하기 위해서는 너무나도 많은 노력과 에너지가 필요할 것이 뻔히 보이지 않는가? 이미 스마트폰에 익숙해진 소비자들에게 MP3 플레이어를 사라고 설득해야 하는 작업은 쉽지 않을 것이다. 성공을 못 한다고 단정을 지을 수는 없지만 쉽지 않을 것은 분명하다. 물이 흐르는 반대 방향으로 수영하려는 것이다. 성장하지 않는 산업, 혹은 사양 산업에 투자를 결정하는 것은 그만큼의 많은 노력이 요구되는 일이다.

자, 그럼 '주식을 잘 모르면 삼성전자에 투자하는 것이 가장 현명한 방법'이라는 말이 왜 근거가 있는 이야기인지 알아보자. 삼성전자는 메모리 반도체 글로벌 1위 기업이다. 스마트폰, 가전, 디스플레이 사업부도 있지만 반도체만 이야기해보자. 첨단 기술을 잘 모르는 사람도, 주식을 잘 모르는 사람도 앞으로 우리가 살아가야 할 시대가 어떤 모습일지 대충은 그려볼 수 있다. 앞으로 더 많은 전자기기가 생겨날 것이다. 더 많은 종류의 IT 기기가 필요할 것이다. 또한, 사람들은 더 빠른 속도를 원할 것이다. 100% 미래를 예측하는 것은 불가능해도 더욱 디지털화된 세상이 되리라는 점 정도는 어렵지 않게 예상할 수 있다. 이런 시대에 가장 필요한 부품이 무엇인가? 바로 반도체다. 앞으로 미래에는 더 많은 반도체가 필요할 것이고 더 많은 기능을 수행할 수 있어야 한다. 크기가 작아져야 하지만 성능은 더욱 좋아져야 한다. 이 정도까지만 미래를 그릴 수 있다면 충분하다.

반도체 산업은 물이 흘러가는 방향에 놓여있는가? 아니면 반대 방향으로 놓여있는가? 앞으로도 수요가 탄탄할 것이며 기술력 있는 기업들의 경우 살아남아서 큰돈을 벌 확률이 높다는 정도는 일반 상식을 가진 사람이라면 생각해낼 수 있다. 삼성전자 투자는 물이 흘러가는 방향에 투자하는 것이기 때문에 큰 흐름에 있어서 방향성을 제대로 잡았다고 할 수 있다. 중간중간 어려움이 있을지라도 물의 방향이 크게 바뀌지는 않을 것이다. 주식을 잘 모르면 삼성전자에 투자하라는 말은 괜히 생겨난 말이 아니다. 나름대로 근거가 있는 이야기다.

필자는 투자에 있어서 큰 방향만 잘 잡아도 반은 성공했다고 말한다. 재무제표나 경쟁사와의 관계, 기술에 대한 지식이 없다 해도 큰 방향만 잘 읽을 줄 알면 주식 투자의 실패 확률을 크게 줄일 수 있다. 필자가 선택한 엘앤에프도 우리나라에 대표적인 경쟁사가 2곳이나 있다. 필자는 여러 방면을 분석해서 엘앤에프를 골랐지만 같은 기간 동안 경쟁사 2곳의 주가도 크게 올랐다. 세 기업 모두 세세한 부분에서는 차이가 있어도 '전기차와 2차 전지의 성장'이라는 큰 흐름에서는 같은 방향을 바라보고 있다. 물이 흐르는 방향을 바라보고 있다는 의미다. 필자가 엘앤에프를 고른 시기에 전기차와 2차 전지 섹터에 속한 웬만한 기업에 투자했다면 어렵지 않게 필자와 비슷한 수준의 수익률을 올릴 수 있었을 것이다.

주식 투자에서 운이 차지하는 비중도 분명 어느 정도 있다. 운은 개인이 통제할 수 있는 영역이 아니지만 성장할 섹터를 고르는 것은 충분히 할 수 있다. 큰 지식이 필요하지도 않고, 주식 투자 경험이 필요한 것도 아니다. 조금만 생각해보면 된다.

종목을 고르기 전에는 반드시 큰 방향부터 설정하고, 성장할 섹터 안에서 종목을 고른다면 실패할 확률을 크게 줄일 수 있고 좀 더 쉽게 좋은 결과를 낼 수 있다. 어떤 기업에 투자할지는 개개인이 선택해야 한다. 선택할 수 있는데 굳이 어렵게 물의 방향에 거슬러 올라갈 필요가 있을까? 수익은 결국 수익일 뿐이다. 가능하면 쉽게 내는 편이 훨씬 좋다.

09

매수를 결정짓게 해준 핵심 신호

엘앤에프를 매수하기까지 오랜 기간 여러 각도에서 분석하고 기다렸다. 경쟁사 분석도 하고 재무제표도 뜯어봤다. 그러나 가장 큰 역할을 했던 핵심 신호가 있는데 바로 '사람 신호'였다.

필자가 엘앤에프 매수 타이밍을 잡으려던 당시, 시장에서는 엘앤에프에 관심이 없었다. 엘앤에프보다는 경쟁사에 관심이 더 높았다. 이번에 소개하려는 '사람 신호'는 좋은 가격에 주식을 매수할 수 있는 치트키와도 같다. 이것만 잘 알고 있어도 주식 시장에서 실패할 확률을 최소 절반 이상으로 줄일 수 있다. 필자도 여전히 쓰고 있고 앞으로도 가장 유용하게 쓸 방법이다. 이 방법에 대해서 과학적인 근거나 수학적인 증명을 하라고 한다면 할 말이 별로 없다. 그러나 결과가 늘 좋았고 세계적으로 유명한 투자자들도 늘 언급하는 방법이니 믿을만하다. 일단 매수라는 행위에 대해서 짧게 짚고 넘어가 보자.

[테슬라 주가 차트]

위 그림은 2020년 코로나 사태 이후 국내 투자자들이 가장 많이 매수한 전기차 기업 테슬라의 차트다.

차트 왼쪽에 '굿!'이라고 표기를 해뒀다. 코로나 사태가 터지기 전이다. '굿?'이라고 표기를 해둔 오른쪽은 2021년 1월 테슬라 주가가 최고점을 찍은 시기다(필자가 책을 집필하는 시기 기준). 테슬라와 같은 기업이라도 '굿!'이라고 표기된 지점에 투자했다면 큰돈을 벌었을 것이고 '굿?'이라고 표기된 지점에 투자했다면 마음고생이 심했을 것이다. '굿!'에 투자한 투자자는 조정이 와도 마음이 편하지만 '굿?'에 투자한 투자자는 그럴 마음의 여유가 없다. 같은 기업이지만 언제 매수하느냐에 따라서 결과가 달라지는 것이다. 이것이 매수 타이밍이 중요한 이유다. 아무리 좋은 기업이라 할지라도 싼 가격에 산 투자자에게는 '더 좋은 기업'이 되고 비싼 가격에 산 투자자에게는 '덜 좋은 기업'이 된다.

자, 그럼 여기서 질문을 하나 해보겠다. 주식에 관심이 없는 사람이라 해도 테슬라는 한 번쯤 들어봤을 것이다. 코로나 이후에 처음 주식 시장에 진입한 투자자라도 테슬라는 알고 있다. 왜 그런가? 왜 모든 사람이 테슬라 주식을 알고 있는 것인가?

답은 간단하다. 여기저기서 온통 테슬라 얘기밖에 없었기 때문이다. 2020년 코로나 사태 이후 테슬라 종목 하나만 갖고 유튜브에 영상을 계속 올리는 유튜버가 있을 정도였다. 일론 머스크라는 상징성 있는 인물도 한몫했다. 코로나 사태가 터진 이후 서학 개미(미국 주식에 투자하는 국내 투자자)가 가장 많이 사들인 종목 1위에 늘 올라있었다. 이 정도니 테슬라를 모를 수가 없었을 것이다. 주식 투자를 하지 않는 사람들도 주식 시장에서 테슬라가 뜨거운 이슈라는 것을 알고 있었다.

필자는 늘 이런 상황에서는 경계하라는 조언을 한다. 과거에도 늘 그랬듯이 시대마다 투자자들 사이에서 열풍을 일으키는 자산이나 기업은 늘 존재한다. 그리고 그때마다 나오는 이야기도 늘 비슷하다. 인생의 마지막 기회라느니, 이번에 올라타지 못하면 바보라느니 이런 이야기들 말이다. 해당 자산이나 기업에 대한 부정적인 이야기를 하는 사람이 설 자리는 별로 없다. 비관적인 이야기를 하는 순간, 온갖 비판과 맞서 싸워야 하기 때문이다. 인류가 존재하고 투자라는 행위가 존재하는 한 이런 패턴은 늘 반복될 것이다. 다만 시대마다 대상이 바뀔 뿐이다.

필자는 자신 있게 말할 수 있다. 사람이 몰린 곳을 피하고, 사람이 몰리지 않는 곳에서 매수하면 실패할 확률을 크게 줄일 수 있다고 말이다.

앞에서 소개한 테슬라를 예로 들어보자. 테슬라가 급등하는 상황이고 모든 언론에서 테슬라를 이야기한다. 주변 사람들도 테슬라를 샀다고 난리다. 이제는 나도 테슬라에 투자해야만 수익을 낼 수 있겠다는 생각을 하게 된다. 이렇게 매수하는 사람이 많아지다 보면 가격은 더 오르고 테슬라는 더 큰 이슈가 된다. 투자자의 기본 심리는 '돈을 많이 벌고 싶다'이기 때문에 테슬라를 사지 않으면 돈을 벌지 못할 것 같다는 마음에 조급함이 생겨 매수에 동참하게 된다.

그러나 현명한 투자자라면 이런 상황에서 '테슬라에 투자하지 않아서 내가 잃을 것이 무엇인가?'라는 질문을 던져야 한다. 가격이 급등하는 자산이나 기업에 투자하지 않아서 잃을 것은 아무것도 없다. 수익을 내지 못했을 뿐이다. 남들 다 버는데 나만 못 번 것 같아 박탈감이 들 수는 있다. 기회 비용을 언급하는 사람들도 있을 것이다. 테슬라에 투자했으면 얻었을 이익이 있었을 텐데 그것을 잃었다는 것이다. 반은 맞고 반은 틀린 얘기다. 테슬라가 올랐다는 것을 확인했으니 자신 있게 할 수 있는 말이다.

주식 투자하기 전에 100% 상승을 확신하는 사람은 없다. 투자하는 기업마다 수익을 얼마만큼 낼 수 있는지 미리 계산할 수 있는 사람만이 기회 비용을 이야기할 수 있다. 그러나 그런 사람은 없다. 급등하는 기업이나 자산에 투자하지 않아서 투자자가 잃는 것은 아무것도 없다는 결론을 내릴 수 있다. 평생 무한으로 오르는 것은 없다. 특히 가파른 상승이 나온 이후에는 조정이 나올 확률이 굉장히 높다. 많은 사람이 참여할 때는 끝없이 오를 것 같지만 파티는 늘 끝나기 마련이다.

엘앤에프로 돌아와 보자. 2019년부터 엘앤에프에 관심을 가지고 1년 이상을 기다렸다고 했는데 필자는 어떻게 사람들이 엘앤에프에 관심이 없다는 것을 알 수 있었을까?

필자가 2020년 6월에 매수를 하기 전 6개월 동안 나온 보고서와 뉴스 개수를 비교해봤다. 2020년 1월부터 2020년 6월까지 증권사가 발행하는 보고서를 보니 경쟁사를 다룬 보고서가 엘앤에프를 다룬 보고서보다 5배 이상 많았다. 뉴스 기사로 봐도 차이가 컸다.

[엘앤에프와 경쟁사 간 보고서 및 뉴스 개수]

	엘앤에프	경쟁사 D사	경쟁사 E사
보고서 개수	10개	51개	53개
뉴스 개수	117개	1,434개	822개

• 주: 2020년 1월~2020년 6월 기준

테슬라가 투자자들의 관심을 끈 여러 가지 이유 중에 자주 언급이 되고 노출이 된 점이 크다고 앞에서 말했다. 투자자들이 특정 기업에 관심을 갖는 경로는 생각보다 심플하다. 인터넷, 뉴스, 보고서, 경제 TV, 지인 추천 등이다. 보고서도 없고 뉴스도 없으면 투자자가 정보를 얻을 길은 별로 없다. 우리나라에만 2,000개가 넘는 기업이 상장되어 있는데 정보를 얻기 힘든 기업까지 투자자들이 관심을 가지기는 쉽지 않다. 엘앤에프를 매수하는 시점에서 필자에게 큰 도움을 줬던 신호는 바로 '사람 신호'였다. 엘앤에프는 경쟁사 대비 사람들의 관심이 크지 않았고 그것이 큰 매력으로 다가왔다.

#돈을 잃지 않겠다는 관점에서 바라보라

워런 버핏은 투자 규칙에서 2가지를 강조한다. 1번은 돈을 잃지 않는 것(Never lose money), 2번은 1번 규칙을 절대 잊지 않는 것(Never forget rule #1)이다.

매수할 때는 이 관점에서 생각하면 성공 확률을 높일 수 있다. 돈을 벌 생각만 가득 차서 주식 투자에 달려들면 지금이라도 당장 급등할 것 같은 종목에 손이 간다. 그런 종목은 이미 많은 사람이 관심을 보일 확률이 높다. 그러나 돈을 잃지 않는 관점으로 다가가면 달라진다. 돈을 잃지 않기 위해서는 가격이 많이 올라있지 않아야 하고 상대적으로 사람들이 관심을 덜 가지는 종목이어야 한다. 산 사람이 없는데 가격이 내려갈 수가 있는가? 산 사람이 많은 곳에서 가격 폭등이 일어나고 기존 보유자들이 팔기 시작하면 가격이 내려간다. 사람이 없는 곳에는 가격 급등이 없고, 가격이 올라도 팔 사람이 별로 없어서 돈 잃을 확률이 크게 줄어든다. 사람이 많은 곳을 피하고 사람이 상대적으로 적은 곳에서 매수한다면 돈을 잃을 확률이 크게 줄어든다는 것을 반드시 기억하자.

'상대적'으로 관심이 적은 곳이라고 표현한 이유를 명심해야 한다. 삼성전자와 같은 좋은 기업이 특정 시기에 상대적으로 관심이 적은 것이 좋다. 좋은 기업이기 때문에 언제라도 다시 사람들의 관심이 돌아올 수 있기 때문이다. 그러나 아무런 가치도 없는, 투자할 매력이 전혀 없는 곳에 관심이 없는 것은 당연하다. 이 부분을 절대로 헷갈리면 안 된다.

10 매도를 결정짓게 해준 핵심 신호

앞에서 엘앤에프의 매수를 결정지었던 핵심 신호 중 하나가 '사람 신호'라고 했다(다른 여러 요소도 복합적으로 고려했다는 의미로 '신호 중 하나'라고 표현했다. 단순히 관심이 적다고 투자할 가치가 없는 기업에 투자할 수는 없다. 투자 가치가 충분하면서도 상대적으로 관심이 적어야 한다는 것을 의미한다). 그러면 이제 매도에 관해서 이야기해보자.

매도할 때도 '사람 신호'는 유효한 지표다. 필자가 엘앤에프를 매도할 때에는 이미 많은 투자자가 엘앤에프에 대해 이야기하고 있었을 뿐만 아니라 경쟁사들보다 더 관심을 많이 받고 있었다. 물론 정해놓은 목표가에 도달한 것이 매도의 가장 큰 이유다. 그러나 어떤 투자를 하든지 목표가에 도달할 때쯤이면 일어나는 현상이 있는데 많은 사람이 해당 기업에 관심을 가진다는 것이다. 우선 매도라는 행위에 대해서 짚고 넘어가 보자.

매수보다 어려운 것이 매도다. 매도가 어려운 이유를 주가가 상승할 때와 주가가 하락할 때로 나눠서 생각해보자. 주가가 하락할 때 매도가 어려운 이유를 설명하기 위해 다음 차트 3곳에 표기를 해뒀다.

[주가 하락 시 매도가 어려운 이유]

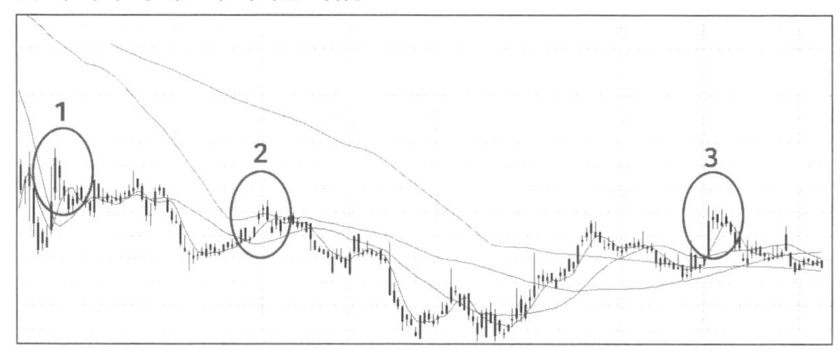

1지점에서 매수했다고 가정해보자. 매수 후 주가 흐름이 영 답답하기만 하다. 매수가 밑으로 내려가면서 계좌에 마이너스가 커진다. 심리적으로도 부담스럽다. 이런 상황에서 주가가 반등하기 시작한다. 이후 2지점에서 투자자는 어떤 생각을 할까? 투자자는 본전이라도 찾고 나와야겠다는 생각으로 기다린다. 조금만 더 오르면 본전까지는 오를 것 같아서 기다리지만 본전까지 올라가지 않는 바람에 매도 타이밍을 놓치고 만다.

아쉽다는 생각을 한 이후 시간이 흘러 주가가 3지점까지 간다. 매수가에 도달했는데 여태까지 기다린 시간이 아까워서 조금이라도 이익이 발생한 다음에 팔려고 했는데 주가는 다시 떨어지기 시작하고 만다. 시간은 지나고, 아쉬움은 커지고, 본전 생각은 나는데 주가는 오르지 못하니 답답하기만 하다.

이것이 주가가 하락할 때 매도하기 어려운 이유다. 이렇게 하다가 손실이 더 커지기라도 한다면 손실에 대한 생각 때문에 매도는 더 어려워지게 된다. 이런 경우 의도치 않게 장기 투자를 하게 되기도 한다(장기 투자는 수익률을 높이기 위해 오랜 기간 투자하는 것이다. 오래 보유하고 있다가 짭짤한 수익을 내고 매도하는 것이 장기 투자의 이상적 모습이다. 그런데 손실이 커져서 본전이 될 때까지 기다리는 상황을 표현할 때 의도치 않게 장기 투자를 하게 된다는 우스갯소리를 하기도 한다). 자, 그럼 이제 주가가 상승할 때 매도가 어려운 이유를 알아보자.

[주가 상승 시 매도가 어려운 이유]

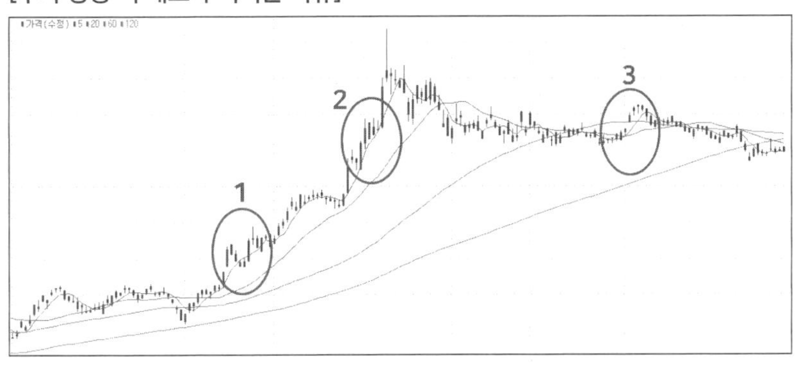

1지점에서 매수를 한 투자자가 있다고 가정해보자. 목표가는 2지점 정도인데 막상 주가가 오르고 나니 좀 더 오를 것 같아서 더 들고 간다. 며칠은 더 상승하는 것 같더니 주가가 횡보하기 시작한다. 매도하려고 하니 전 고점에 대한 생각 때문에 망설여진다. 3지점쯤에서 반등하자 전고점 정도에 팔겠다고 생각했는데 전고점까지 가지 못하고 주가는 다시 횡보한다. 전고점을 찍었을 때 계좌에 찍힌 수익이 생각나기 때문에 매도가 더 어려워지는 것이다.

주가가 내리면 내리는 대로, 오르면 오르는 대로 매도는 굉장히 어려운 행위이며 이를 성공적으로 할 수 있어야 주식 시장에서 수익을 낼 수 있다.

이제 매도에 있어서 사람 신호가 왜 중요한지를 알아보자. 다음은 비트코인의 2017년 차트다.

[비트코인 2017년 차트]

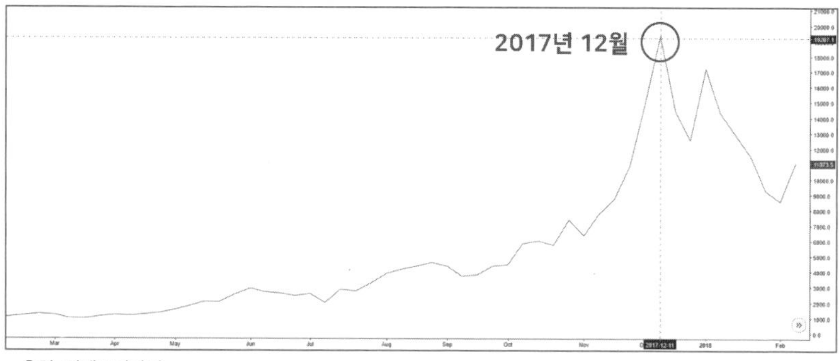

• 출처: 인베스팅닷컴

이때를 기억하는가? 비트코인 열풍이 강하게 불었던 시기다. 그러나 늘 그렇듯, 영원히 무제한으로 상승할 수 있는 것은 없다. 비트코인은 2017년 12월 초에 최고가를 찍고 깊은 조정에 들어간다. 필자도 주변에서 많은 사람이 비트코인을 하고 있다거나 관심이 있다는 이야기를 자주 들었다.

다음은 구글트렌드에서 비트코인을 검색한 결과다. 2017년 12월 중순쯤에 비트코인에 대한 관심도가 가장 높았고 그 이후부터는 하락하고 있는 모습을 볼 수 있다. 비트코인이 최고가를 달성한 시기와 비슷하다.

[시간 흐름에 따른 비트코인 관심도 변화]

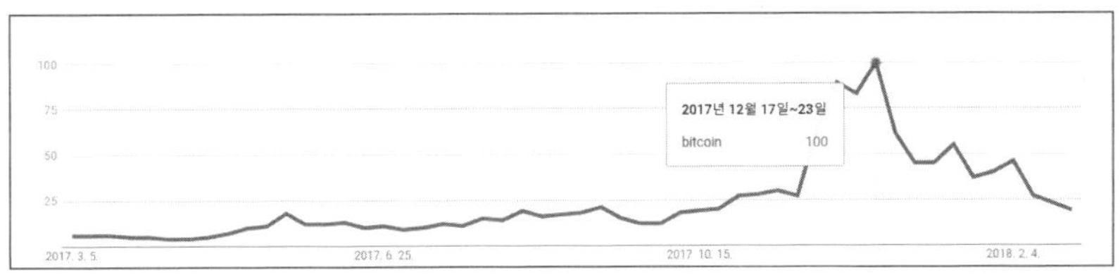

• 출처: 구글트렌드(검색어: 비트코인)

어떤 자산이든 가격이 오른다는 것은 투자한 사람이 많다는 의미다. 투자한 사람이 아무도 없는데 가격이 오를 수 없다. 우리나라 부동산이 끝없이 오를 때마다 '영혼까지 끌어모아 샀다'라는 이야기가 나오는 것과 같은 맥락이다. 산 사람이 많다는 것은 팔 사람도 많아졌다는 의미가 된다. 이런 상황에서 가격이 내려가면 불안감을 느끼는 투자자뿐 아니라 매도하는 투자자도 많아질 것이다. 그렇게 되면 가격은 더 내려가고 불안해지는 투자자는 더 많아져서 또 매도가 많아지는 악순환이 반복된다.

주식도 마찬가지다. 살 사람이 없는 기업은 리스크가 상대적으로 적다. 가지고 있는 사람이 적으니 팔 사람도 없는 것이다. 주가가 오랜 기간 횡보하는 기업들을 잘 살펴보면, 주가가 크게 하락하지 않는 것을 볼 수 있다. 팔 사람이 그만큼 없다는 뜻이다. 반대로 주가가 고공행진을 하면서 우상향하면 많은 투자자가 뛰어든다는 것을 의미한다. 이는 주가가 하락하기 시작하면 팔 사람이 많다는 의미가 되기도 한다.

#뉴스에 팔라는 말은 여전히 유효하다

뉴스에 팔라는 이야기를 자주 들어봤을 것이다. 뉴스에 나온다는 것은 많은 사람이 같은 정보를 접했다는 것을 의미한다. 앞에서 말한 사람 신호와도 비슷한 의미가 있다.

엘앤에프가 2020년 12월 16일에 공시한 내용을 살펴보자. 엘앤에프는 이날 단일 판매 및 공급 계약 체결 관련 공시를 했다. 국내에 상장된 모든 기업은 금융감독원 전자공시시스템(dart.fss.or.kr)을 통해 투자자들에게 필요한 정보를 공개한다. 투자자라면 전자공시시스템 사이트를 가까이 해야 한다. 기업의 주요 상황을 다 들여다볼 수 있기 때문이다. 아직 한 번도 공시 자료들을 본 적이 없다면 지금부터라도 습관을 들여야 한다.

양극재 공급 계약을 체결했다는 내용으로 확정 금액만 1조 4,000억 원이 넘는다. (당시) 최근 매출액이 3,132억 원 수준이었으니 매출액 대비 464.37%에 달하는 계약을 한 것이다. 1년 치 매출액 4.6배에 달하는 금액의 계약을 맺은 것이니 어마어마하다. 계약 상대방은 LG에너지솔루션이다. 공시 내용에는 표기되어 있지 않았지만 당시 증권사 보고서에는 LG에너지솔루션의 테슬라 납품 배터리에 엘앤에프의 양극재가 쓰일 것이라는 내용이 공개됐다. 2020년은 테슬라의 해였다. 테슬

[단일 판매 • 공급 계약 체결]

1. 판매 · 공급 계약 내용		양극재 공급 계약 체결
2. 계약 내역	조건부 계약 내용	미해당
	확정 계약금액(원)	1,454,710,308,000
	조건부 계약금액(원)	-
	계약금액 총액(원)	1,454,710,308,000
	최근 매출액(원)	313,264,234,672
	매출액 대비(%)	464.37
3. 계약 상대방		LG에너지솔루션 및 계약 상대방의 자회사

라 배터리에 들어갈 양극재를 납품한다니 얼마나 대단한 일인가? 엘앤에프를 몰랐다 하더라도 테슬라 때문에 엘앤에프는 유명해질 수밖에 없었다.

이제 엘앤에프의 검색량 추이를 살펴보자. 다음 그림은 국내 1위 포털사이트에서 집계되는 월별 검색 수 추이다. 2020년 12월에 엘앤에프의 경우 큰 폭의 상승이 나온 것이 보이는가?

[엘앤에프 검색량 추이]

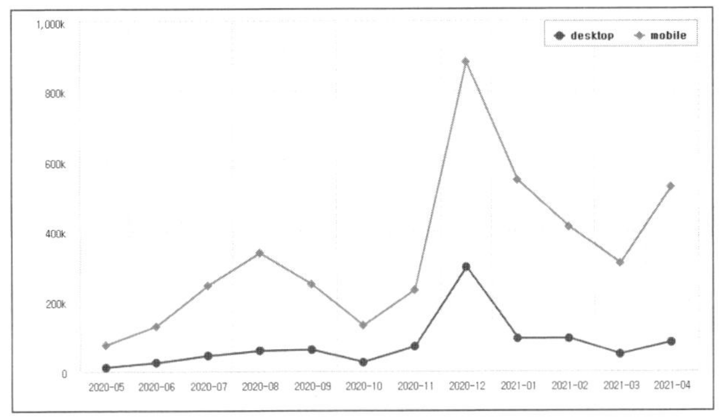

• 출처: 네이버

필자는 사람들의 관심이 많아진다고 해서 반드시 주가가 내려간다고 말하려는 것이 아니다. 실제로 엘앤에프는 2020년 12월 이후에도 계속 주가가 상승했다. 그보다는 사람들의 관심이 커지면 경계해야 한다는 의미다. 이런 상황에서 악재라도 하나 터지면 주가는 굉장히 빠르게 무너질 수 있다. 변동성이 커지면 아무리 고수라 해도 마음이 불안해진다. 심리적으로 안정감을 유지하며 매매하는 좋은 방법은 상대적으로 관심이 적을 때 매수해 관심이 높아진 시점에 매도하는 것이다.

2020년 12월, 양극재 대규모 공급 계약 공시가 나온 시점에서 필자가 생각했던 엘앤에프의 적정 주가를 넘어서기 시작했다. 이때 시장의 관심이 늘어나고 있는 것을 피부로 느낄 수 있었다. 매수 타이밍을 잡고 있었던 2020년 초반에만 해도 주변에서 엘앤에프에 관심을 두는 투자자는 별로 없었다. 그러나 1년도 채 되지 않은 시점에서 엘앤에프는 관심의 중심에 서 있었다. 이때가 매도를 위한 최적의 타이밍이라 생각해 엘앤에프 전량을 미련 없이 매도했다. 목표가에 도달한 것도 큰 이유였지만 사람 신호가 커진 것이 매도를 결정지었던 핵심 이유이기도 했다. 엘앤에프를 매수할 때도, 매도할 때도 필자에게 사람 신호는 큰 역할을 해줬다.

3장

나는 3가지 조건이 맞으면 매수한다

이번 장에서는 필자가 1,000개의 기업 탐방을 다니면서 터득한 기업 분석 방법들과 필자의 종목 공부법을 공유하려고 한다.

필자는 1년에 3~5번 정도밖에 매매하지 않는다. 좋은 기업과 좋은 매수 타이밍은 별개다. 좋은 기업이라 할지라도 가격이 너무 비싸면 적절한 매수 타이밍이 아닐 수 있다. 필자가 기업을 분석하면서 반드시 확인하는 매수 조건 3가지를 살펴보자.

좋은 종목을 잘 찾아내는 사람들의 공통 습관

물고기를 잡아주는 것보다 물고기 잡는 방법을 알려주는 것이 언제나 더 효율적이다. 물론 시간은 더 오래 걸린다. 배우는 사람 입장에서도 귀찮을 수 있다.

사실 배우는 과정은 고통스럽다. 돈도 잃을 것이다. 남들은 돈을 다 버는데 나만 벌지 못하는 것 같은 좌절감이 밀려올 수도 있다. 그러나 필자가 이것만큼은 100% 확신할 수 있다. 이런 시간이 없으면 주식 투자는 성공할 수 없다. 필자는 이런 과정 없이 성공한 사람을 단 한 명도 본 적이 없다. 우리가 언론에서 듣고 보는 유명인들 역시 이런 과정을 거쳤다. 그들이 유명해지기 시작한 시점이 아니라 그 이전을 봐야 한다. 그들 역시 오랜 세월 고통의 시간을 견뎌 이겨내며 그 자리까지 올라갔다. 이런 인고의 시간을 견뎌낼 각오가 되어있는 자만이 주식 시장에서 달콤한 열매를 따 먹을 수 있다.

물고기를 누군가가 계속해서 잡아주면 몇 번은 편할 수 있다. 그러나 절대로 큰돈은 벌 수 없다. 반드시 물고기 잡는 방법을 직접 배워야 한다. 이번 장에서는 필자가 종목을 찾아내는 과정을 소개해보려고 한다. 물론 이 방법이 절대적인 정답은 아니다. 다만 최소한 한 사람은 이런 방법으로 자산을 잘 불려가고 있다는 사실을 알리고 싶다.

필자는 늘 성공적인 투자자가 되려면 '읽기'에 미치라고 조언한다. 이것이 필자가 생각하는 좋은 종목을 골라내는 핵심 비법이다. 그리고 필자가 목격한 성공한 투자자들이 반드시 가지고 있는 습관이다. 필자가 바라본 '세상을 읽는 통찰력이 뛰어난 사람들'은 어김없이 '많이 읽는' 습관이 있다는 것을 알아냈다. 그들이 아는지 모르는지 모르겠지만, 필자는 그들의 읽는 습관이 통찰력을 만들어 준 핵심 비법이라고 본다. 투자하는 직업을 가진 필자의 하루 스케줄을 짧게 소개한다.

#기상 후 해외 소식 정리: 30분

필자는 새벽 5~6시 사이에 눈을 뜬다. 잠자는 시간 동안 미국 시장이 끝나 있을 테니 중요한 이슈가 있었는지 확인한다. 30분 정도면 충분하다. 국내 시장에 영향을 미칠만한 이슈들이 있었는지 정도만을 확인한다. 직접 투자하고 있는 종목에 영향을 줄 만한 이슈들이 없었는지도 이때 찾아본다. 해외 소식은 인터넷을 통해서만 접한다. 모든 내용을 처음부터 끝까지 읽을 필요는 없다. 제목을 읽어가면서 흐름만 파악해도 충분하다. 관련 사이트를 소개하겠다.

핀비즈(www.finviz.com) 섹터별 주가 흐름을 한눈에 알아보기 쉽고 뉴스가 잘 정리되어 있다. 이 사이트만 확인해도 미국에서 어떤 이슈들이 있었는지 대충 파악할 수 있다.

인베스팅닷컴(www.investing.com) 우리나라에서도 이미 많이 알려진 사이트다. 실시간 차트 제공 등 여러 가지 편리한 도구가 많다. 뉴스보다는 차트 등을 참고할 때 자주 사용한다.

마켓워치(www.marketwatch.com) 시장에서 일어난 핵심 뉴스들이 잘 정리되어 있다.

월스트리트저널(www.wsj.com) 미국 경제 전문 일간지다. 주식 시장을 포함해 정치 및 세계 뉴스를 볼 수 있다.

블룸버그(www.bloomberg.com) 금융 시장의 뉴스, 분석 자료 등을 볼 수 있는 경제 전문지다. 세계 금융 뉴스를 포함해 경제 동향을 파악할 수 있다.

#신문 읽기: 2시간

다음으로 (종이)신문을 읽는다. 필자는 여전히 신문을 읽는다. 신문 3개를 구독 중이며 아침에 일어나면 문 앞에 신문이 와있다. 신문을 즐겨 읽는 사람이라면 신문을 넘길 때 나는 소리와 냄새가 주는 설렘을 알 것이다.

3개 중 1개는 경제 전문지다. 웬만한 기사들은 처음부터 끝까지 다 읽는다. 신문을 읽은 지도 15년이 넘었다. 이제는 기사 하나

하나를 읽는 시간이 빨라져서 신문 3개를 읽는데 걸리는 시간이 2시간 정도면 충분하다. 물론 스포츠와 같은 지면은 제목만 읽고 넘긴다. 투자에 필요한 부분이라 여겨지는 기사들 위주로 읽는다.

왜 필자는 편리한 인터넷을 놔두고 신문을 고집하는 것인가? 신문을 읽을 때마다 "아직도 신문 읽는 사람이 있네"라는 소리를 수없이 들었다. 인터넷으로 정보를 접하는 것이 분명 효율성에서는 월등히 뛰어나다. 그러나 신문이 가지고 있는 매력도 분명 있다.

신문은 펼치는 순간, 원치 않는 정보까지 다 볼 수밖에 없는 구조다. 인터넷에서 제목만 봤다면 클릭할 것 같지 않은 내용의 기사가 신문에는 빽빽이 들어 있다. 자연스럽게 그날 실린 기사는 한 번쯤 훑어볼 수밖에 없다. 주식 투자를 해보니 정말 보물 같은 정보는 제목만 봤을 때 재미없어 보이는 곳에 많이 숨어 있다. 특히 정부 정책이나 산업 관련 기사에 좋은 투자 정보가 많이 숨어 있다. 이런 내용을 접하다 보면 어떤 종목들을 봐야 하는지 감을 잡을 수 있다. 또한, 미디어 기기를 차단하고 신문에만 집중하면 외부로부터의 방해를 받지 않는 장점이 있다. 스마트폰이나 PC로 정보를 접하다 보면 중간중간 다른 것들도 하게 되면서 시간 낭비가 발생하는데 신문은 그런 문제가 없다.

#매일 발행되는 증권사 보고서: 1시간

국내 증권사들은 매일 보고서를 발행한다. 종목보고서도 있고 산업보고서도 있다. 종목보고서보다는 산업보고서에 내용이 더 많고 읽을거리가 많다. 종목보고서는 고작해야 현재 상황을 업데이트한 정도지만 산업보고서는 국내외 기업들 전체 동향을 함께 볼 수 있다.

2장에서도 언급했지만 큰 그림을 그리면서 세상을 보면 투자가 훨씬 쉬워진다. 여기에 필자가 투자하고 있는 기업이나 경쟁사 혹은 관심이 있던 기업의 보고서가 있다면 참고한다. 팁 하나를 말하자면, 길게 쓰인 산업보고서가 있다. 이런 보고서에 좋은 정보가 많이 들어있을 확률이 높다. 1~2장짜리 보고서 외에 10~20장짜리 보고서가 있다면 반드시 찾아서 읽어볼 것을 추천한다.

#인터넷 뉴스: 1시간

구독하고 있지 않은 신문이나 뉴스 매체는 인터넷으로 즐겨찾기에 저장해놓고 순서대로 들어가서 그날 올라온 기사들을 훑는다. 더벨(www.thebell.co.kr), 한국경제(www.hankyung.com), 디일렉(www.thelec.kr), 블로터(www.bloter.net), 더구루(www.theguru.co.kr), 청년의사(www.docdocdoc.co.kr), 지디넷(zdnet.co.kr), SNE리서치(www.sneresearch.com)와 같은 곳에서 좋은 정보를 많이 얻을 수 있다.

인터넷 뉴스를 읽을 때는 기사 하나하나를 다 읽지는 않는다. 제목을 먼저 훑고 중요해 보이는 내용만 골라서 읽는다.

#월간 잡지 2개와 주간 잡지 1개

구독 중인 월간 잡지 2개와 주간 잡지 1개도 있다. 부동산과 경제, 그리고 정치를 집중적으로 다루는 잡지들이다. 이 잡지들을 매일 조금씩 나눠서 읽다 보면 한 달이라는 시간이 금방 간다.

잡지는 신문과 다르게 조금은 더 깊이 있는 내용을 다루고 있다. 국내외 CEO 인터뷰라든지, 정치와 경제에 관련된 여러 전문가의 의견을 접할 수 있는 도구들이다. 또한, 우리나라 재테크의 핵심 수단 중 하나인 부동산 흐름을 꾸준히 업데이트하기 위해 부동산 잡지도 구독 중이다. 돈의 흐름을 읽기 위해서는 전체 시장을 같이 봐야 하기 때문에 부동산은 반드시 필수로 알고 있어야 하는 영역이다. 정치 내용도 함께 파악해야 앞으로의 정책들이 어떤 방향으로 흘러갈지 대충 감을 잡을 수 있다. 투자자는 모든 곳에 관심을 두고 있어야 한다.

#읽는 습관의 중요성

마지막으로 필자는 매일 시간을 내서 책을 읽는다. 분야는 정해져 있지 않다. 예전에는 경제 관련 책을 많이 읽었지만 이제는 종교, 정치, 교육, 심리 영역의 책들까지도 두루두루 읽는다. 여기에 개인적으로 구독 중인 개인 블로그 등을 통해 업데이트되는 소식들, 그리고 탐방을 가게 되면 해당 기업의 사업보고서와 과거 자료까지 찾아서 읽는다. 그래서 일과 중에서 '읽는 시간'이 거의 6시간 이상은 되는 것 같다.

필자가 이렇게까지 미친 듯이 읽는 이유는 무엇인가를 읽는 행위 그 자체가 가져다주는 이점 때문이다. 많은 성공한 사람이 독서를 손에 꼽는 이유는 읽는 행위 때문이라고 생각한다. 책을 많이 읽으면 그 책이 가져다주는 정보 외에도 읽는 행위가 반복되니 상상력이 풍부해지고 여러 영역의 정보를 조합하는 습관과 능력이 생기게 된다. 특히 신문을 많이 읽으면 세상이 어떻게 돌아가는지 흐름이 잡히기 시작한다. 또한, (신문에 나온) 여러 사람의 의견을 읽게 되면 균형 잡힌 생각을 할 수 있게 된다. 정부 정책이 어떤 방향을 향하고 있는지, 그런 정책들이 경제에는 어떤 영향을 미치게 될지에 대한 점들이 빠르게 연결되고 최소 6개월에서 1년 정도는 앞을 내다볼 수 있는 안목이 생긴다. 그리고 이것이 성공적인 투자를 위한 핵심 필수 역량이 되고 투자에 있어서 꼭 필요한 핵심 질문들을 던질 수 있게 해준다. 투자에 꼭 필요한 핵심 능력은 앞을 내다보는 능력이다. 인터넷에 떠돌아다니는 정보를 조합하는 능력이 아니다.

필자는 아침부터 이렇게 많은 콘텐츠를 '읽는다'. 요즘은 유튜브로 모든 정보를 얻는 시대라고 하는데 필자는 개인적으로 이 부분에서는 균형을 맞추라고 조언하고 싶다. 보는 것과 읽는 것 간에는 큰 차이가 있다. 같은 양의 정보를 읽는 것과 눈으로 보는 것을 비교한다면 뇌에 미치는 긍정적인 영향에서는 단언컨대 읽기에서 오는 이점이 훨씬 크다. 투자하기 위해서는 비판적 사고 능력과 질문하는 능력, 큰 그림에서 미래를 내다보는 안목이 굉장히 중요하다. 정부 정책과 세계의 트렌드 등을 하나로 묶어서 그 안에서 투자 포인트를 뽑아낼 수 있어야 한다. 필자는 이 모든 것을 가능하게 하는 바탕에는 읽는 능력이 요구된다고 생각한다. 주변을 잘 살펴보라. 무엇인가를 늘 많이 읽는 사람과 유튜브만 많이 보는 사람 간에는 생각하는 방식부터가 다르다.

이것이 필자가 좋은 종목을 골라내는 방법이다. 매일같이 앞에 나열한 내용을 반복해서 하고 있다. 아리스토텔레스는 탁월함은 행위가 아닌 습관에 있다고 했다. 전 세계적으로 유명한 운동선수들의 탁월함은 타고난 것도 있겠지만 아무도 보지 않는 곳에서 피땀 흘린 노력의 결과물이다. 농구의 마이클 조던이나 코비 브라이언트, 축구의 호날두와 박지성, 야구의 이승엽, 피겨스케이팅의 김연아, 골프의 박세리까지, 이 인물들의 공통점이 무엇인가? 하루아침에 전 세계를 놀라게 할 만한 결과물을 만들어낸 것이 아니다. 아무도 보지 않는 곳에서 습관처럼 죽어라 하고 노력한 결과다.

주식도 마찬가지다. 좋은 종목을 고르는 탁월함은 행동이 아닌 습관에 있다. 세상이 어떻게 돌아가는지에 대한 정보를 매일 접하고 그 정보들이 무엇을 의미하는지 생각해보면서 여러 정보와 결합해 미래를 내다보는 안목을 기르려는 습관을 들이면 좋은 종목을 고르는 핵심 비법이 된다.

국내에 상장된 기업들이 어떤 사업을 하는지 매일 같이 읽어라. 우리나라에 2,000개가 넘는 기업이 상장되어 있다. 하루에 3~4개씩만 읽으면 우리나라에 상장된 모든 기업이 어떤 사업을 하는지 파악할 수 있다. 이 모든 내용을 읽은 후 투자 실력이 얼마나 올라있을지 생각해보라. 기회가 되면 기업에 전화도 해보고 IR 담당자와 관계를 맺어

라. IR 담당자가 날 기억할 정도로 자주 전화도 해봐라. 하루가 끝날 때 쯤이면 우리나라에 그날 나온 기사 내용을 다 알고 있을 정도까지 정보를 빨아 들여봐라. 이러한 습관이 무한 반복되면 기사 제목 하나만 읽어도 어디에 투자해야 할지 감이 오기 시작할 것이다.

02 미래를 보기 전에는 과거를 봐라

기업은 사람을 뽑을 때 이력서, 추천서 등을 꼼꼼히 확인한다. 업무를 잘 해낼 수 있는지를 확인하기 위함도 있지만 지원자의 과거를 통해 어떤 사람인지를 알아보기 위한 목적도 있다. 직장을 너무 자주 옮긴 이력이 있다면 면접관은 한곳에 오래 있지 못하는 것은 아닌지 염려가 되어 관련 설명을 듣고 싶어 할 것이다. 전과 기록도 확인하고, 어떤 일을 해왔는지 업무 내용도 꼼꼼하게 확인한다.

이런 방법만으로 한 사람을 자세히 파악하는 것은 불가능하겠지만, 이렇게라도 해서 기업은 채용 실패의 확률을 낮추려는 노력을 한다.

필자는 주식 투자를 할 때 반드시 과거를 낱낱이 조사하라고 강조한다. 우리는 다음 분기 실적이 어떻게 될 것인지, 앞으로 좋아질 것인지에 대해서만 관심을 둔다. 그러나 과거는 미래 못지않게 중요하다. 좋은 과거를 통해 미래를 예측해볼 수 있는 사례를 들어보면서 좀 더 이야기하겠다.

#주식 투자자라면 왜 삼성전자를 사랑하는가?

대한민국 주식 투자자들이 가장 좋아하는 종목은 삼성전자다. 개인만이 아니다. 외국계 투자자들과 국내 기관들도 삼성전자는 반드시 투자 종목 리스트에 넣는다. 주식을 잘 모르면 삼성전자를 사라는 말이나 대대로 물려줄 주식에 삼성전자가 늘 올라있는 것은 우연이 아니다. 여기서 더욱 놀라운 것이 있다. 삼성전자를 사야 한다고 외치는 사람들에게 삼성전자의 사업 부문이 어떻게 나뉘어져 있고 얼만큼의 매출을 내는지, 또 경쟁사들은 어디인지 등을 물으면 완벽하게 대답하는 사람이 생각보다 많이 없다는 것이다. 삼성전자 사업의 핵심축을 담당하고 있는 반도체와 관련된 질문을 던지기 시작하면 많은 사람이 침묵한다. 그런데 이런 사람들까지도 주식을 모르면 삼성전자를 사야 한다고 말한다. 이것은 삼성전자의 신뢰와 수십 년 동안 삼성전자가 가져다준 결과 때문이다.

다음은 삼성전자의 1990년부터 2021년까지의 주가 흐름을 보여주는 차트다. 말이 필요 없는 그림이다. 무려 30년이 넘는 시간 동안 삼성전자 차트는 우상향했다. 중간중간 피할 수 없는 조정은 있었지만 과거 어느 시점에서든 삼성전자를 사서 묻어뒀다면 지금쯤 계좌가

[삼성전자 주가 흐름]

많이 불어나 있을 것이다. 물론 삼성전자가 앞으로는 어떻게 될지 모르지만 최소한 현재까지는 그래 왔다.

삼성전자의 주가, 이것이 삼성전자가 투자자들에게 무한 신뢰를 받는 이유다. 또한, 삼성전자는 전 세계에서도 계속해서 브랜드 신뢰도를 꾸준히 높여가며 대한민국의 위상을 높이고 있다. 필자가 책을 집필했던 시점에 삼성전자는 시가총액 400조 원을 넘어서 전 세계 상위 20위권 안에 들었다.

삼성전자에 대한 무한 신뢰가 생겨난 이유는 삼성전자의 과거 때문이다. 과거에 단 한 번도 실패를 보여주지 않았던 종목이다. 메모리 반도체 시장 전 세계 선두권 자리를 유지하고 있고 애플의 스마트폰 열풍이 불기 시작했을 때 갤럭시 시리즈를 출시해서 글로벌 양강 구도를 만들어냈다. TV 역시 글로벌 1위 자리를 오랫동안 놓치지 않고 있으며 이제는 시스템 반도체에서도 1등을 하겠다며 혁신하고 앞을 향해 달려가고 있다. 삼성전자가 현재까지 보여준 과거가 투자자들에게는

'무너지지 않을 기업'이라는 이미지를 만들어 줬고 그것이 지금에 이르러서 '아무것도 몰라도 삼성전자 사면 안 망한다'라는 말을 나오게 한 것이다.

이를 다른 기업에 적용해도 된다. 10년, 20년 동안 꾸준히 매출을 증가시켜 오고, 부채 비율을 낮게 유지하고, 늘 혁신을 하고, 어려운 시절을 오히려 기회의 발판으로 삼아 도약했다면 앞으로도 그럴 확률이 높다고 판단할 수 있다.

필자가 이런 방식으로 투자했던 기업을 소개한다. 또 하나의 국민 주식인 카카오다. 카카오는 코로나 사태 이후 대박을 낸 기업 중 하나다. 코로나 사태 이후 4배가 넘는 주가 상승을 만들어냈다.

필자는 2016년 11월쯤에 카카오 탐방을 다녀왔다. 그때는 카카오가 2014년에 다음과 합병을 한 이후 주가가 계속 하락하는 시기

[카카오 탐방 당시 사진]

였다. 카카오톡이라는 국민대표 메신저를 가진 기업이라고 하기에는 주가 흐름이 너무 초라했다. 탐방을 다녀온 이후 2017년 초에 카카오를 매수했고 2배 정도의 수익이 났을 때 물량을 정리했다.

[카카오 차트]

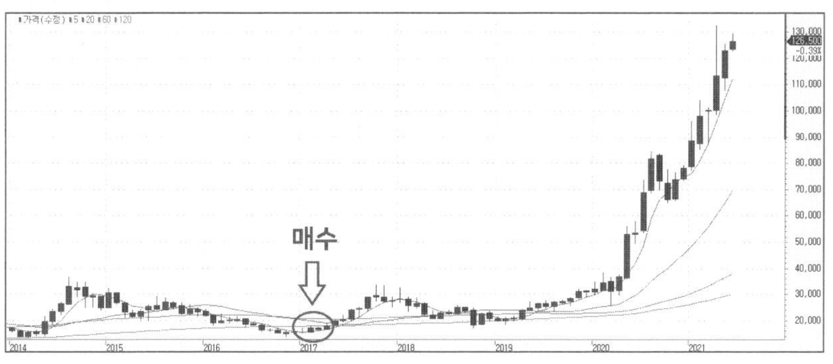

필자가 카카오에 투자한 핵심 이유는 김범수 의장 때문이었다. 김범수 의장은 경력이 화려한 인물이다. 과거에 한게임을 설립했고 나중에 네이버와 합병까지 성사시켰다(이후 한게임은 NHN엔터테인먼트로 분할됐으며 2019년에 NHN로 사명을 변경했다).

2007년에 NHN(네이버와 한게임 합병 후 사명)에서 나와 카카오를 창립하고 스마트폰 시대에 발맞춰 국민 메신저 카카오톡을 출시하면서 지금의 카카오를 만들었고 2014년에는 국내 2위 포털사이트였던 다음과의 합병을 성사시켰다. 카카오에 투자하기 전에는 재무제표나 숫자보다는 김범수 의장이 그동안 어떤 일을 해왔는지, 어떤 생각을 하는 사람인지에 대해서 더 많은 연구를 했다. 일시적으로 재무제표가 좋지 않은 것은 큰 문제가 되지 않고 오히려 저가 매수로 삼을 기회라고 생각했다. 김범수 의장의 과거를 들여다보면서 '무엇이라도 일을 낼 사람'이라는 확신이 들었고 실제로 카카오는 2020년 이후 국민 주식 반열에 오르게 된다.

필자가 이 책을 집필하고 있을 때 김범수 의장이 이재용 삼성전자 부회장을 제치고 우리나라 1위 부자가 됐다는 뉴스가 흘러나왔다. 물론 주식 평가에 따라 1위 순위가 금방 변할 수 있지만 김범수 의장이 일을 낼 것이라고 봤던 필자의 생각은 틀리지 않았다. 과거 손정의 회장이 알리바바의 마윈을 만났을 때 몇 분도 되지 않아 큰 금액을 투자하겠다고 결정했다는 유명한 일화가 있다. 사업계획서도 읽어보고 대화도 나눠보려면 최소 몇 시간이 걸릴 텐데 손정의 회장은 마윈이라는 사람만을 봤다고 이야기했다. 워런 버핏 역시 투자할 때 경영진을 가장 중요하게 생각한다고 말했다.

사업은 결국 사람이 하는 것이기 때문에 사람만 잘 봐도 주식 투자에 큰 도움을 얻을 수 있다. 일을 내고 사업을 키우고 그에 따라 주가를 올리는 모든 것은 결국 사람이 하는 것이다. 한 사람의 과거만 잘 봐도 그 사람의 미래를 어느 정도 예측할 수 있다. 김범수 의장의 경우 과거부터 계속해서 성공을 쌓아 올린 인물이기 때문에 그의 앞날에 대해서도 어느 정도는 긍정적으로 예측할 수 있었다.

주식 투자를 할 때는 미래만 보면 안 된다. 과거도 함께 봐야 한다. 사람과 오랜 기간 함께하다 보면 그 사람의 성향을 파악할 수 있듯이 기업도 오랜 기간 깊게 살펴보면 그 기업의 색깔, 그리고 앞으로의 미래를 짐작할 수 있게 된다. 10년, 20년 성실하게 좋은 실적을 낸 기업은 앞으로도 그럴 확률이 높다. 매번 투자자들에게 거짓말만 하고 말만 앞섰던 기업은 앞으로도 그럴 확률이 높다.

이것이 기업의 과거를 낱낱이 파헤쳐야 하는 이유이며 이것만 잘해도 투자 실패를 크게 줄일 수 있다. 투자하려는 기업이 있다면 그 기업의 과거부터 낱낱이 조사해라. 미래만큼 중요한 것이 과거다.

03 기업 공부 6단계 과정

'기업 공부는 어떻게 하는 걸까?'

누구나 따라 할 수 있는 6단계 과정을 소개한다.

#1단계: 사업 · 분기 · 반기보고서

다음은 전자공시시스템에서 삼성전자를 검색한 결과다.

상장 기업은 1년에 총 4번에 걸쳐 보고서를 공시한다. 1분기(1월~3월)와 3분기(7월~9월) 실적은 분기보고서를 통해 발표한다. 4~6

번호	공시대상회사	보고서명	제출인	접수일자	비고
1	유 삼성전자	분기보고서 (2021.03)	삼성전자	2021.05.17	
2	유 삼성전자	사업보고서 (2020.12)	삼성전자	2021.03.09	연
3	유 삼성전자	분기보고서 (2020.09)	삼성전자	2020.11.16	
4	유 삼성전자	반기보고서 (2020.06)	삼성전자	2020.08.14	
5	유 삼성전자	분기보고서 (2020.03)	삼성전자	2020.05.15	

• 출처: 전자공시시스템(DART)

월까지의 2분기 실적은 반기보고서로 나오고 10~12월까지의 4분기 실적은 사업보고서를 통해 나온다. 이름만 다를 뿐 담고 있는 내용에는 큰 차이가 없다.

다음은 삼성전자의 사업보고서다. 왼쪽 메뉴에서 '사업의 내용'을 클릭하면 삼성전자가 어떤 사업을 하고 있는지 자세히 읽어볼 수 있다. 삼성전자에서 직접 쓰고 공시한 내용이기 때문에 삼성전자에 대한 가장 정확한 정보라고 볼 수 있다. 애널리스트, 기관투자자 모두 이 사업보고서를 참고한다.

[삼성전자 사업보고서]

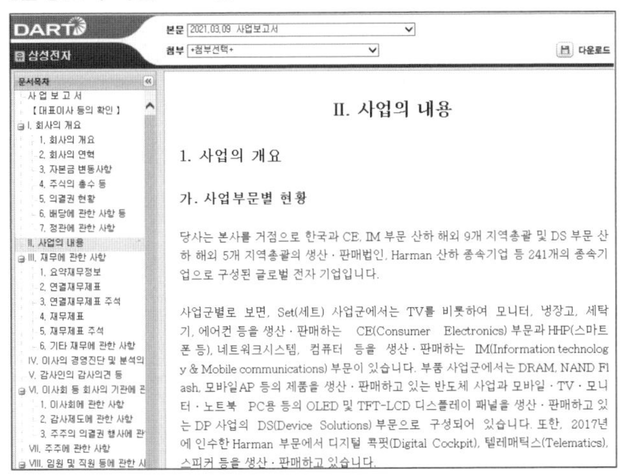

• 출처: 전자공시시스템(DART)

모든 기업 공부는 여기서 시작된다. 사업 부문별 현황부터 시장의 경쟁 상황, 재무제표, 주주 현황, 이사회와 관련된 사항 등 투자자가 기본적으로 알아야 할 내용이 사업보고서(또는 분기·반기보고서)에 모두 들어 있다. 투자하는 시점에 따라서 가장 최근 시점의 보고서를 보면 도움이 된다. '사업의 내용'에는 많은 정보를 담고 있어서 굉장히 긴 경우가 많다. 너무 길어서 잘 읽지 않는 사람들도 있는데 이 부분만큼은 처음부터 끝까지 꼼꼼하게 읽어야 한다. 사업의 내용만 제대로 읽어도 기업 공부의 절반은 끝났다고 해도 과언이 아니다. 아무리 귀찮게 느껴져도 이 부분은 반드시 시간을 내서 끝까지, 여러 번 읽어야 한다.

#2단계: 증권사 보고서

다음은 증권사 보고서다. 많은 투자자가 증권사 보고서를 먼저 보는데 필자는 반드시 사업보고서를 먼저 읽은 다음에 보라고 제안한다. 영화 평론가를 통해 후기를 듣는 것도 좋지만 영화를 직접 보는 것이 가장 좋지 않은가? 마찬가지다.

증권사 보고서는 애널리스트가 한 기업에 대한 평을 내리고 핵심 내용을 간추려 준 자료다. 굉장히 편리하지만 애널리스트의 주관적인 생각이 들어갈 수도 있고 애널리스트의 실력을 정확히 알 수 없으니 판단을 잘못할 여지도 있다.

보고서가 많은 기업도 있고, 적은 기업도 있고, 아예 없는 기업도 있다. 보고서가 나와 있는 기업이라면 최소 1년 치 정도는 다 읽어보는 게 도움이 된다. 특히 여러 애널리스트가 커버하고 있는 기업이라면 여러 각도에서 해당 기업을 바라볼 수 있다는 장점이 있다. 애널리스트들은 어떻게 이 기업을 해석하고 있는지 그들의 생각을 엿보는 것이다. 내가 사업보고서를 읽어보면서 느꼈던 점들을 애널리스트들의 관점과 비교해보면서 생각을 넓히는 것이다.

증권사 보고서가 짧게 요약을 해주다 보니 투자자들이 선호하는 경향이 있지만 성공한 투자자가 되고 싶다면 반드시 사업보고서를 먼저 보고 증권사 보고서를 읽어야 한다.

#3단계: 해당 기업 관련 뉴스

이제 뉴스를 찾아봐야 한다. 해당 기업과 관련된 뉴스들을 찾아보는 것이다. 최소 6개월에서 1년 치를 찾아볼 것을 추천한다.

보고서와 마찬가지로 뉴스가 많은 기업도 있고, 적은 기업도 있다. 제품 관련 기사가 있을 수 있고 기업 고위관계자의 인터뷰가 있을 수 있다. 제목만 읽지 말고 어떤 내용인지 기사 전체를 처음부터 끝까지 꼼꼼하게 읽어야 한다. 제목에 없는 보물 정보가 곳곳에 숨어있을 수 있기 때문이다.

기사를 자주 읽다 보면 투자에 필요하다고 판단되는 정보가 무엇인지 서서히 보인다. 특히 기업의 대표 인터뷰가 있다면 꼭 반드시 참고해야 한다. 대표가 어떤 생각을 갖고 있는지, 앞으로 어떤 미래를 그려갈지 힌트를 얻을 수 있다. 대표가 구상하고 있는 미래는 사업보고서 같은 자료에는 나오지 않는다. 이런 인터뷰를 잘 읽으면 IR 담당자와 좋은 대화거리가 될 수 있다.

#4단계: 개인투자자들이 분석한 글

개인투자자들이 분석한 글이나 영상 등을 참고하는 것도 큰 도움이 된다. 포털사이트에 기업명을 검색하면 여러 사람이 분석한 글을 찾아볼 수 있다. 예전에는 이런 정보를 증권사 애널리스트에게만 의존했지만 요즘은 실력 있는 개인투자자가 많아졌다. 애널리스트보다 뛰어난 정보를 제공하는 개인투자자도 쉽게 찾아볼 수 있다. 이들은 어떤 각도에서 기업을 바라보고 있는지 참고하는 것이다.

여러 사람의 생각을 엿보는 것만으로도 생각의 폭을 넓힐 수 있다. 필자도 탐방을 갈 때 여러 사람과 함께 가는 것을 선호하는데 1명이 생각하는 것과 여러 사람이 함께 생각하는 것 간의 깊이와 폭의 차이가 크기 때문이다. 여러 각도에서 기업을 바라보면서 해당 기업의 미래를 그려가는 것이다.

개인투자자가 증권사 애널리스트보다 비판적 시각에서는 큰 장점이 있다. 증권사 애널리스트는 '매도' 의견을 내기 쉽지 않다. 해당 기업과의 관계가 있다 보니 싫은 소리를 쉽게 하지 못한다. 그러나 개인투자자에게는 그런 제한이 없다. 좋은 것은 좋다고 하고, 아쉬운 점은 아쉽다고 말할 수 있다는 장점이 있다. 정보의 속도에서는 증권사 애널리스트보다 더딜 수 있지만 비판적 시각에서는 훨씬 낫다.

필자가 엘앤에프에 투자할 당시, 한 개인투자자의 분석 글에서 '특정 분기에 엘앤에프의 실적이 안 좋을 수 있을 것이다'라는 내용을 읽은 적이 있다. 필자가 생각했던 것보다 더 비관적으로 바라보고 있다는 생각이 들었다. IR 담당자와 통화할 때 이 내용은 아주 좋은 대화거리가 됐다. "어떤 투자자는 엘앤에프의 특정 분기 실적이 안 좋을 수 있다는 시각을 가지고 있습니다. 제 생각보다 더 비관적인데 어떻게 생각하시는지요?"라는 질문을 던질 수 있었고 IR 담당자는 해당 질문에 대해 디테일하게 설명해줬다. 특정 분기에 실적이 안 좋아질 수 있는 이유가 과거에는 있었지만 더는 크게 신경 쓰지 않아도 된다는 것이었다. 필자가 보지 못했던 부분을 다른 개인투자자의 글을 통해서 알 수 있었고 이 부분을 회사에 확인할 수 있었다.

#5단계: 경쟁사에 대한 공부

해당 기업에 대한 공부가 끝났다면, 똑같은 순서를 경쟁사에 적용해 공부해야 한다. 경쟁사의 사업(또는 분기·반기)보고서를 읽고 경쟁사에 대한 증권사 애널리스트의 보고서들을 읽어라. 그리고 경쟁사와 관련된 뉴스 기사를 찾아보고 개인투자자들의 분석 글을 찾아서 읽어보면 된다. 이렇게 하면 여러 정보를 비교·분석할 수 있게 되는 효과가 있다.

앞에 언급했던 엘앤에프의 분기별 실적과 관련된 내용을 경쟁사 IR 담당자에게도 물어볼 기회가 있었다. "엘앤에프의 경우 특정 이유로 분기 실적이 안 좋아질 수 있다던데 우리는 그런 문제가 없습니까? 엘앤에프만의 문제인지 아니면 양극재를 만드는 모든 회사의 문제인지 알고 싶습니다"라는 질문을 던질 수 있었다. 경쟁사들도 이 부분은 모두 겪고 있는 내용이라는 것을 알 수 있었다. 해당 문제가 엘앤에프만의 문제가 아니라 양극재를 만드는 모든 기업의 문제라는 해석이 가능해졌고, 결국 큰 문제로 해석할 필요가 없다는 결론을 내릴 수 있었다.

#6단계: 산업 관련 뉴스

투자할 기업과 경쟁사에 대한 내용을 어느 정도 파악했다면, 마지막으로 산업에 대한 내용을 파악해야 한다. 삼성전자라 하면 반도체 산업, 스마트폰 산업, 가전제품 산업, 디스플레이 산업에 대한 자료들을 찾아서 읽는 것이다. 국내외 할 것 없이 정보는 최대한 많이 찾아보면 도움이 된다.

앞에서 필자가 큰 그림을 보고 투자를 하면 쉬워진다고 했다. 삼성전자가 반도체 사업을 하는데 반도체에 대한 이해 없이 삼성전자를 이해한다는 것은 불가능하다. 투자하려는 기업이 산업 전체로 봤을 때 어느 정도의 경쟁력을 갖고 있는지, 산업의 트렌드는 무엇인지 등을 파악하는 것이다. 양극재의 경우 우리나라를 제외하고 규모가 꽤 큰 해외 기업들도 있다. 이 기업들에 전화하는 것은 사실상 불가능하므로 해외 자료들을 검색해서 자료를 수집할 수 있다. 필자도 해외 기업 자료들을 수집해 공부하면서 엘앤에프 IR 담당자와 다양한 이야기를 나눴던 기억이 있다.

*

여기까지만 순서대로 하면 사실상 특정 기업에 대한 공부는 어느 정도 했다고 봐도 된다. 이렇게 하면 자연스럽게 여러 질문이 떠오를 것이다. 이런 질문들을 적어두고 IR 담당자에게 하나씩 물어가면서 퍼즐을 맞춰나가면 된다. 내가 투자하려는 기업이 매력이 있는지, 앞으로 좋아질 것인지, 가격은 싼지 등을 파악해가고 끊임없이 추적하는 것이다. 이 과정 가운데 IR 담당자와 친해질 수 있고 그렇게 시간이 지나면서 신뢰가 쌓이다 보면 가끔 IR 담당자가 중요한 정보를 전달해줄 때도 있다.

04 IR 담당자를 알아가고 관계를 쌓는 방법

기업 공부를 충분히 했다면 이제 IR 담당자와 직접 소통할 차례다. 많은 사람이 직접 연락을 해야 한다고 하면 겁부터 먹는다. 전문투자자나 거대 기관 관계자여야만 전화를 할 수 있다고 생각한다. 이것은 큰 오해다. 개인투자자도 누구나 기업에 쉽게 전화할 수 있고 기업은 모든 투자자를 동일하게 대응해야 하는 의무가 있다. 이것을 하지 않는다면 그 기업은 투자할 가치가 없다. 아무리 좋아 보여도 투자자가 직접 연락하고 소통할 수 없다면 절대 투자하지 말아야 한다.

물론 유명 투자자이거나 큰 기관이라면 IR 담당자들의 대우가 조금 다를 수는 있다. 이 정도는 감안해야 한다. 필자가 하고 싶은 말은 시간이 지나고, 신뢰가 쌓이고, IR 담당자가 '이 사람은 정말 우리 회사에 관심이 많구나'라고 생각하게 되면 IR 담당자의 태도도 변한다는 것이다. 처음부터 IR 담당자가 내게 특별한 대우를 할 것이라는 기대는 하지 않은 것이 좋다.

기업의 IR 담당자를 알아가고 관계를 쌓는 필자의 방법을 공유하려 한다. 사실 특별한 방법이라고 할 것도 없다. 몇 가지만 기억하고 있으면 굉장히 쉽다.

필자는 누군가를 처음 만났을 때 바로 호감을 줄 만한 인상은 아니다. 가끔 만나기만 해도 편한 느낌을 주는 사람들이 있는데 이런 사람이라면 모르는 사람과 관계를 시작하기가 좀 더 수월하지 않나 생각한다. 필자는 그런 사람이 아님에도 불구하고 문제없이 IR 담당자들과 관계를 맺고 신뢰를 쌓아가고 있다. 누구라도 도전할 수 있는 영역이라는 것이니 너무 겁먹지 말고 천천히 도전해보길 바란다.

#IR 담당자 전화번호부터 찾아라

IR 담당자 전화번호는 쉽게 찾을 수 있다. 각 기업 홈페이지에 들어가면 연락처가 나와 있는 곳에서 찾을 수 있다. IR 부서를 따로 표기한 기업도 있고 대표전화만 표기한 기업도 있다. 대표전화만 표기하고 있다면 전화해서 해당 부서로 연결을 부탁하면 된다.

다음 페이지 그림은 삼성전자 홈페이지 하단 모습이다. '투자자 정보'를 클릭하면 투자자에게 필요한 다양한 정보를 찾아볼 수 있다. 분기별 실적 발표, IR 행사 스케줄, IR 담당자 연락처 등이 있다.

기업마다 표기에는 조금씩 차이가 있다. 투자자 정보 외에

[삼성전자 홈페이지]

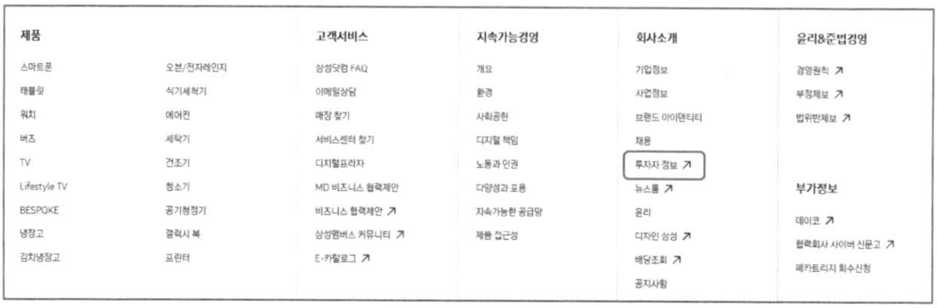

제품
스마트폰
태블릿
워치
버즈
TV
Lifestyle TV
BESPOKE
냉장고
김치냉장고
오븐/전자레인지
식기세척기
에어컨
세탁기
건조기
청소기
공기청정기
갤럭시 북
프린터

고객서비스
삼성닷컴 FAQ
이메일상담
매장 찾기
서비스센터 찾기
디지털프라자
MD 비즈니스 협력제안
비즈니스 협력제안 ↗
삼성멤버스 커뮤니티 ↗
E-카탈로그 ↗

지속가능경영
개요
환경
사회공헌
디지털 책임
노동과 인권
다양성과 포용
지속가능한 공급망
제품 접근성

회사소개
기업정보
사업정보
브랜드 아이덴티티
채용
투자자 정보 ↗
뉴스룸 ↗
윤리
디자인 삼성 ↗
배당조회 ↗
공지사항

윤리&준법경영
경영원칙 ↗
부정제보 ↗
법위반제보 ↗

부가정보
데이코 ↗
협력회사 사이버 신문고 ↗
폐카트리지 회수신청

도 IR(혹은 Investor Relations) 등으로 표기되어 있을 수 있다. HTS에서도 기업의 기본 연락처는 찾을 수 있으니 참고하자.

#IR 담당자에게 하는 첫 연락과 인사

이제 번호를 찾았으면 연락할 차례다. 우리의 목표는 IR 담당자다. 회사에 전화해서 누가 전화를 받든 "IR 담당자분 계신가요?"라는 첫 질문으로 시작하면 된다. "주식 담당자분 계신가요?"로 질문해도 괜찮다. IR 담당자와 주식 담당자는 같은 의미다.

IR 담당자가 받았다면 어디서 전화를 했는지 물어볼 것이다. 여기서부터가 시작이다. 자기 소개를 해야 한다. "개인투자자인데 몇 가지 문의 사항이 있어서 연락드렸습니다. 잠깐 시간 괜찮으실까요?" 정도면 충분하다. 첫인사는 이 정도면 충분한 것이다. 사실 그 뒤에 나올 질문이 더 중요하다. 질문의 깊이와 수준이 IR 담당자와의 관계를 만들어가는 핵심 요인이다.

#IR 담당자에게 반드시 심어줘야 할 2가지 인상

IR 담당자는 수십 명의 사람을 상대한다. 개인투자자도 있을 것이고 기관투자자도 있을 것이다. IR 담당자도 감정이 있는 사람이다. 투자자로서는 1~2개의 질문일 수 있지만 IR 담당자는 하루에도 수십 개 이상의 질문을 받는다. 심지어 같은 질문도 여러 번 받을 것이다. 피곤하고 짜증 날 수도 있다.

바쁜 시간을 쪼개서 전화를 받는 사람의 심정을 잘 헤아리면 IR 담당자와 관계를 쌓아가는 데 큰 도움이 된다. 반드시 정중해야 하고 예의를 지켜야 한다. 손실을 보고 있다고 IR 담당자에게 짜증을 내봤자 얻을 게 아무것도 없다. IR 담당자에게 '이 사람은 대화하기 편한 사람'이라는 인상을 심어주는 것이 좋다. 누구라도 자신에게 짜증을 내고 화를 내는 사람과 대화하고 싶은 사람은 없다. IR 담당자가 회사의 전반적인 상황을 업데이트해야 할 의무가 있는 것이지 투자자들의 감정을 받아줄 의무는 없다.

IR 담당자도 사람이다. 내가 싫은 것은 그 사람도 싫다. 대화하기 편한 상대라는 인상을 심어줘라. 그래야 앞으로 IR 담당자와 대화하기 쉬워진다.

깊이 있는 투자자라는 인상을 심어주는 것도 중요하다. 사람은 본인의 수준만큼 질문할 수 있다. 본인의 수준을 뛰어넘는 질문을 하는 것은 불가능하다. 이제 막 더하기 빼기를 배운 아이가 곱하기나 나누기에 대해 질문할 수 없는 것과 마찬가지다. IR 담당자는 투자자의 질문만으로도 투자자의 깊이가 어느 정도인지 파악할 수 있다. IR 담당자가 '이 투자자는 정말로 우리 회사에 관심이 있고 깊이 있게 공부를 한 사람이다'라는 생각이 들 정도의 질문은 해줘야 한다. 그래야 IR 담당자도 진지하게 투자자와 대화를 하려고 할 것이다.

실제로 필자가 만난 수많은 IR 담당자들이 말한 상대하기 싫은 유형으로 다짜고짜 전화로 화를 내면서 주식이 왜 떨어지는지를 묻는 투자자라고 입을 모았다. 필자가 만난 1,000명이 넘는 IR 담당자들이 직접 한 얘기니 믿어도 좋다. 그러니 이런 행동은 절대 하지 말아야 한다.

최소한 주식이 떨어지는 것에 대해 알고 싶다면 투자자 본인이 생각하고 추측해본 이유 정도는 갖고 전화해야 한다. "주식이 왜 떨어집니까?"라는 질문보다 "제가 생각하기에 오늘 시장에서 이러한 이유로 우려가 나오는 것 같은데 회사 측에서는 어떻게 보고 계시는지 알 수 있을까요?"라는 질문이 같은 내용이지만 듣는 사람 입장에서는 느낌이 다르다. 최소한 후자의 질문은 이 사람이 회사에 대해서 한 번쯤 생각해보고 전화한 사람이라는 이미지를 준다. 여기에 "주식 많이 떨어져서 담당자분께서도 힘드시겠습니다"라는 공감 섞인 한마디까지 같이 해주면 더 좋다. 주식이 떨어지면 IR 담당자들이 얼마나 피곤할지 한 번 정도 헤아렸다는 인상을 줄 뿐만 아니라 최소한 '이 사람은 그래도 예의가 있네'라는 생각을 심어줄 수 있다.

#IR 담당자는 나를 기억하지 못한다

IR 담당자는 셀 수 없이 많은 투자자를 상대해야 한다. 그러므로 IR 담당자가 한 번 통화한 사람을 기억할 것이라고 기대하지 마라. 이건 불가능한 일이다. 결국 IR 담당자의 기억에 남는 것은 투자자의 몫이다. 한 번의 대화를 통해 강렬한 인상을 남겨주든, 기억이 날 때까지 전화하든 그것은 투자자의 몫이다.

팁을 하나 공유하자면 이메일을 활용하는 방법이 있다. IR 담당자의 이메일 주소를 받아서 통화가 끝난 후 바로 이메일을 보내는 것이다. 최소한 1일 안에 이메일을 보내면 IR 담당자도 기억한다. IR 담당자가 이메일로 답장을 보냈다면 이후에 그 이메일에 답장을 보내는 형식으로 연락하면 더 효과가 난다. 어떻게 해서든 IR 담당자의 기억에 남게 되면 소통하는 것이 수월해진다. 물론 이메일을 보낼 때 투자와 관련된 질문이나 중요한 사항을 곁들이면 좋다.

#IR 담당자도 사람이다

'IR 담당자도 사람이다'만 기억하면 IR 담당자와 관계를 쌓아가는 방법이 어렵지 않다.

우리는 살면서 많은 사람을 만나고 관계를 맺으며 살아간다. 성격이 잘 맞는 사람도 있고 전혀 맞지 않는 사람도 있다. 대화만 해도 불편한 사람이 있고, 이유 없이 마음이 잘 맞고 편한 사람이 있다. IR 담당자도 마찬가지다. 우리나라에는 2,000개가 넘는 기업이 상장되어 있다. IR 담당자만 해도 2,000명 정도는 된다는 의미다. 남자도 있고 여자도 있다. 직책이 높은 경우도 있고 이제 막 입사한 경우도 있다. 결혼한 사람, 교회를 다니는 사람, 냉정하거나 말이 많은 사람, 묻는 말에만 단답형으로 대답하는 사람도 있다. 여러 부류의 사람이 우리나라 상장 기업의 IR 담당자를 맡고 있다는 말이다.

내가 투자하는 기업의 IR 담당자는 굉장히 상냥하고 도움이 되는 사람일 수도 있지만, 대화하기도 어렵고 질문에 대답도 잘 하지 않을 사람일 수도 있다. 주주들에게 정성을 다해 회사에 관한 내용을 업데이트해주는 IR 담당자도 있지만, 귀찮아서 전화조차 잘 받지 않는 IR 담당자도 있다. 투자를 위한 대화를 한다고 생각하면 굉장히 부담스럽게 느껴질 수도 있지만 사실 일상에서 흔히 볼 수 있는 일반 사람일 뿐이다. 너무 부담스럽게 생각할 필요가 없다는 의미다.

우리가 싫어하는 행동은 그들도 싫어하고, 우리가 예의를 가지고 다가가면 그들도 예의를 가지고 다가올 것이다. 인간이라면 누구라도 싫어할 행동을 하면서 제대로 된 정보를 얻기를 바란다면 아주 큰 착각이다.

우리가 모든 인간관계에서 늘 하듯이 IR 담당자에게도 예의를 갖추고 정중하게 감정을 헤아려야 한다. 그리고 회사의 주주로서 깊은 고민을 하고 있다는 인상을 심어준다면 IR 담당자 역시 흔쾌히 투자자와의 대화를 즐거워하고 의미 있게 생각할 것이다. 투자자가 회사에 대한 깊은 이해도 없이 오로지 주식의 등락에만 관심을 가진다는 것이 느껴진다면 IR 담당자 눈에 그 투자자는 진정한 회사의 주인으로 보이지 않을 것이다.

IR 담당자와의 관계는 이렇게 시작하는 것이다. 그리고 꾸준히 유지해 가는 것이다. 특별한 방법이나 지름길은 없다. 우리가 일상생활에서 하는 모든 인간관계와 동일하게 생각하면 쉽다.

주식이라는 주제만 다를 뿐, 인간관계를 만들어가는 방법은 똑같다. 생각날 때 연락하고 안부를 묻고 하는 것이다. '네트워크'는 이렇게 만들어가는 것이 제일 빠르다고 필자는 생각한다. 이내 1년이 지나고 2년이 지나면 편하게 연락할 수 있는 IR 담당자가 꽤 많아졌다는 사실을 알게 될 것이다.

05

IR 담당자 말만 믿지 말고 반드시 검증해라

IR 담당자와 최소 한 번이라도 회사와 관련된 대화를 했다고 가정해보자. 기업에 대한 사전 공부도 했고, IR 담당자와 대화도 했으니 이제 바로 내 돈을 투자할 수 있을까? 아니다. 이제부터는 검증의 시간이 필요하다. 반드시 최소 한 분기 정도는 시간을 가지고 IR 담당자를 검증하는 시간을 가져라. 필자의 경험담을 예로 들어보겠다. 2장에서 소개했던 상장 폐지된 F사의 이야기다.

필자는 2017년 3분기 실적 발표 이후에 F사 탐방을 다녀왔다. 3분기 실적이 갑자기 너무 잘 나오다 보니 시장에서도 관심을 갖게 됐다. 필자가 탐방을 갔을 때에는 증권사 애널리스트들도 함께 와 있었다. 3분기에 좋은 실적이 나왔으니 당연히 투자자들의 관심은 4분기 실적에 있었다. 4분기는 어떻게 예상하면 될지에 대한 질문에 IR 담당자는 굉장히 긍정적으로 답변을 줬다.

다음은 2017년 4분기 실적 발표가 나기 전에 발행된 보고서에 첨부되어 있던 실적 예상치다.

[증권사 보고서에 나온 F사 실적 예상치]

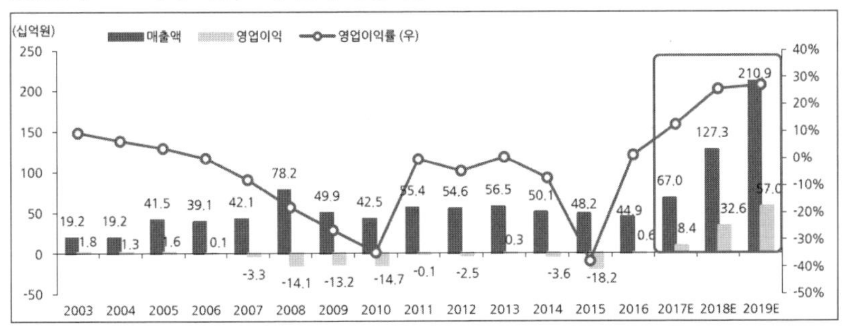

F사의 예상 매출액과 영업이익 추이를 살펴보자. 누가 봐도 폭발적으로 성장할 것 같은 느낌을 주는 수치다. 심지어 2018년 실적은 2017년 대비 2배 이상 뛸 것으로 예상했다. 당연히 필자도 탐방을 갔을 때 이런 분위기가 만들어질 것이라는 이야기를 듣고 돌아왔다. 그러나 결과는 어땠을까?

4분기 실적이 나오는 시점은 차기 년도 3월 정도다. 2017년 4분기 실적을 파악하려면 2018년 3월까지는 기다려야 한다. 그러나 3월에 F사는 거래 정지 결정이 나버렸고 IR 담당자는 탐방 이후 단 한 번도 연락이 되지 않았다.

'IR 담당자를 검증해야 한다'에는 여러 의미가 있다. 한 개인이 기업의 미래를 100% 정확하게 예측하는 것은 불가능하다. 이재용 부회장이라고 해도 삼성전자의 다음 분기 실적을 정확하게 맞추는 것은 불가능하다. 방향을 알 뿐이고 흐름을 알 뿐이다. '반도체가 하반기에 좋아질 것 같다'라는 말은 할 수 있지만 '하반기에 반도체 매출액이 정확하게 얼마가 나올 것'이라는 말은 할 수 없고 해서도 안 된다. 필자가 말하는 검증은 '수치에 대한 예상치를 검증하라'는 말이 아니다. IR 담당자 자체를 검증하라는 말이다. IR 담당자가 말하고 있는 회사의 방향에 대한 내용을 검증해야 한다.

IR 담당자와 이야기할 때 투자자들이 가장 자주 물어보는 질문이 실적에 대한 부분이다. IR 담당자는 법적으로 수치에 대해 언급을 할 수 없다. 분위기가 어떤지, 흐름이 어떤지 정도를 두루뭉술하게 이야기하는 정도다. 그러나 이것조차도 솔직하게 이야기하는 IR 담당자가 있고, 허풍을 떨며 핑크빛 전망만을 늘어놓는 IR 담당자가 있다. F사 사례로 돌아가서 좀 더 구체적으로 들여다보자.

탐방을 갔을 때 필자는 IR 담당자에게 4분기 실적이 어떤지, 그리고 2018년도 사업이 어떻게 흘러갈지에 대한 회사 의견이 듣고 싶다고 했다. IR 담당자는 4분기 실적이 3분기만큼 좋을 것이며 2018년도 실적은 2017년도와는 비교가 안 될 정도로 좋아질 것이라고 이야기했다. IR 담당자가 이렇게 얘기를 하고 다니니 증권사 애널리스트가 핑크빛 전망을 담은 보고서를 내게 되는 것이다. 필자는 IR 담당자의 말을 그대로 노트에 적어뒀다. 다음 분기가 될 때까지 실제로 IR 담당자의 말처럼 흘러가는지를 지켜보기 위해서다. 메모해두지 않으면 나중에 기억이 나지 않는다. 검증하기 위해서는 반드시 적어둬야 한다.

2018년 3월이 되고 필자는 확인 작업에 들어갔다. 회사에 다시 전화를 걸어서 4분기 실적 추이를 물어보려 했으나 연락이 되지 않았다. 한두 번은 이해할 수 있지만 지속해서 연락이 안 되자 그때부터 이상하다는 생각을 하기 시작했다. 결국 3월 말이 되면서 F사는 거래 정지가 됐다. 회사는 거래 정지를 예상하고 의도적으로 전화를 받지 않았던 것은 아닐까 생각해봤다.

엘앤에프의 경우도 함께 알아보자. 필자가 관심을 두고 엘앤에프 공부를 시작한 다음, 탐방을 가기 전에 통화를 몇 번 했다. 분위기가 어떤지, 실적 반등이 언제 나올지 등을 확인하기 위함이었다. 2019년에 대화를 했을 때 IR 담당자가 필자에게 했던 말은 "2020년 중반까지는 아마 실적 회복이 쉽지 않을 겁니다"였다. 엘앤에프의 실적을 살펴보자. 다음은 엘앤에프의 연간 실적 추이와 2020년 분기별 실적 추이를 정리한 표다.

[엘앤에프 연간 실적 추이]

	매출액	영업이익
2017년	4,030억 원	294억 원
2018년	5,057억 원	270억 원
2019년	3,133억 원	-77억 원
2020년	3,561억 원	15억 원

[엘앤에프 2020년 분기별 실적 추이]

	매출액	영업이익
2020년 1분기	1,020억 원	15억 원
2020년 2분기	691억 원	26억 원
2020년 3분기	842억 원	-13억 원
2020년 4분기	1,008억 원	-13억 원

2018년 5,057억 원의 매출을 올렸던 기업이 2019년에 3,133억 원까지 줄었다. 40%에 가까운 하락이다. 2019년에는 적자까지 발생했다. 이런 상황에서 IR 담당자는 2020년 중반까지는 실적 반등이 어려울 것으로 보고 있었다. 실제로 엘앤에프의 실적은 2020년 2분기를 지나면서 반등하기 시작했다. 물론 이익은 반등하지 못했지만 매출액부터 반등하기 시작했고 그 이후 2021년에는 영업이익도 반등하면서 주가까지 반등할 수 있었다.

엘앤에프의 IR 담당자는 현재 상황에 대해서 솔직했다. 더하지도 빼지도 않았다. 있는 그대로를 필자에게 전달해줬다. 시간이 지난 후 2020년 중순부터 실적 반등이 일어나기 시작한 것을 확인하고 IR 담당자가 비교적 회사의 현황과 앞날에 대해서도 잘 파악하고 있다고 판단할 수 있었다.

이것이 IR 담당자에 대한 검증이다. IR 담당자의 발언이 사실인지 아닌지는 시간이 지나고 결과를 놓고 봐야 가장 확실하다. 이런 검증 과정을 몇 번 거치다 보면 IR 담당자의 말을 어디까지 신뢰해야 하는지에 대한 개인적인 기준이 생기게 된다. 늘 실적이 좋을 것이라고만 이야기하는 IR 담당자가 있고, 늘 보수적으로 미래를 예측하는 IR 담당자도 있다. 이런 부분은 대화 한 번 하고 알 수 없다. 열 길 물속은 알아도 한 길 사람 속은 모른다고 했다. IR 담당자도 사람이다. 어떤 생각과 성향을 가졌는지는 시간을 두고 지켜봐야 한다. 투자에 도움이 안 되는 말과 행동을 계속하는 IR 담당자가 있는 회사라면 투자는 자제해야 한다. 전달하는 정보 자체를 신뢰할 수 없기 때문이다.

주식을 하는 사람이 주변에 많거나 좋아 보이는 기업이 보일 때 지금 당장 매수하지 않으면 안 될 것 같은 조바심을 느낀다. 가상화폐 열풍이 불 때 언론을 도배했던 표현이 무엇인가? 신분 상승을 위한 마지막 기회일 것 같아 2030세대가 영끌(영혼까지 끌어모으다)했다는 것이다. 주식도 마찬가지다. 저평가가 되어있고 조금만 좋아 보이는 상황에서 주가가 조금이라도 꿈틀거리면 금방 조바심이 생긴다. 생각보다 이 실수를 저지르는 투자자가 많다.

우리나라 증시에 상장된 기업이 2,000개가 넘는다. 10년 전에도 '이 종목 놓치면 기회가 없다'라는 말을 자주 들었다. 그러나 그런 일은 발생하지 않는다. 늘 저평가된 기업은 또 나타나기 마련이고 큰 시세를 내는 종목도 또 나오기 마련이다. 조급해할 필요가 없다. 내 눈앞에서 버스가 지나가면 조금 아쉽긴 하지만 그렇게 크게 염려하지 않는 이유는 몇 분 뒤에 또 다른 버스가 올 것을 알고 있기 때문이다. 주식 시장도 마찬가지다. 지금은 아쉽지만 종목은 널려 있고 기회는 또다시 찾아온다. 주식 시장에서 '마지막'이란 없다.

IR 담당자와 이야기를 해보기도 전에 매수하는 것은, 소개팅을 나가기도 전에 상대방에 관한 이야기만 듣고 결혼 약속을 하는 것과 같다. IR 담당자와 한 번 이야기하고 매수를 결정하는 것은, 소개팅 자리에서 얼굴 한 번 보고 바로 결혼을 결정하는 것과 같다. 소개팅에 나가서 같이 식사도 하고 대화도 나눠보면서 천천히 관계를 맺어가는 것이 일반 상식이다. 관계가 깊어질수록 시간도 더 같이 보내고, 더 많은 것을 공유하고, 결혼까지도 생각하는 것이다. 그렇게 해서 결혼 결정을 해도 이혼하는 경우가 많다.

주식 투자도 마찬가지다. 시간 투자와 검증 기간 없는 투자는 굉장히 위험하다. IR 담당자를 알아가고 검증하는 과정을 거쳐야 실패 확률을 크게 줄일 수 있다.

06 시장은 이 기업을 어떻게 바라보고 있나?

장사를 잘하는 사람들은 소비자가 무엇을 원하는지 정확하게 파악한다. 소비자가 깨닫지 못하고 있는 욕구까지 파악해서 적절한 상품과 서비스를 제공해 매출을 올린다. 소비자가 외면하는 상품이나 서비스를 제공하면서 매출이 오르지 않는다고 탓해봐야 소용없다. 소비자가 상품을 몰라준다느니, 시장이 아직 준비가 안 됐다느니 하는 말은 그저 핑계일 뿐이다.

사업을 하는 사장이라면 자신이 원하는 것보다 시장이 원하고 필요로 하는 것을 공급할 수 있어야 한다. 시장에 내놓은 상품이 시장에서 어떻게 인식되고 있는지를 정확하게 파악하는 것이 성공과 실패를 가르는 본질이다.

주식도 마찬가지다. 기업마다 시장에서 원하는 무엇인가가 있다. 경영진이 문제라면 시장은 새로운 경영진을 원한다. 시장과 소통을 하지 않는 기업이라면 시장과 자주 소통하는 것을 원한다. 사양산업에 속한 기업이라면 성장 가능성이 높은 신사업 진출이 필요하다. 이것을 정확하게 파악해야 한다. 수십, 수백억의 자산가가 아니고서는 개인이 주가를 끌어 올리는 것은 불가능하다. 주가가 쭉쭉 오르려면 시장에서 기다리고 있는 부분이 해결되어야 한다. 투자자는 투자하고 있는 기업을 시장이 어떻게 바라보고 있는지 정확하게 파악해야 한다. 관련 사례를 들어보자.

엘앤에프는 주가가 지지부진하던 2020년 6월에 유상증자를 발표한다. 다음 차트에 유상증자 발표 시기를 표기했다.

[유상증자 발표 이후 엘앤에프 주가 흐름]

엘앤에프의 주가는 유상증자 발표 이후부터 거의 4배 넘는 상승을 보여줬다. 유상증자의 경우 주식 수가 희석되기 때문에 보통 악재로 받아들여져서 주가가 하락하기 마련이다. 그러나 엘앤에프는 달랐다. 그동안 시장은 엘앤에프가 양극재 생산 설비의 증설 속도가 경쟁사보다 느리다고 보고 있었다. 그런데 드디어 엘앤에프가 증설을 위해 유상증자로 자금을 모으겠다고 시장에 신호를 보냈다. 시장에서 원하던 증설을 엘앤에프가 해결해주니 유상증자가 악재로 작용하지 않은 것이다. 만약 아무 이유도 없이 갑자기 유상증자를 발표했다면 시장에서 '왜 갑자기 유상증자를 발표하지?'라는 생각을 할 것이고 주가는 하락했을 가능성이 높다.

이번에는 목재회사인 동화기업을 보자. 다음은 동화기업의 차트다. 2015년부터 2020년 코로나가 터졌던 3월까지 주가가 계속해서 하락하는 모습을 보였다.

[동화기업 주가 차트]

동화기업의 사업이 목재 관련이다 보니 건설 경기와 부동산 영향을 많이 받았다. 최근 몇 년 동안 부동산 가격은 올랐지만 공급이 예전만큼 되지 못하다 보니 동화기업과 같은 기업은 피해를 많이 봤다. 동화기업 IR 담당자도 "시장에서 우리 기업을 부동산과 연관해 보니 쉽지 않습니다"라는 말을 자주 했었다. 그러던 동화기업이 2019년 7월에 파낙스이텍을 인수한다고 발표했다. 파낙스이텍은 2차 전지에 들어가는 전해액을 만든다. 목재 사업를 하던 회사가 사업 다각화를 하기 시작한 것이다. 코로나가 터졌던 2020년 이후 가장 핫(Hot)했던 섹터가 전기차라고 여러 번 언급했다. 테슬라의 폭발적인 주가 상승이 나왔던 시점도 코로나가 터진 이후였다. 엘앤에프도 전기차 관련주로 엮이면서 큰 상승이 나올 수 있었다.

다시 동화기업의 주가를 보라. 코로나 이후 주가가 큰 폭으로 올랐다. 당시 2차 전지 관련 기업의 주가가 고공행진을 하던 시기였다. 만약 동화기업이 파낙스이텍을 인수하지 않고 계속 목재 사업에만 머물러 있었다면 코로나 이후 큰 폭의 상승이 나올 수 있었을까? 파낙스이텍 인수 전까지 시장은 동화기업을 '부동산 관련 기업'으로 바라보고 있었다. 이 시선을 바꾸려면 새로운 사업으로 발을 넓혀야 했다. 파낙스이텍 인수는 시장의 갈증을 해소해준 사건이었고 그 이후부터 시장은 동화기업의 주가를 밀어올렸다. 실적만 놓고 보면 파낙스이텍의 사업이 동화기업의 목재 사업보다 크지 않다. 그런데도 시장은 2차 전지에 높은 밸류에이션을 줬고 동화기업 주가가 폭발적으로 상승할 수 있었다.

엘앤에프의 문제점이 '느린 증설'이란 것을 파악하고 있었다면 유상증자 발표 당시 과감하게 투자했을 것이다. 동화기업의 문제점이 '부동산 기업'이라고 인식했다면 파낙스이텍을 인수했을 때부터 물량을 적극적으로 늘려갈 수 있었을 것이다.

투자자라면 반드시 투자하고 있는 기업의 문제점이 무엇인지, 시장이 원하는 것이 무엇인지를 파악해야 한다. IR 담당자와 대화할 때 이것은 굉장히 좋은 질문이 될 수 있다. 시장에서 어떻게 바라보고 있고, 무엇을 가장 원하고 있는지를 물어보면 IR 담당자가 친절하게 이야기해줄 것이다.

07

매수를 위한 핵심 조건 ① 더 나빠질 확률이 적은가?

필자는 투자를 결정할 때 반드시 고려하는 3가지 핵심 조건이 있다. 이 3가지 조건 중 하나라도 맞지 않으면 절대 매수하지 않는다. 투자에 있어서 여러 가지를 고려해야 하지만, 이 3가지 조건만큼은 반드시 다 맞아야 매수에 나선다.

첫 번째 조건부터 살펴보자. 첫 번째 조건은 '더 나빠질 확률이 적은가?'라는 질문에 있어서 'YES'라고 할 수 있어야 한다.

주식 투자는 돈을 벌어야 하는 게임일 수도 있지만 돈을 잃지 않아야 하는 게임일 수도 있다. 워런 버핏도 반드시 기억해야 할 규칙으로 'Never lose money', 즉 돈을 절대 잃지 말라고 강조했다. 얼핏 보면 당연한 이야기 같지만 사실 굉장한 의미가 담겨있는 조언이다. 왜 워런 버핏은 돈을 많이 벌라고 하지 않고 돈을 잃지 말라는 것을 강조했을까?

다음은 상신이디피의 주가 차트다. 필자는 2016~2017년에 걸쳐 상신이디피 주식을 매입했다. 분할 매수로 했고 목표 수량을 채웠을 때 평균 단가는 4,000원 정도였다.

[상신이디피 주가 차트]

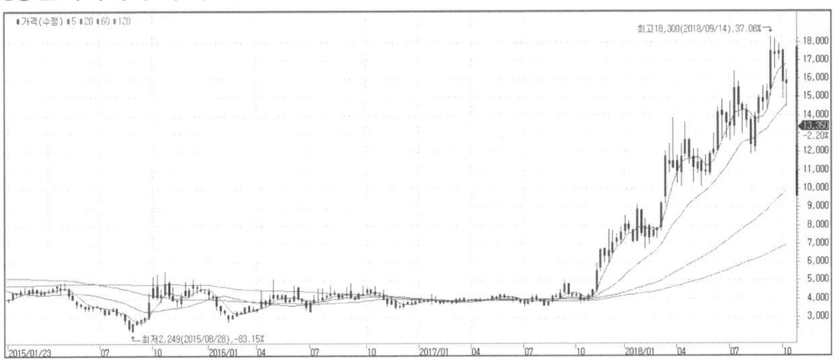

2017년 말부터 급격한 상승이 나오기 시작하더니 1년에 걸쳐 거의 4.5배가 넘는 큰 상승이 나왔다. 필자는 12,000원에 물량을 처분해 약 3배의 수익을 낼 수 있었다. 그 당시 시장에서 상신이디피에 관심을 가지는 투자자는 별로 없었다. 증권사 보고서도 찾아볼 수 없을 정도로 소외되어있던 기업이었다.

다음은 상신이디피의 매출액과 영업이익 추이다. 2011년까지 매출액과 영업이익이 상승하다가 주춤하기 시작한다. 2015년에는 적자까지 발생한다. 이후 2017년부터 매출액과 영업이익 모두 반등하기 시작하는 모습을 볼 수 있다.

[상신이디피 매출액과 영업이익 추이]

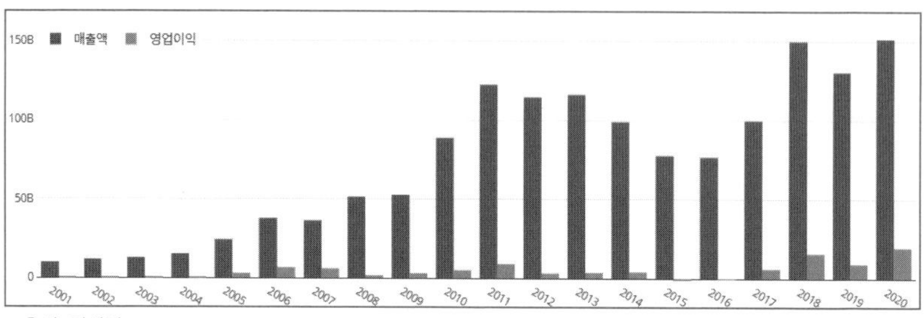

• 출처: 딥서치

상신이디피의 차트를 잘 살펴보면, 2015년 1월부터 2017년 말까지 거의 3년에 가까운 시간 동안 횡보하는 모습을 볼 수 있다. 덕분에 주가 변동 폭도 크지 않았고 필자는 마음 놓고 목표 수량을 채워갈 수 있었다. 주가가 급등이라도 했다면 물량을 채우지 못했을 것이다.

상신이디피가 언제부터 다시 반등할 것인가를 지켜보면서 천천히 매수했고 회사 IR 담당자와 지속적으로 연락하면서 분위기가 어떤지와 더 나빠질 것이 적은지를 업데이트받았다. 더 나빠질 것이 적다면 주가가 추가로 크게 하락할 일이 없다고 판단했다. 그 당시 주가 수준에서 더 크게 떨어지지 않을 것이라는 확신을 갖고 매입을 지속했다. 2017년에 들어서면서 IR 담당자가 "요즘 분위기가 조금씩 바뀌는 것 같습니다"라는 말을 했을 때부터 좀 더 공격적으로 물량을 채워 넣었고 주가가 반등하기를 기다렸다.

주가는 악재가 터지면 크게 하락하기 마련이다. 악재의 유형은 여러 가지가 있을 수 있다. 코로나처럼 예상하지 못한 일이 터질 수도 있고 기업 내부에서 문제가 터질 수도 있다. 실적 전망이 계속 암

울하면 주가는 힘을 쓰지 못한다. 주가는 미래를 반영하기 때문에 앞날이 어둡다면 주가도 지지부진하게 움직인다. 앞날이 어둡지 않거나 서서히 밝아질 것 같다 싶으면 주가도 반등할 것이다. 매출액이 지속적으로 하락해서 없어질 기업이 아니라면 실적이 좋아질 때가 있고, 나빠질 때가 있다. 더 나빠지지 않을 것이라는 확신이 들기 시작하면 주가는 하락을 멈추고 횡보하면서 좋아질 시점을 기다렸다 반등을 보인다.

그렇다면 왜 필자는 더 나빠질 확률이 적은지를 강조하는 걸까? '심리' 때문이다. 주가가 많이 내려간 상황에서 회사 상황이 더 나빠질 확률이 적으면 주가는 바닥을 쳤을 확률이 높다. 이 가격대에서는 크게 부담 없이 주식을 공격적으로 매수할 수 있다. 사람들은 주식을 사면 오를 것만 생각하지만 떨어지지 않는 것도 굉장히 중요하다. 주식은 최대한 낮은 가격에 매수해야 한다. 그래야 수익이 극대화되고 수익 내는 과정에서 심리적으로 흔들리지 않는다. 수익을 극대화하기 위해서는 주식을 많이 사서 크게 먹어야 한다. 그런데 내가 산 가격보다 주가가 많이 내려가면 매집을 하기가 쉽지 않다. 언제 바닥일지도 모르고 계좌의 마이너스가 계속해서 커지면 심리적으로 위축되기 때문이다.

주식을 살 때 가장 낮은 가격에 사는 것은 불가능하다. 팔 때도 가장 높은 가격에 파는 것은 불가능하다. 많은 사람이 가장 낮은 가격에 사서 가장 높은 가격에 팔려고 노력하지만 앞으로도 이걸 성공적으로 해내는 사람은 아무도 없을 것이다. 무릎에 사서 어깨에 팔라는 이야기가 괜히 나온 게 아니다. 그렇다면 성공적인 매수를 위해서 우리가 할 수 있는 것은 아무것도 없을까?

투자자가 할 수 있는 것이 있기는 하다. 그것은 최저점에 매수하는 것이 아니라 최저점에 가까운 바닥권에서 매수하는 것이다.

다음은 엘앤에프의 차트다. 필자가 엘앤에프를 매수하기 위해 기다리면서 내렸던 적정 매수 가격대는 20,000~25,000원대였다. 그러나 코로나가 터진 이후 엘앤에프의 주가는 13,000원대까지 하락했다. 코로나는 워낙 특수 케이스이다 보니 주가가 급락한 것이다. 필자가 생각했던 최저 가격인 20,000원보다도 훨씬 낮은 가격대까지 떨어졌다.

[엘앤에프 매수 가격대]

엘앤에프를 지켜보면서 20,000~25,000원대 정도면 바닥에 가까운 가격으로 생각해 매수했다. 차트를 다시 보면, 필자가 산 가격이 최저 바닥은 아니라는 것을 알 수 있다. 그러나 1년이 지난 시점에서 돌아보면, 그때가 최저가에 가까웠던 바닥권이라는 것은 부인할 수 없다. 다시 한번 강조하지만, 최저가에 매수하는 것은 불가능하다. 우리가 할 수 있는 최선은 최저가에 가까운 바닥권을 노리는 것이다. 이 바닥권을 찾기 위해 투자자가 해야 하는 질문은 '더 나빠질 확률이 적은가?'이다.

여기서 반드시 기억해야 할 것이 있다. '더 나빠질 확률이 적은가?'와 '바닥을 다지고 반등을 할 수 있을까?'에 대한 질문도 던져야 한다. 더 나빠지지만 않은 상황에서 제자리걸음만 하고 발전할 가능성이 전혀 없어 보이면 안 된다. 나빠지는 것이 멈춘 것과 좋아지는 것은 엄연히 다르다. 적자가 나던 회사가 적자 폭을 줄여서 매년 같은 금액의 적자를 내는 것은 좋은 신호가 아니다. 적자 폭이 줄다가 바닥을 다지고 흑자로 돌아야 한다.

필자의 매수 첫 번째 조건은 '더 나빠질 확률이 적은가?'에 대한 답을 내리는 것이다. 앞날을 100% 예측하는 것은 불가능하므로 '확률'이라고 표현했다. 앞으로 남은 악재가 많이 없고 서서히 좋아질 확률이 높아진다고 판단이 드는 상황에서 주가가 횡보하고 있다면 강력한 매수 적기일 가능성이 크다. 더 나빠질 가능성이 있다고 판단이 들면 매수하기에는 조금 이르다고 보고 더 기다리면 된다. 주가가 낮을 때 주식을 매입하는 습관을 들이면 실수를 해도 손실을 크게 보지 않을 수 있다는 장점도 있다.

08

매수를 위한 핵심 조건 ② IR 담당자의 성향이 나와 맞는가?

매수를 위한 두 번째 핵심 조건은 회사와 IR 담당자의 성향이 투자자와 맞는지를 확인하는 것이다.

앞에서 IR 담당자의 성향이 얼마나 중요한지 여러 번 강조했다. 필자는 회사와 IR 담당자의 성향이 매수를 위한 핵심 조건 중 하나라고 생각할 정도로 중요하게 여긴다. 실제로 회사와 IR 담당지의 성향이 필자와 맞지 않으면 아무리 좋은 회사라고 해도 절대 매수하지 않는다. 반드시 피해야 할 IR 담당자 유형을 소개하겠다.

#소통 자체가 어려운 IR 담당자

소통 자체가 잘 안 되는 IR 담당자가 있다. 필자는 이런 유형의 IR 담당자가 있는 기업은 반드시 피하라고 조언한다. 앞에서 말했던 F사가 이런 유형이다. 전화해도 받는 사람이 없다. 실적이 좋으면 왜 좋은지, 나쁘면 왜 나쁜지 알 방법이 없다. 도대체 이런 경우에는 누구와 소통할 수 있을까? 고작해야 인터넷을 뒤져보거나 증권사에서 보고서가 나왔는지를 확인하는 방법뿐이다.

연애할 때를 생각해보라. 연애는 남녀가 서로 좋아하는 사람을 만나면서 시작된다. 꿈에 그리던 이상형을 만났다. 누가 봐도 완벽한 사람이다. 그런데 만나기 힘들고 전화도 잘 연결되지 않는다면 어떨까? 좋은 사람 여부를 떠나서 연락 자체가 되지 않는 사람과 연애하고 만남을 이어갈 수 있을까? 같이 만나서 대화도 해보고 시간도 보내면서 서로 맞춰가는 시간을 충분히 가져야 한다.

주식 투자도 마찬가지다. 기업이 아무리 좋아 보인다 한들 피 같은 돈을 투자한 기업과 직접 소통할 수 없다면 아무 의미가 없다. 시장이 늘 좋고 주가가 쭉쭉 오르기만 한다면 큰 문제가 아닐 수도 있다. 그러나 때로는 주식이 크게 폭락할 때도 있다. 이럴 때 투자자는 상황을 정확히 파악하고 적절하게 대응할 수 있어야 한다. 필요하면 손실을 감수하고서라도 투자금을 회수해야 할 때도 있다. 주식 시장에는 예상치 못한 변수가 많다. 이런 곳에서 살아남기 위해서는 회사에 대한 내용을 정확하게 전달해주는 IR 담당자와 항상 연락할 수 있어야 한다.

#개인투자자보다 공부가 안된 IR 담당자

두 번째 피해야 할 유형은 공부가 제대로 되어있지 않은 IR

담당자다. 필자는 탐방을 가면 해당 기업에 관한 내용과 경쟁사에 관한 내용, 그리고 산업 전반적인 내용을 깊이 있게 물어본다.

엘앤에프 탐방을 갔을 때도 경쟁사 상황에 대해서 자세하게 물어봤다. 경쟁사와 산업 전반적인 내용을 업계에 종사하는 사람한테 듣고 배우기 위해서, 그리고 담당자의 수준을 파악하기 위함도 있다.

펀드에 가입하려는 투자자를 예로 들어보자. 펀드 상품을 권하는 사람에게 여러 가지 질문을 한다. 수익률은 어떤지, 타 상품과 차이가 무엇인지, 전망은 어떤지 등을 꼼꼼하게 물어본다. 담당자가 여러 상품을 비교해주면서 장단점을 설명하고 투자자의 성향에 맞는 상품을 적절하게 소개한다면 투자자는 신뢰하면서 가입할 것이다. 그런데 물어보는 질문마다 '잘 모른다'라는 느낌을 주는 답을 하면 어떨까? 다른 펀드는 무엇이 있는지도 모른다면 어떨까? 투자자의 성향 등은 생각하지도 않고 상품을 소개한다면 이 펀드에 가입하려는 투자자가 있을까?

IR 담당자의 경우에서도 마찬가지다. 대화를 해보면 회사의 현재 상황과 경쟁사와의 차이점, 산업 현황을 자세하게 알고 있는 IR 담당자가 있는가 하면, 잘 모르는 IR 담당자도 은근히 많다. 탐방을 가서 경쟁사에 대해 질문해보면 "그런 기업도 있었나요?", "그 기업의 상품이 저희와 정확하게 어떻게 다른지 잘 모르겠습니다"라는 답을 의외로 많이 들었다. 이런 경우는 마이너스다. 회사가 어떤 위치에 있는지 IR 담당자가 정확히 모른다면 제대로 된 정보를 제공해줄 수 있을까? 경쟁사들의 위치가 어디인지, 기술이 앞서 있다면 얼마나 앞서 있는지, 중국과 같은 나라에서 치고 올라오는 기업은 없는지 등을 자세하게 파악하고 있어야 한다. 그러나 안타깝게도 1~2년 정도 공부한 개인투자자보다도 정보력이 떨어지는 IR 담당자들이 있다. 이런 경우 투자자는 제대로 된 정보를 정확하게 전달받을 수 없다.

#불친절한 IR 담당자

1,000개가 넘는 기업을 탐방하면서 가장 어려웠던 기업이 어디냐고 물어보면 '불친절한 IR 담당자가 있는 기업'이라고 말한다.

통신장비를 만드는 모 기업에 탐방을 갔을 때 일이다. 담당자 2명이 필자를 미팅 장소로 데려갔다. 2대 1 미팅이었다. 미팅 시작 때부터 어려움이 감지됐다. IR 담당자는 귀찮아서 억지로 나와 앉아있는 느낌을 팍팍 주고 있었다. 모든 질문에 "예", "아니오"의 단답형으로 답을 하다보니 대화를 이어가기가 너무 어려웠다. 질문을 많이 준비해 갔지만 IR 담당자가 추가 설명 없이 "예"와 "아니오"로만 답변을 하다 보니 짧은 시간 안에 미팅이 끝나버렸다.

탐방 이후에 궁금한 점이 생길 때마다 전화를 해봤지만 IR 담당자의 불친절한 태도는 계속됐다. 가끔 이메일을 보내도 답은 오지 않았다. 미련 없이 투자 관심 목록 대상에서 지워버렸다.

필자는 이런 담당자를 '불친절한 IR 담당자' 유형이라고 부른다. 생각보다 많은 IR 담당자가 전화를 귀찮아하거나 답변을 제대로 해주지 않는다. 이런 유형은 전화 몇 번 해보면 금방 파악할 수 있다. IR 담당자의 말투나 답변을 하는 태도만 들어도 알 수 있다.

이런 IR 담당자가 있는 기업은 피해야 한다. 소통이 제대로 되지 않는 것보다는 조금 낫지만 크게 다르지 않다. 제대로 된 정보를 얻기가 어렵다. 기업이 너무 좋고 미래가 아주 밝다면 소통이 안 되는 부분은 감수하고서라도 투자를 고려할 수 있겠지만 그 정도가 아니라면 투자 대상에서 제외할 것을 추천한다. 데이트 상대방이 나와 같이 있을 때 즐거워 보이고 함께 하고 싶어하는 느낌을 받아야 즐겁지 않은가? 만날 때마다 귀찮게 생각하는 것 같고 시계만 쳐다보는 사람과 얼마나 오랜 기간 만날 수 있을까? 만나자고 하는 것 자체가 부담되어 버릴 것이다.

투자자는 자신이 주인인 회사에 마음 편하게 전화해서 필요한 정보를 얻을 수 있어야 한다. 그러나 인간인지라 상대방이 계속해서 불편한 분위기를 조성하면 전화하기가 어려워지고 오래 이야기하기도 힘들어진다. 열심히 대화를 유도하려고 해도 돌아오는 것이 "예" 혹은 "아니오"의 형식적인 답변뿐이라면…. IR 담당자는 자신이 일하고 있는 회사의 주인인 주주에게 친절하고 명확하게 회사의 현황을 설명할 의무가 있지만 이런 책임을 망각한 IR 담당자가 너무 많다. 필자가 지속적으로 언급하는 '회사와 직접 소통할 수 있어야 한다'라는 규칙이 지켜질 수 없는 경우다. 독보적인 기술력으로 주가 상승이 보장된 회사라면 그래도 고려해보겠지만 그 정도가 아니라면 굳이 투자를 고려할 필요성이 크게 느껴지지 않는다.

#정보를 흘리는 IR 담당자

마지막으로는 '정보를 흘리는 IR 담당자' 유형이다. 필자는 이 유형 때문에 피해를 보는 개인투자자가 제일 많다고 생각한다.

필자가 탐방을 다니기 시작한 초창기 때 일이다. 탐방을 갔는데 IR 담당자가 생각보다 너무 많은 이야기를 해주기 시작했다. 이런 정보를 이렇게 알려줘도 되나 싶을 정도의 내용이었다. 조만간 큰 건의 계약 공시가 나올 것이라는 이야기도 함께 알려줬다. 마치 비밀정보라도 얻은 느낌이었다. 지금이라도 당장 사지 않으면 큰 손해일 것만 같은 생각이 들었다. 여기에 더해 앞으로 나올 실적에 대한 내용도 미리 알려주는 게 아닌가?

탐방이 끝난 이후 바로 계좌를 열어서 주식을 사기 시작했다. 크게 관심이 있던 기업은 아니라 큰 금액을 투자하지는 않았다(지금 돌아보면 너무 다행이었다). 비밀정보를 입수해서 미리 매수까지 해뒀으니 이 얼마나 설레는 일인가? 이제 IR 담당자가 얘기해준 날짜에 맞춰서 공시가 나오기만을 기다리면 큰 수익을 낼 수 있었다.

실제로 기다리던 날짜가 되자 공시가 올라왔다. IR 담당자가 말해준 그대로였다. 계약금액도 예상했던 것만큼 컸다. 나(필자)만 알고 있었던 정보가 시장에 흘러나오기 시작하니 우쭐한 마음도 들었다. 이 정도면 최소 10% 이상은 오를 수 있겠다고 판단했다.

그런데 어쩐 일인지 공시가 나온 시점부터 주가는 힘을 쓰지 못하더니 오히려 하락하기 시작했다. 탐방을 다녀온 이후 매입할 당시에도 이미 주가가 어느 정도는 올라있었던 상황이라 점점 초조해졌다. 이렇게 좋은 공시가 나왔는데 왜 이 주식은 힘없이 빠지기만 하는 것일까? 그 당시에는 탐방 초창기라 이해할 수 없었던 실수를 저질렀던 것이다. 알고 보니 IR 담당자는 필자에게 해준 이야기를 탐방 오는 모든 사람에게 해줬었다. 해당 공시가 나올 것을 이미 시장에서 알고 있었고 정보를 미리 접한 사람들은 한발 앞서 주식을 매수해놓고 기다리고 있었다. 그러다가 해당 공시가 나오고 시장에서 잠시 관심을 받는 틈을 타서 모아뒀던 물량을 쏟아낸 것이다.

공시는 이미 시장에 알려져 있던 내용이었다. 필자가 탐방을 가서 얻었던 정보도 전혀 새롭지 않고 모두가 알고 있는 정보였다는 것이다. 그런 것도 모르고 혼자 비밀정보라도 입수한 것처럼 설레서 좀 더 생각하지도 않고 주식을 사들였다가 손실을 봤다.

비밀정보를 누군가에게 흘리는 사람은 이미 다른 사람에게도 흘렸을 가능성이 굉장히 높다. 이런 사람들의 특징은 "어디 가서 얘기하면 안 된다"로 이야기를 시작한다. 당연히 듣는 사람은 자신만 이 정보를 얻고 있다는 착각에 빠지게 된다. 그러나 실제로 만나는 모든 사람에게 그 이야기를 하고 있을 가능성이 높다.

회사의 현황과 사업 환경에 대해 자세하게 이야기하는 것과 비밀정보를 흘리는 것은 엄연히 다르다. 비밀정보는 IR 담당자가 흘리면 안 되고 이후에 법적으로 문제가 될 수도 있다. 이런 내용을 듣게 되면 좋아할 것이 아니라 '이 사람이 모든 사람에게 이러지 않을까?'라는 합리적인 의심을 해봐야 한다. 그런 사람이 흘려준 정보는 이미 시장에널리 퍼져서 모두가 알고 있을 가능성이 높기 때문이다.

*

이렇게 총 4가지 유형을 살펴봤다. 소통 자체가 어렵거나 공부가 잘 안된 IR 담당자, 불친절한 IR 담당자, 그리고 정보를 흘리는 IR 담당자를 만난다면 경계해야 한다.

반대로 생각해보면 어떤 IR 담당자에게 높은 점수를 줘야 하는지 금방 답이 나온다. 회사가 잘 나가는 시기나 어려운 시기와는 상관없이 투자자들과 소통이 원활한 IR 담당자가, 어떤 질문에도 답을 할 수 있고 미리 한 번쯤 생각해본 느낌을 주는 IR 담당자가 좋다. 회사의 현황과 경쟁사의 현재 위치까지 명확하게 파악해서 투자자에게 알려주면 더 좋다. 또한, 회사의 주인인 주주가 잘 이해할 수 있도록 친절하게 모르는 부분까지 섬세하게 설명해주고 발설하면 안 되는 정보는 절대로 발설하지 않고 선을 지킬 줄 아는 IR 담당자가 좋다.

관심을 둔 기업의 상황이 더 나빠질 가능성이 낮고 IR 담당자 성향도 괜찮다는 판단이 들었다면 투자할만한 기업에 점점 가까워지고 있다. 이제 1가지 조건만 더 충족하면 완벽하다. 마지막 조건도 살펴보자.

09 매수를 위한 핵심 조건 ③ 싼가?

필자가 투자를 결정하는 마지막 핵심 조건은 '싼가?'에 대한 판단이다. 사업의 핵심 경쟁력 중 하나는 원가다. 필자는 주식 투자에서도 '원가 경쟁력'이 있는 투자자가 이긴다고 확신한다. 주식 투자의 원가는 매수 단가를 의미한다. 주식 투자에서는 무조건 싸게 산 사람이 이긴다. 절대적인 수익에서도 차이가 나지만 심리적 차원에서도 마찬가지다. 우리나라 기업들이 잘하고 있는 메모리 반도체를 예로 들어보자.

다음 페이지의 그림은 2021년 5월에 나온 기사다. D램과 낸드플래시 등 메모리 반도체 가격이 4월보다 각각 26.67%, 8.57% 상승했다고 나온다. 메모리 반도체는 이렇게 수요와 공급에 따라서 가격이 결정된다. 당연히 삼성전자와 SK하이닉스의 실적에도 영향을 줄 수 있다. 가격이 오를 때는 크게 상관이 없지만 가격이 내려가기 시작하면 업체마다 상황이 달라진다. 특정 가격 이하로 내려가기 시작하면 일부 업

[메모리 반도체 가격 변동]

시장조사업체 트렌드포스가 31일 발표한 메모리반도체 고정거래가에 따르면 D램 PC용 범용 제품인 DDR4 8Gb(기가비트) 1Gx8 제품의 5월 고정거래가는 평균 3.80달러다. 이는 전달인 4월 가격과 동일한 수준이다. 낸드플래시 메모리카드 범용제품 128Gb 16Gx8의 고정거래가는 평균 4.56달러로 역시 전달과 변화가 없었다. D램과 낸드플래시 등 메모리반도체는 지난 4월 각각 26.67%, 8.57% 오르며 '슈퍼사이클(장기호황)'에 대한 기대를 키웠다. 5월 가격은 4월과 비교해 더 오르지도, 떨어지지도 않아 시장 수요가 흔들림 없었다는 분석이 나온다. 낸드의 경우 5월 일부 제품에서 가격이 소폭 상승하기도 했다.

• 출처: 〈매일경제신문〉

체들은 제품을 팔면서 손실을 보게 되지만 원가 관리를 잘 하는 기업들은 그 안에서도 이익을 낼 수 있는 구조를 만들어 이익을 유지한다. 정확한 수치는 생각나지 않지만 원가 측면에서는 삼성전자가 타 경쟁사들보다 조금 앞서있는 것으로 기억한다. 메모리 가격이 계속 떨어지거나 치킨 게임이 벌어진다면 가장 마지막까지 살아남을 확률이 높은 기업이 삼성전자인 셈이다(치킨 게임은 경쟁사들끼리 죽기 아니면 살기식으로 가격 인하 경쟁을 하는 것을 말하며 가격 경쟁력이 높은 기업이 살아남는다). 특정 가격 이하가 되면 타 기업은 손실이 쌓이기 시작하기 때문에 버틸 수가 없게 된다.

이렇게 원가 경쟁력이 있는 기업은 반도체 가격이 하락하면 살아남을 확률이 높아지고, 가격이 오르면 그만큼 더 많은 이익을 창출할 수 있어 미래를 위한 투자 재원 확보를 더 빨리할 수 있다는 장점이 있다. 물론 가격만 싸면 문제가 될 수 있다. 성능은 같거나 더 좋으면서도 가격이 싸야 그것이 큰 무기가 된다. 주식 투자도 마찬가지다. 같은 기업에 투자해도 가장 싸게 산 사람이 마음이 편한 법이다. 삼성전자 차트를 예를 들어보자.

다음은 삼성전자 차트다. 2곳에 표기를 해뒀다. 코로나 이후에 삼성전자를 산 사람과 2021년 초반에 산 사람이 있다고 가정해보자.

[삼성전자 차트]

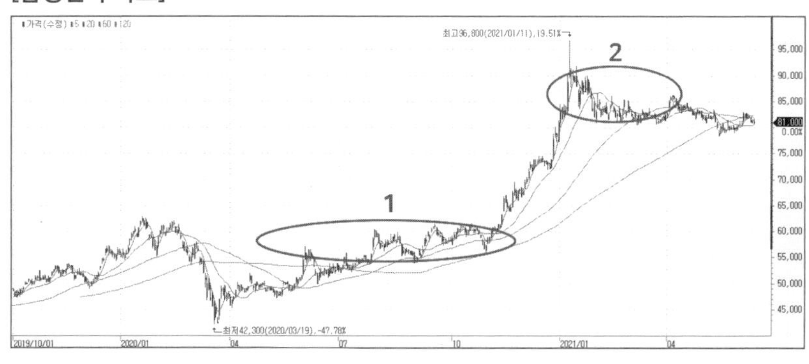

김씨는 코로나 이후 1이라고 표기한 곳에서 50,000원대에 삼성전자를 매입했다. 이씨는 주식 투자 열풍으로 코스피가 2021년에 역사적 신고가를 경신할 당시(2라고 표기한 곳) 80,000원대에 매입했다. 김씨와 이씨는 대한민국 대표기업인 삼성전자를 보유하고 있지만 심리 상태는 다를 수밖에 없다.

2021년 1월 이후 주식 시장에는 지지부진한 흐름이 계속 이어졌다. 미국에서 금리 인상을 할 수 있다는 우려 섞인 이야기가 나오고 가상화폐 광풍에 휩쓸려 주식 시장을 떠나는 사람이 많아졌다. 2021년 1월에는 삼성전자가 10만 원을 갈 것이라고 떠들던 애널리스트들은 어느 순간 잠잠해졌다.

김씨는 마음에 여유가 있다. 주가가 많이 오른 상태라 조금 떨어져도 심리적으로 압박이 덜하다. 그러나 이씨는 다르다. 이미 계좌는 마이너스인 상황인데 주가가 좀 더 떨어지면 손실이 더 커질 것이 눈에 보이기 때문이다. 이런 경우 주가가 오랜 기간 횡보하다 오르기 시작하면 본전 생각으로 빨리 매도할 확률이 높다. 다른 곳에 투자했더라면 하는 아쉬움도 남다 보니 본전을 되찾은 것만으로도 다행이라는 생각으로 주식을 정리할 가능성이 높다.

도대체 '싼 가격'은 어떻게 정하는 걸까? 주식 시장에서는 모든 기업에 똑같이 적용할 수 있는 마법 공식 같은 것은 존재하지 않는다. 기업마다 평가 방식이 달라서 싼지, 비싼지에 대한 기준도 다르게 적용해야 한다. 가장 합리적인 가치 평가 방법은 경쟁사와 비교하는 것이다. 엘앤에프를 다시 예로 들어보겠다.

엘앤에프와 경쟁사 D사의 시가총액 차이를 한 번 살펴보자. 2019년에는 1.2배 정도였다가 2020년에 6.58배로 벌어졌다. 2021년의 경우(집필 기준) 2배 정도로 다시 좁혀졌다. 엘앤에프 주가가 워낙 빠지다 보니 2020년에 6배 이상 차이가 났다가 코로나 이후 급격하게 반등하면서 다시 갭(Gap)이 줄어든 것이다. 그러면 이 두 기업의 실적도 같이 들여다보자.

[엘앤에프와 경쟁사 D사의 시가총액 차이]

	엘앤에프	경쟁사 D사	시가총액 차이
2019년	9,011억 원	1.09조 원	1.2배
2020년	5,434억 원	3.58조 원	6.58배
2021년	2.01조 원	4.15조 원	2.06배

[엘앤에프와 경쟁사 D사의 매출액 차이]

	엘앤에프	경쟁사 D사	매출액 차이
2019년	5,056억 원	6,160억 원	1.2배
2020년	3,132억 원	8,547억 원	2.72배
2021년	3,561억 원	1.31조 원	3.68배
2022년(예상)	9,327억 원	2.00조 원	2.14배

2019년 매출액은 경쟁사 D사가 엘앤에프보다 1.2배 정도 높았다. 2020년은 2.72배, 2021년은 3.68배이며 2022년에는 2.14배로 다시 갭이 줄어든다고 예상된다.

매출액만 봐도 엘앤에프는 2020년과 2021년에 힘든 시기를 보냈고 경쟁사 D사는 실적이 계속해서 우상향하는 모습이 나왔다. 이 정도가 되면 왜 엘앤에프의 주가가 경쟁사 D사보다 지지부진했는지 이해가 갈 것이다. 물론 경쟁사 D사와 엘앤에프가 만드는 제품이 조금씩 다르므로 1대 1로 직접 비교한다는 것에는 무리가 있다. 즉, 두 기업이 동일한 실적을 낸다고 해서 두 기업의 시가총액이 반드시 똑같을 것이라고 기대하기에는 무리가 있다는 의미다.

그러면 필자는 어떤 근거로 엘앤에프가 싸다고 판단했을까? 엘앤에프는 증설에 있어서 좀 더디기도 했었고 중간에 화재가 발생하는 사건이 일어나면서 큰 어려움을 겪었다. 이 시기를 거치면서 2019년 이후 실적이 하락한 것이다. 그렇다고 해서 엘앤에프의 경쟁력이 사라진 것은 아니었다. 잠시 멈췄을 뿐이다. 다시 달리기 시작하면 될 문제였다. 기술력은 충분히 있다고 판단했기 때문에 가능한 판단이었다. 만약 엘앤에프가 증설이 늦어지면서 시장이 요구하는 기술력을 갖추지 못했다면 매수하지 않았을 것이다. 그러나 엘앤에프의 기술력은 충분했고 다시 달려나가기 시작하면 경쟁사와의 갭을 줄여낼 수 있겠다고 판단했다.

2019년 경쟁사 D사의 시가총액과 매출액은 엘앤에프 대비 1.2배 정도가 높았다. 그러나 이 갭이 2020년에 들어서면서 매출액은 2.72배로 벌어졌는데 시가총액은 6.58배로 벌어졌다. 엘앤에프가 경쟁사 대비 이렇게까지 저평가될 이유는 전혀 없었다. 필자는 두 기업의 시가총액이 3배 이상 벌어질 이유가 전혀 없다고 판단했다. 3배 이상 벌어지면 그때부터는 엘앤에프가 굉장히 저평가에 들어간다고 판단했다.

엘앤에프에 투자할 때 필자가 활용한 방식은 여러 옵션 중 하나일 뿐이다. 다양한 방법으로 회사의 저평가 여부를 판단할 수 있다. 투자자는 반드시 본인이 투자하려는 기업이 쌀 때 사야 한다. 그래야 수익도 크게 나고 주가가 흔들려도 심리적으로 버텨낼 수가 있다. 그리고 싸게 사야 투자를 강하게 할 수 있다. 변동성이 심한 기업에 큰 금액을 투자하기란 쉬운 게 아니다.

*

이제 정리해보자. 필자는 매수하기 위해서 3가지를 확인한다고 했다. 더 나빠질 확률이 적은지를 확인해야 하고(동시에 좋아질 가능성이 높은지도 확인해야 한다), IR 담당자 성향이 맞는지를 확인해야 하며, 반드시 싼 가격인지를 확인해야 한다.

엘앤에프는 투자할 당시에 3가지 조건이 모두 맞아 떨어졌다. 더 나빠질 확률이 크게 높지 않아 보였다. 실적이 하락하고 있었지만 중·장기적으로 반등한다는 확신이 있었고 해봐야 1~2년 정도 실적이 더 빠진다고 판단했다. 그리고 그 하락 폭이 크지 않을 것이라고 봤다.

탐방을 다녀오고 IR 담당자와 수없이 통화했다. IR 담당자는 늘 친절했고 필요한 정보를 전달해줬다. 경쟁사의 상황까지 명확하게 파악하고 있었다. 여기에 필자가 계산해보니 엘앤에프의 주가는 비정상적으로 낮은 가격에 거래되고 있었다. 경쟁사 D사와 갭이 너무 벌어져 있다는 확신이 들었다. 더 이상 망설일 필요가 없었다.

이 3가지 조건 중 하나라도 충족이 되지 않았다면 필자는 엘앤에프를 매수하지 않았을 것이다. 더 나빠질 확률이 높아 보였다면 기다렸을 것이다. IR 담당자와 성향이 맞지 않았다면 투자하지 않았을 것이다. 싸지 않았다면 싼 가격대가 오기를 기다렸을 것이다.

필자는 지금도 여전히 이 3가지 조건을 가장 중요하게 보면서 투자를 결정한다. 이 3가지 조건에 모두 맞는 기업을 찾기 위해 100곳이 넘는 기업을 파보기도 한다. 그렇게 해서 1년에 걸리는 기업이 1곳 정도고 많으면 2곳이다. 주식 시장에서 사기만 하면 대박이 날 것 같지만 대박을 내줄 종목은 생각보다 그렇게 많이 나오지 않는다. 그런 종목을 찾기 위해서는 노력이 많이 필요하다. 주식 시장에 너무 큰 환상과 기대를 가지지 말고 인내심을 가져야 한다. 이런 종목을 1년에 1곳씩만 찾아도 경제적 자유는 생각보다 금방 찾아온다.

4장

매도하는 순간까지 해야 할 것

이번 장에서는 매수 이후부터 매도하는 순간까지의 과정을 담았다. 매수는 시작일 뿐이다. 매수보다 매도가 더 힘들다.

투자자가 특정 기업을 매수한 이후부터 매도하는 순간까지 무엇을 해야 할까? 필자가 투자를 결정하고 매수한 순간부터 매도할 때까지 무엇을 하는지 낱낱이 공개하겠다.

01 매도하는 순간까지는 끊임없는 추적의 연속이다

3장에는 좋은 기업을 찾아서 매수하는 과정까지를 담았다. 이번 4장에서는 매수 이후부터 매도까지 투자자가 무엇을 해야 하는지 자세하게 설명해보려고 한다. 단순히 목표가를 정해놓고 해당 가격에 매도하는 것을 말하는 게 아니다. 보유하고 있는 기간 동안 투자자가 무엇을 해야 하는지 정리할 것이다.

가수이자 방송인인 김종국 씨는 근육질 몸매로 유명하다. 본업은 가수지만 오히려 운동 관련 콘텐츠에 더 자주 등장할 정도로 뛰어난 몸을 가지고 있다. 전문적으로 운동하는 선수들도 김종국의 몸은 대단하다고 입을 모은다. 그는 "운동은 끝나고 먹는 것까지가 운동이다"라는 유명한 말을 남겼다. 땀 흘려 열심히 운동한 후에 영양소를 고르게 챙겨서 잘 먹어야 운동이 마무리된다는 말이다.

주식도 마찬가지다. 기업을 열심히 찾아서 좋은 가격에 매수한다고 끝이 아니다. 매도까지 잘 해야 '한 기업에 대한 투자가 끝났다'라고 할 수 있다. 주식을 매수하기 전까지도 힘들지만 매수한 이후부터 매도하는 순간까지도 쉽지 않은 시간이 기다리고 있다. 오히려 매수한 순간부터가 진짜 힘든 시기다. 매수하기 전이라면 잃을 것이 없다. 그러나 매수를 했다면 이제부터 매일매일 오르고 내리는 주가를 바라보면서 필요할 때는 적절하게 대응도 해야 한다. 매수하는 순간까지가 '좋은 기업을 찾아가는 과정'이었다면 매수 후부터 매도의 순간까지는 '추적의 과정'이다. 지금부터 투자자가 매수 후 무엇을 추적해야 하는지 알아보자.

#산업 흐름

모든 기업은 특정 산업에 속해 있다. 삼성전자나 SK하이닉스는 반도체 산업에 속해 있고, 현대차와 기아차는 자동차 산업에 속해 있다.

자신이 투자한 기업의 산업 흐름은 매일 추적해야 한다. 반도체 기업이라면 반도체 가격이 어떻게 움직이는지 정확하게 알고 있어야 한다. 자동차를 만드는 기업이라면 자동차가 전 세계적으로 잘 팔리고 있는지, 시장 환경은 어떤지 등을 면밀히 분석해야 한다.

우리나라는 매월 10일 단위로 수출입 실적을 발표한다. 품목별로 볼 수 있을 정도로 자료가 다양하다. 현대차나 기아차에 투자하고 있는 투자자가 우리나라 자동차 수출액이 얼마인지도 모른다면 그것이 말이 되는가? 상대방이 누군지도 모르고 결혼하는 것과 마찬가지다. 안타깝게도 필자 주변에는 이런 기본적인 수치도 모르고 주식 투자를 하는 사람이 너무 많다.

필자는 코로나가 터졌을 때 국내 여행사들을 관심 있게 지켜보고 탐방도 다녀왔다. 하나투어, 모두투어, 노랑풍선과 같은 기업이 있다. 코로나로 여행객이 급감하면서 관련 기업들 실적은 폭락했지만 필자는 이것이 단기적인 문제에 불과하다고 판단했다. (이미 당시에도) 백신 개발이 한창 진행되고 있었고 각국에서도 코로나를 극복하기 위해 다양한 노력을 쏟아부었다. 코로나를 극복하지 못하고 전 세계가 교류 없이 살아가면서 아무도 여행을 하지 않는 그런 일이 일어날 가능성은 거의 없어 보였다. 시간의 문제일 뿐 코로나는 서서히 해결되면서 여행을 가려는 사람은 다시 많아질 것으로 예상했다.

이 과정에서 필자는 우리나라는 물론 전 세계적으로 여행객 수요가 얼마나 늘어나는지를 끊임없이 추적했다. 바닥을 찍었던 여행객 숫자가 더 줄지 않고 바닥을 다지는 모습이 감지됐다. 매월 조금씩이라도 여행객 숫자가 올라오는 모습이 보였다. 필자는 여행업에 투자를 고민하면서 매일 여행객 수요가 어떻게 되는지를 추적했다.

이처럼 투자자가 마음만 먹는다면 투자한 기업과 관련한 통계 자료는 쉽게 찾아볼 수 있다.

#경쟁사의 움직임 (기술 개발, 신규 경쟁사)

모든 기업이 특정 산업에 속해 있듯, 모든 기업은 국내든 해외든 경쟁사가 있기 마련이다. 경쟁사가 하나도 없는 기업은 거의 없다. 투자자는 반드시 자신이 투자한 기업의 경쟁사는 어떻게 움직이는지를 면밀히 추적해야 한다. 신기술이 개발된 것은 없는지, 새로운 경쟁사가 등장하지 않았는지, 자신이 투자한 기업의 경쟁력이 계속 유지될 수 있는지 등을 지속적으로 파악해야 한다.

우리나라가 잘하는 메모리 반도체 D램을 예로 들어보자. 우리나라의 삼성전자와 SK하이닉스, 그리고 미국의 마이크론까지 3개 업체가 전 세계 D램 시장을 장악하고 있다. 그러나 과거에는 이렇지 않았다. 1990년대 중반까지만 해도 무려 20곳이 넘는 D램 업체가 있었다. 당연히 삼성전자도 지금처럼 막강한 위치에 있지 않았던 시절이다. 그 이후 몇 번의 치킨 게임이 벌어지면서 D램 산업이 재편됐다(앞에서도 설명했는데 치킨 게임은 어느 한쪽이 포기를 해야만 다른 쪽이 이득을 보는 게임 이론이다. 양쪽이 포기하지 않으면 둘 다 파국으로 치닫게 된다. 반도체 산업의 경우 경쟁 기업을 파산시키기 위해 반도체 가격을 하락시켜 손실을 보면서도 판매하는 식으로 치킨 게임을 했다. 자금이 풍부한 기업은 버틸 수 있지만 자금이 부족한 기업이라면 이런 치킨 게임에서 버티지 못하고 망하게 된다). 이런 고난의 과정을 거치면서 살아남은 기업들이 현재 D램 시장을 장악하게 된 것이다.

지금이 1990년대 중반이고, D램 업체들 중 1곳에 투자하고 있다고 가정해보자. 갑자기 경쟁사 중 1곳이 치킨 게임을 시작했다. 치킨 게임을 걸어오기 시작한 상황이라면 모든 D램 기업은 이에 대응해야 한다. 낮은 가격에 D램을 공급하기 시작한 곳이 있으니 고객사들은 높은 가격에 D램을 판매하는 기업과 거래하지 않을 것이다. 고객사들이 떠나지 않게 하려면 치킨 게임을 시작한 곳과 비슷한 수준에서 D램을 공급해야 한다.

투자자는 이때 무엇을 해야 하는가? 자신이 투자한 D램 업체가 앞으로 치킨 게임에서 살아남을 수 있을지를 분석해야 한다. 원가 구조가 다른 기업들과 어떻게 다른지 파악해서 경쟁력이 있는지를 알아내야 한다. 치킨 게임이 일어나면 누군가는 죽게 된다. 자신이 투자하고 있는 기업이 죽을 수도 있는 상황이다. 경쟁사들을 추적하면서 자신이 투자하고 있는 기업이 살아남을 수 있을지를 모니터링해야 한다. 그런데 보통의 투자자들은 경쟁사들이 무엇을 하고 있는지 크게 관심을 가지지 않는다. 많은 투자자는 자신이 투자하고 있는 기업도 매일같이 추적하지 못하는 것이 현실이다. 주식 시장은 냉정한 곳이다. 내가 투자한 기업의 경쟁력이 떨어지고 있는지 아무도 알려주지 않는다.

#거래 기업들의 움직임

투자자들은 독점을 좋아한다. 독점적 지위를 유지하는 기업은 그만큼 경쟁력이 있다는 의미고 많은 투자자가 몰려들 것이다. 당연히 이런 기업은 시장에서 높은 가치로 평가받는다.

반대로 독점을 싫어하는 집단이 있다. 바로 기업이다. 기업은 수많은 다른 기업과 거래한다. 삼성전자는 스마트폰을 만들기 위해 많은 부품을 여러 기업을 통해서 공급받는다. 국내는 물론 해외 기업까지 정말 많다. 이렇게 기업은 다양한 기업과 거래하는데 보통 독점적 거래를 좋아하지 않는다. 납품하는 기업은 독점적으로 하고 싶어하겠지만 납품받는 기업은 독점적 지위를 주고 싶어하지 않는다. 가격 경쟁력이나 협상에 있어서 우위를 점하고 싶은 것은 비즈니스 세계에서 당연한 이치다.

삼성전자의 경우 예전보다 중국 기업의 부품을 채택하는 비중이 많이 늘어났다. 중국 기업도 기술력이 예전보다 많이 좋아졌고 아직은 생산 원가가 우리나라 기업보다 좀 더 낮다. 같은 기술력이라면 당연히 낮은 가격에 공급할 수 있는 기업이 선택을 받는다. 삼성전자에 동일한 부품을 더 높은 가격에 납품하던 기업이 있었다면 이제 경쟁력을 잃게 되는 것이다. 중국 기업과 같은 가격에 부품을 만들거나 더 뛰어난 기술력을 가진 부품을 생산해내야 경쟁력이 유지될 수 있다.

자신이 투자하고 있는 기업의 고객사들이 어떤 방향으로 움직이고 있는지 파악하기는 쉽지 않다. 부품 공급업체를 바꾸겠다는 이야기는 결정이 나기까지 언론에서 찾아보기가 힘들기 때문에 투자자가 이 부분은 직접 발로 뛰면서 파악해야 한다. 독점적 지위를 누리면서 대형 기업에 납품하는 방식의 비즈니스 모델을 가진 기업이라면 고객사가 언제라도 공급업체를 추가해서 경쟁을 유발할 수 있다. 이런 일은 발생하기 전에 파악해서 대응할 수 있어야 한다.

#법, 규제, 산업 정책

마지막으로 투자자는 자신이 투자하고 있는 기업에 영향을 줄 만한 법, 규제 혹은 산업 정책이 있는지 추적해야 한다. 새로운 법이나 규제가 생기면서 타격을 받는 기업이 있을 수 있고, 반대로 혜택을 받는 기업이 있을 수 있다.

가장 좋은 예로는 전기차 육성 정책이 있다. 지금은 전기차가 대세가 되어가고 있고 시장에서도 전기차 관련주로 고공행진을 한 기업이 널려 있지만 몇 년 전만 해도 이렇지 않았다. 심지어 몇 년 전까지만 해도 필자 주변에는 "전기차가 되겠어?"라고 반문하는 큰손 투자자도 있었다. 그러나 전기차가 대세가 될 것이라는 신호는 여기저기서 쉽게 찾아볼 수 있었다. 특히 각국 정부들이 앞으로 15~30년 안에 내연기관 차량 판매를 금지할 것이라고 한다. 이에 발맞춰 자동차 제조사들도 앞으로 신차를 전기차 위주로 내놓겠다는 계획을 밝히고 있다.

각국 정부가 앞장서서 법으로 내연기관 차량을 판매하지 못하게 하겠다는 것은 전기차 관련 기업에 투자하고 있는 투자자에게는 굉장한 호재다. 단순히 전기차를 잘 만들어서 고객이 선택해야 하는 상황보다는 법적으로 아예 전기차를 사야 하는 환경을 만들어준다니 이 얼마나 좋은 일인가? 1~2개 국가도 아니고 전 세계적으로 한 방향을 바라보고 움직이겠다고 하니 이는 거스를 수 없는 대세이고 큰 투자 경험이나 실력이 없어도 파악할 수 있는 부분이다.

그러면 반대의 경우도 함께 보자. 전기차로 흐름이 바꾸고 내연기관 차량 판매가 줄어들 것이 확실해지는 상황에서 피해를 보는 기업도 있다. 동양피스톤은 엔진에 들어가는 피스톤을 만드는데 글로벌 4위 정도 위치에 있는 실력 있는 기업이다. 그러나 피스톤은 전기차에는 필요가 없는 부품이다. 앞으로 내연기관차가 없어지면 피스톤이 필요가 없어진다는 말이 된다.

동양피스톤에 투자하고 있는 투자자라면 무엇을 해야 할까? 내연기관차 시장에서는 장사를 잘해왔지만 앞으로 전기차가 많아질 것이 뻔한 상황에서 어떻게 대응하고 어떤 비전을 가지고 있는지 확인하면서 향후 살아남을 수 있도록 방향 전환을 하는지 추적해야 한다(실제로 동양피스톤은 친환경 차량 부품 사업을 추가해 매출을 꾸준히 늘려가고 있다. 내연기관 차량 판매가 줄어든다 해도 앞으로 대세가 될 친환경 차량에서도 매출을 올리기 위해 계속 변신하고 있다).

투자자들은 하루하루 일어나는 변화를 추적해가면서 투자하고 있는 종목을 성공적으로 매도하고 수익을 확보해야 한다. 증권사 보고서, 뉴스, 산업보고서, 개인들이 작성한 블로그, 유튜브 등을 참고할 수 있다. 또한, 새로운 공시가 올라온 것은 없는지도 꾸준히 확인해야 한다. 특정 산업 전문 미디어들도 참고해볼 만하다. 특정 산업 전문 미디어란, 반도체나 조선, 해운처럼 특정 섹터와 관련된 이슈만을 다루는 미디어를 말한다. SNE리서치(www.sneresearch.com)에는 2차 전지, 태양광, 전기차 관련 이슈가 많이 올라온다. 청년의사(www.docdocdoc.co.kr), 약업닷컴(www.yakup.com), 의학신문(www.bosa.co.kr)과 같은 매체에는 이름에서도 알 수 있듯이 제약이나 바이오 관련 소식들이 주로 올라온다. 일반 매체에서 잘 다루지 않는 내용까지 찾아볼 수 있다는 장점이 있다. 이런 사이트들은 해외에도 많이 있다. TechCrunch(techcrunch.com)에는 각종 스타트업과 테크 관련 기업들 소식이 올라온다. EV-Volumes(www.ev-volumes.com)에는 전기차 관련 소식이 풍부하다. Semiconductor Today(www.semiconductor-today.com), Digitimes(www.digitimes.com.tw)에서는 반도체 관련 소식들을 자주 접할 수 있다. MacRumors(www.macrumors.com)는 애플과 관련된 뉴스와 소문들만을 모아둔 재미난 사이트다.

이렇게 국내외에 특정 산업만을 다루는, 혹은 특정 기업만을 다루는 매체가 많이 있다. 자신이 투자하고 있는 기업과 관련이 있는 매체라면 즐겨찾기에 넣어두고 매일 업데이트되는 내용이 있는지 확인하면 도움이 된다.

투자자가 매일 이런 일을 해야 하는 이유는 무엇일까? 투자는 100% 정해진 미래를 바라보고 하는 것이 아니기 때문이다. 은행에 돈을 맡겨놓고 매일매일 확인하는 사람은 없다. 정해진 날이 되면 약속된 이자 지급이 100% 확실하기 때문이다. 그러나 주식은 다르다. 하루아침에 경쟁사가 기술 개발에 앞서 나갈 수도 있고 고객사에 불이 나서 매출에 타격을 줄 수도 있다. 새로운 정책이 생기면서 앞날이 불투명해질 수도 있고 밝아질 수도 있다.

매도하는 순간까지 모든 것이 변할 수도 있다고 생각하고 대응해야 한다. 자신이 어떤 기업의 목표가로 10,000원을 보고 투자했어도 급변하는 상황 속에서 목표가를 낮춰야 할 수도 있고 높여야 할 수도 있다. 이런 상황에 적절히 대응하면서 손실 가능성을 줄이고 이익을 극대화하기 위해 투자자는 매일 시간을 투자해야 한다.

7,000만 원으로 시작해 수백억 자산가가 된 슈퍼개미 김정환 대표는 투자 철학을 공유할 때 늘 '추적해야 한다'라는 표현을 자주 쓴다. 이것이 정확한 표현이다.

기업은 매일매일 살아 움직이는 생물체와도 같아서 어제와 오늘이 다르고 오늘과 내일이 다르다. 기업이 가만히 있어도 산업이 가만히 있지 않고 경쟁사들이 가만히 있지 않는다. 그래서 어느 한 시점에서의 기업만을 분석하는 것은 충분하지 않다. 매도하는 순간까지는 실시간으로 기업의 현 상황을 분석할 수 있어야 하고 그러기 위해서는 끊임없이 모니터링하고 추적해야 한다.

투자를 결정할 시점에서는 매력적인 기업일 수 있으나 원했던 목표가에 도달하기 전에 상황이 변해서 더 이상 매력적이지 않은 기업이 될 수도 있다. 이 경우 투자자는 냉정하게 정리를 해야 한다. 반대로 목표가에 도달하기 전에 더 매력적인 기업이 될 수도 있다. 이럴 경우에는 추가 투자를 고려할 수도 있다.

02 쓸데없는 곳에 시간 낭비하지 마라

우리는 저금리 시대에 살고 있다. 과거 부모세대는 돈을 은행에만 맡겨놔도 이자로 살 수 있었다고 말하곤 했다. 요즘에는 은행에 맡겨봤자 이자를 쥐꼬리만큼 준다. 자연스럽게 사람들은 주식 시장처럼 좀 더 높은 수익을 기대할 수 있는 곳으로 자금을 옮기고 있다.

가끔 특정 은행에서 3~5% 정도의 이자를 지급하는 예금 상품을 내놨는데 금방 완판됐다는 이야기를 듣는다. 보통 1~2% 정도 이자를 지급하다가 3~5%를 지급한다고 하니 당연히 귀가 솔깃할 수밖에 없다.

여기서 신기한 현상 하나를 목격할 수 있다. 3~5% 정도만 돼도 사람들은 줄을 서서 기다린다. 그런데 주식 시장으로만 넘어오면 10~20% 수익은 대수롭지 않게 여기는 사람이 많다. 최소 2배에서 3배는 벌어야 하는 것 아니냐는 말을 하는 사람도 적지 않다. 그러다 보니 사람들은 자연스럽게 급격하게 오를 것 같은 종목에 관심을 가질 수밖에 없다.

다음은 코로나 사태 이후 최대 수혜주 중 하나로 주목받은 종목의 주가 차트다. 주가 흐름을 보면 2020년 1월 15,000원대에서 8월에 16만 원대까지 올랐다. 무려 10배가 넘는 상승이 나온 것이다. 그것도 7개월이라는 시간 동안 10배가 나왔으니 연 수익으로 환산하면 훨씬 높은 수익률이 나온다.

[코로나 사태 최대 수혜주 기업의 주가 차트]

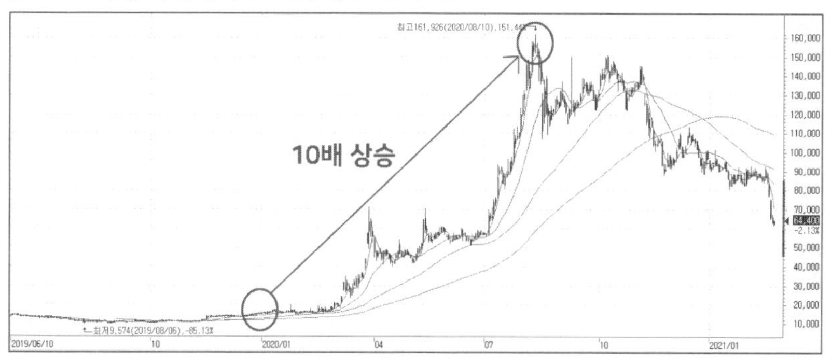

코로나 사태 이후 처음 주식 투자를 한 사람들은 굉장히 시장 흐름이 좋을 때 시작한 것이라서 늘 좋은 흐름만 나온다고 착각할 수 있다. 코로나 사태 이후 국가별로 막대한 돈을 풀었다. 그렇게 푼 돈 중에서 많은 돈이 주식 시장으로 흘러들어왔고 자연스럽게 주식 시장이 뜨거워지자 새로 들어온 사람들의 자금까지 맞물리면서 올린 영향이 크다. 2020년에 나온 흐름은 자주 나타나는 흐름이 아니라는 말이다. 주식 시장이 2020년과 같을 것이라고 착각하면 앞으로 주식 투자가 굉장히 힘들어질 수 있다.

필자가 이런 이야기를 꺼낸 이유가 있다. 주식 시장에 대한 잘못된 인식 때문에 시간 낭비를 하는 사람이 너무 많기 때문이다. 하루 이틀만 들고 있어도 주가가 급등하지 않으면 급등주를 찾아 나서는 사람들이 있다. 매일 뉴스를 찾아보고, 차트를 분석하면서 바로 급등할 종목을 찾아 나서고 손절가를 정한다. 주식 투자를 하면서 기업이 무엇을 하든 전혀 상관이 없다고 하는 사람도 있을 정도다.

이들의 논리는 간단하다. 차트를 보고 거래량을 분석하면 오를 종목을 찾을 수 있다는 것이다. 주식에서 가장 중요한 것은 수급이고 세력이라는 논리다. 필자 역시 한때 이런 유형의 공부를 굉장히 열심히 했었다. 차트 분석을 해가면서 온갖 보조지표들을 공부했다. 지금도 서점에 가면 차트 분석 관련 책을 쉽게 찾을 수 있다. 필자가 처음 주식을 시작한 때나 지금이나 똑같다. 저자가 바뀌었고 표현이 조금씩 바뀌었지만 본질은 똑같다.

유명 경제 TV를 보면 매일 종목을 추천해주는 코너가 있다. 어떤 프로그램에서는 오전장 공략주와 오후장 공략주까지 알려준다. 해당 종목을 추천해주는 사람은 도대체 저 많은 종목을 공부할 시간이 있기는 한지 궁금하다. 이런 프로그램을 보면서 실제로 매매를 하는 사람이 많다는 것이 더 놀랍기는 하다. '오늘은 성공했습니다', '오늘은 실패네요'라는 댓글을 쉽게 찾아볼 수 있다.

주식 시장은 빨리 돈을 벌 수 있는 곳이라는 잘못된 인식이 가져다준 폐해라고 생각한다. 주식은 오늘 매수해서 내일부터 당장 급등을 해야 정상이라고 생각하는 사람이 너무 많다. 짧은 기간 안에 급등이 나오지 않으면 잘못된 투자라고 생각한다. 차트를 보다가 특정 가격에서 이탈하면 손절해야 한다는 논리를 가지고 있다. 회사의 재무제표나 사업 경쟁력이 아니라 수급과 차트가 중요하다는 논리를 펴면서 잦은 매매를 한다.

여기서 질문 하나 해보자. 주변에 이런 방식으로 큰돈을 번 사람을 본 적이 있는가? 우리나라뿐만 아니라 전 세계를 놓고 봐도 그런 사람은 찾아보기 어렵다. 차트 분석과 관련된 책을 쓴 사람은 많은데 왜 차트 분석으로 떼돈을 벌었다는 사람은 보이지 않는 것인가?

미국의 워런 버핏, 필립 피셔, 짐 로저스, 조지 소로스와 같은 사람들을 떠올려보라. 우리나라의 강방천 회장, 주식농부 박영옥, 슈퍼개미 김정환, 슈퍼개미 박성득과 같은 유명한 투자자들도 떠올려보라. 차트 분석을 하고 수급 분석해서 큰돈을 벌었다는 사람은 단 1명도 없다. 또한, 이 투자자들이 쓴 책들을 열심히 읽고 찾아봐도 그런 조언은 찾아볼 수가 없다. 반대로 차트 분석에 의존하지 말라는 내용이나 단타를 하지 말라는 내용은 거의 모든 책에서 찾아볼 수 있는 조언이다.

우리나라뿐 아니라 해외 투자자들까지 같은 이야기를 한다면 신뢰해도 좋을 것이다. 차트 투자에 대한 콘텐츠를 만들면 혹하는 사람이 많은 게 사실이다. 그래서 그런 책이 많이 나오는 것은 어찌 보면 당연하겠지만 투자에서 돈을 벌고 싶다면 여기에 현혹되면 안 된다.

많은 투자자가 너무 많은 시간을 쓸데없는 곳에 낭비하고 있다. 필자는 엘앤에프에 투자한 이후부터 매일 같이 엘앤에프의 새로운 소식은 없는지, 경쟁사 상황은 어떤지, 해외 전기차나 2차 전지 관련 소식들은 없는지를 찾아봐야 했다. 궁금한 것이 있으면 그때마다 IR 담당자와 통화도 해야 했다. 필요할 때는 경쟁사 IR 담당자에게까지 전화해서 대화도 나눴다. 매수했을 당시의 투자 포인트가 변경되는 부분이 있는지 계속 확인하는 작업을 해야 하기 때문이다.

삼성전자가 글로벌 1위 반도체 기업이라서 투자를 했는데 어느 순간부터 경쟁사에 역전을 당하기 시작한다면 투자 전략에 변경이 필요하다. 그러기 위해서는 경쟁사가 어디까지 와있는지 수시로 확인하고 모니터링해야 한다. 엘앤에프도 마찬가지였다. 필자가 생각하고 있던 엘앤에프의 경쟁력이 계속해서 유지가 되는지 확인하는 작업을 매도하는 순간까지 했다.

어떤 기업에 투자하든 이 정도의 시간 투자와 노력은 필요하다. 물론 산업에 따라 차이가 있을 수 있다. 특히 기술 경쟁이 치열한 분야에 투자하고 있다면 확인해야 할 내용이 더 많다. 이런 경우에는 경제 TV를 보며 내일 오를 종목이 무엇인지를 쫓아다니고 차트 분석을 할 시간이 없다는 의미다. 되지도 않는 일에 시간 투자를 하다 보면 정작 써야 할 곳에 시간을 효율적으로 쓰지 못하게 된다. 이렇게 매일매일 시간을 투자해도 어딘가 놓치고 있는 부분이 생기기 마련이다. 자신이 투자한 기업을 제대로 파악하기에도 부족한 시간을, 다른 곳을 기웃거리느라 낭비하지 말라는 말이다. '어딜 가야 빨리 수익을 낼 수 있을까?'라고 고민하는 시간을 자신이 고른 종목에 대해 더 공부하고, 속해 있는 산업의 이해도를 높이기 위해 써야 한다. 그렇게 해도 성공을 장담할 수 없는 곳이 주식 시장이다.

#수익률 좋은 사람들의 특징

필자 주변에는 주식 투자를 하는 사람이 많다. 투자금액별로 보면 굉장히 다양하다. 몇백만 원을 하는 사람도 있고, 몇백억 원을 하는 사람도 있다. 절대 금액에서 차이가 있으므로 절대 수익금액으로 비교하기에는 무리가 있다. 그러나 수익률로 비교를 하면 재미난 공통점이 있다. 필자가 목격한 그들의 특징을 공유해보겠다.

꾸준히 높은 수익률을 내는 사람들은 자신이 투자하고 있는 종목을 꿰뚫고 있다. 그들과 대화를 하면 전문가 수준의 이야기를 들을 수 있다. 국내외 산업 환경부터 글로벌 경쟁사들까지 세세하게 파악하고 있다. 경쟁사에 대한 분석까지도 완벽하게 되어 있다.

그들은 자주 종목을 바꾸지 않는다. 주가가 급격하게 상승하지 않는 이상 1년이 지나도 똑같은 종목을 들고 있는 경우가 많다. 그들은 주식 시장에서 살아남은 사람들이고, 한 종목을 오래 들고 있는 사람들이다. 한 번 종목을 고르면 그 종목의 모든 것을 알아내려고 한다. 어떤 뉴스가 나왔을 때 그 뉴스가 주가에 어떤 영향을 미칠지 그들은 비교적 정확하게 알고 있다. 그들은 요즘에 누가 유튜브에서 핫한 사람인지 잘 모른다. 자신들의 하루 패턴이 정해져 있다. 본인들이 투자하고 있는 기업에 대해서는 매도하는 순간까지 꾸준히 모니터링을 한다. 또한, 투자하고 있는 기업 외에 다른 곳에는 크게 관심이 없다. 앞으로 많이 오를 종목이 있다고 해도 크게 관심을 가지지 않는다. 그들은 종목을 옮겨 다니는 것에 대해 회의적이고 "예전에 해봤는데 별로 효과가 없더라"라는 말을 자주 한다.

#수익률이 높지 못한 사람들의 특징

수익률이 높지 못한 사람들의 특징은 무엇일까? 일단 주식 시장에 참여한 지 오래되지 않았다. 그리고 지금 유명한 유튜버가 누구인지, 핫한 사람이 누구인지는 정확히 알고 있다.

어떤 섹터에 관해 물어봐도 다양한 관련 지식을 가지고 있다. 주식을 전혀 모르는 사람이 들으면 거의 천재로 보일 수 있다. 한 기업을 알기도 어려운데 대한민국 모든 산업을 꿰뚫고 있는 것 같은 느낌을 주기 때문이다. 그러나 해당 산업에 대한 깊은 질문을 하기 시작하면 답을 잘 하지 못한다.

이 사람들은 많은 기업의 이름과 기본 지표들을 꿰뚫고 있다(기본 지표라 하면, 주식 투자를 막 시작한 사람들이 자주 접하는 EPS, PER 등을 말한다. EPS는 주당순이익으로, 기업이 벌어들인 순이익을 총발행 주식 수로 나눈 값이다. PER은 주가수익비율로, 주가를 주당순이익으로 나눈 주가의 수익성 지표다. 기업이 고평가인지 저평가인지를 파악하기 위해 가장 자주 쓰이는 지표가 PER이다). 이 기업은 PER이 높아서 안 된다느니, 저 기업은 PER이 낮아서 괜찮다느니 하는 영역에서는 아주 많은 정보를 알고 있다. 그러나 경쟁사의 기술 현황이라든지, 산업의 트렌드, 정부 정책의 방향성과 같은 내용은 잘 모르는 경우가 많다.

이들 대부분은 한 종목을 오래 들고 있지 않고, 시간이 조금 지나서 물어보면 이미 다른 종목으로 교체해둔 경우가 많다. 그때그때 관심 있는 종목이 바뀌어 있다. "한 종목만 보고 있으면 재미가 없더라구"라는 말을 자주 한다.

*

지금까지 말한 내용은 필자가 이 일을 하면서 만났던 많은 사람을 목격하고 깨달은 모습이다. 통계적으로 의미가 있을지는 모르겠다. 그런데 필자의 투자 철학과 습관이 그동안 봐왔던 '수익률 좋은 사람들의 특징'을 점점 닮아가고 있다는 것은 확실하다.

주식을 처음 시작하는 사람들은 "투자하는 돈이 커지고 나야 한 종목에 집중도 하고 장기 투자도 하고 그러는 것 아닌가요?"라는 질문을 늘 한다. 필자는 자신 있게 말할 수 있다.

"잘못된 생각입니다."

필자도 처음 투자를 시작할 때는 소액으로 시작했다. 그러나 점점 투자 철학이 잡혀가고 좋은 습관들이 만들어지고 나니 좋은 결과들이 나오기 시작했고, 그 결과들이 쌓여서 지금까지 오게 된 것이다. 투자원금이 늘어나고 나서 이런 습관들이 생긴 게 아니라 이런 습관들을 반복하다 보니 투자원금이 늘어난 것이다.

쓸데없는 곳에 시간 낭비를 하지 말라고 다시 한번 강조하고 싶다. 한 종목을 골랐으면 그 종목을 끝까지 파헤치느라 정신이 없어야 한다. 경제 TV나 유튜브를 보면서 내일 어떤 종목이 뜰지 등에 관심을 가질 시간이 없다는 것이다. 자신이 선택한 종목에 있어서는 우리나라에서 누구보다도 전문가가 되어야 한다. 그 회사에 다니고 있는 직원보다도 더 전문가가 되어야 한다. 뉴스 하나가 나왔을 때 그 뉴스가 주가에 어떤 영향을 미치는지 미리 파악하고 있어야 한다. 애널리스트가 보고서를 쓰면 애널리스트 정보가 맞는지 틀리는지를 판단할 수 있을 정도가 되어야 한다. 경쟁사의 현황까지도 디테일하게 파악하고 있어야 한다.

이 모든 것을 파악하기 위해 시간을 쓰다 보면 쓸데없는 곳에 시간을 쓸 수가 없다. 쓸데없는 곳에 비정상적으로 많은 시간을 쏟고 있다면 자신이 투자하고 있는 기업에 소홀한 것은 아닌지 한 번 확인해봐야 한다.

03

숫자가 아닌 흐름을 파악해야 한다

미국은 2020년 코로나 사태 이후 금리를 0.25%까지 낮춰 경기를 부양했다. 금리가 낮아지고 유동성이 풀리자 주식 시장은 환호했다. 우리나라도 마찬가지였다(이후 미국은 코로나 사태 이후 처음으로 2022년 3월에 금리를 0.5%로 인상했다).

주식 투자를 하는 사람이라면 미국의 연방준비제도(Fed, 이하 '연준')를 자주 들었을 것이다. 연준은 경기 상황을 봐가면서 기준금리를 조절한다. 경기가 안 좋아진다고 판단될 때는 금리를 낮춰서 시장에 돈을 공급하는 식이다. 코로나 사태가 좋은 예다. 코로나가 터진 이후 연준은 기준금리를 0.25%까지 낮춰 시장에 유동성을 공급했다. 유동성을 공급한다는 의미는 돈을 공급한다는 의미와 같다. 반대로 경기가 과열된다고 판단하면 기준금리를 올려서 시중에 풀린 돈을 다시 회수한다.

코로나 이후 미국은 물론 우리나라도 기준금리를 인하했

다. 그러다가 시간이 지나 백신 접종이 진행되고 코로나 문제도 어느 정도 해결되기 시작하면서 분위기가 서서히 바뀌기 시작했다. 경제 활동 재개에 대한 기대감이 서서히 살아나면서 온갖 경제 TV에서는 금리 인상에 관한 이야기가 주요 이슈가 됐다. 금리 인상은 통상적으로 주식 시장에 좋지 않은 영향을 끼친다고 인식되기 때문이다.

2020년 후반부터 필자는 앞으로 금리 인상에 대비해야 한다고 이야기를 했다. 물론 시점은 정확하게 예측하는 것이 불가능하지만 미국 연준과 우리나라는 반드시 금리를 인상할 수밖에 없게 될 것이라고 계속 이야기했다(실제로 2022년 3월부터 미국 연준은 금리를 올리기 시작했다). 그러나 이를 달갑게 받아들이지 않는 사람이 많이 있었다. 주식 매수 타이밍을 잘못 잡아서 이미 손실을 보고 있는 투자자나 영혼까지 끌어모아 대출을 받은 사람들에게는 금리 인상이 달갑지 않은 소식일 수밖에 없다. 2021년 상반기에 들어서도 미국 연준이 금리 인상을 하지 않자 그들은 "금리 인상 못 한다고 하지 않았냐?"라는 비꼬는 식의 말을 많이 하기도 했다. 특히 우리나라의 경우 20~30대가 대출을 많이 일으켰고, 2022년 대선을 앞두고 금리를 올릴 수 없다는 논리도 펴고 있다. 그러나 그들은 필자의 말을 제대로 이해하지 못한 것이다. 필자는 앞으로의 흐름을 이야기한 것이다. 필자는 신이 아니다. 미국 연준이 정확히 몇월 몇 시에 금리 인상을 결정할지 예측할 수 없다.

그동안 전 세계 각국 정부는 코로나를 해결하기 위해 일시적으로 금리를 끌어 내렸다. 미국의 실업률은 3%까지 떨어졌다가 코로나 사태 이후 10% 중반대까지 치솟기도 했었다. 이런 비정상적인 문제를 해결하기 위해 금리를 끌어 내렸을 뿐이다. 이 문제가 해결된다 싶으면 각국 정부는 다시 금리를 올릴 수밖에 없다. 필자가 앞으로 금리가 오를 것이라고 예측을 한 이유다. 시점의 문제이지 올리는 것은 선택이 아니라 필수라는 의미다. 투자자는 앞으로 일어날 흐름을 예측해야 하지 정확한 날짜와 시간을 예측하는 게 아니다.

주식 투자를 하는 사람들 중에는 단기적인 시각의 관점에서 기업이나 경제를 분석하려는 사람이 꽤 있다. 어떤 기업의 4월 실적이 안 좋다느니, 3분기 실적이 좋을 것 같아서 투자한다느니 하는 식이다. 그러나 이는 굉장히 단기적인 시각에서 접근하는 것이다. 투자자는 반드시 큰 흐름을 읽어야 한다.

필자가 엘앤에프 매수를 결정했던 2020년 6월로 돌아가 보자. 다음은 엘앤에프의 분기별 매출액을 나타낸 그림이다.

[엘앤에프 분기별 매출액]

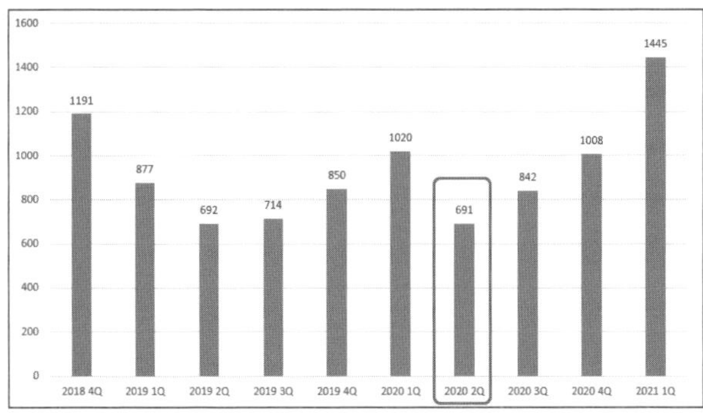

2020년 2분기 엘앤에프 매출액은 691억 원이다. 2018년 4

분기 때와 비교해봐도 2020년 2분기 매출액은 최악이었다. 기업을 단기적으로 분석하는 사람이라면 이런 상황에서 엘앤에프를 절대로 매수하지 않을 것이다. 2분기 매출액이 잘 나오지 않았고, 분기별 매출액으로는 최근 가장 낮은 수준이기 때문에 회복을 기다려야 한다는 논리를 댈 것이다. 그런데 그때부터 엘앤에프의 주가는 뛰기 시작했고 고공행진을 하기 시작했다. 그렇다면 필자는 무엇을 기대했을까?

필자는 그 뒤에 따라올 실적 흐름을 기대했다. 비록 2020년 2분기까지의 매출액은 좋지 못했지만 3분기부터 회복하기 시작했다. 2020년 3분기 842억 원, 4분기 1,008억 원, 그리고 2021년 1분기에는 1,445억 원까지 매출이 대폭 상승했다. 엘앤에프의 2020년 2분기 실적만을 놓고 분석했다면 절대로 엘앤에프에 투자할 수 없었다. 매출액이 바닥인데 어떻게 투자할 수 있겠는가? 그러나 엘앤에프의 2020년 전체 실적과 2021년까지의 흐름을 고려했다면 누구라도 과감하게 투자할 수 있었을 것이다. 2020년 2분기 실적이 일시적 바닥이라는 확신을 가졌을 수 있었기 때문이다.

누군가는 이렇게 반문할 수 있다. 큰 흐름을 보는 것도 능력이고 그것 역시 타고난 능력이 아니냐고…. 필자가 이 책을 집필하는 이유 중 하나가 이 질문에 대한 답을 하기 위해서다. 누구라도 관심을 가지고 기업을 들여다보고, IR 담당자와 통화를 하다 보면 흐름을 읽을 수 있게 된다. 이것은 특출난 능력이 아니다. 시간과 노력이 들어가면 얻을 수 있는 결과물이다. 필자도 2019년부터 엘앤에프를 모니터링하고 추적하기 시작했고 시간을 투자하다 보니 2020년 하반기부터 실적이 좋아질 수 있겠다는 판단을 내린 것이다. 필자가 머리가 특출나거나 동물적 감각이 있어서 할 수 있었던 일이 아니란 의미다.

필자는 그런 이유로 엑셀을 돌려서 투자를 결정하는 방식에 크게 동의하지 않는 편이다. 상장한 기업이 2,000개가 넘는 상황에서 하나하나 들여다보는 것은 비효율적이지만 데이터를 뽑아서 움직여야 한다는 생각에는 동의한다. 어떤 종목부터 고를지 모르는 상황에서 조건을 걸고 조건에 맞는 종목에 투자하는 방식은 늘 유행하는 방식이다. 필자도 과거에 이런 방식을 시도해본 적이 있다.

다음 그림은 엘앤에프의 분기별 영업이익을 보여주고 있다. 2018년 4분기에 잠깐 흑자를 기록하더니 2019년에는 1년 내내 분기별 영업적자가 발생했다. 2020년에도 1분기와 2분기에는 흑자를 기록했지만, 그 후 2021년 1분기까지 적자를 피하지 못했다.

[엘앤에프 분기별 영업이익]

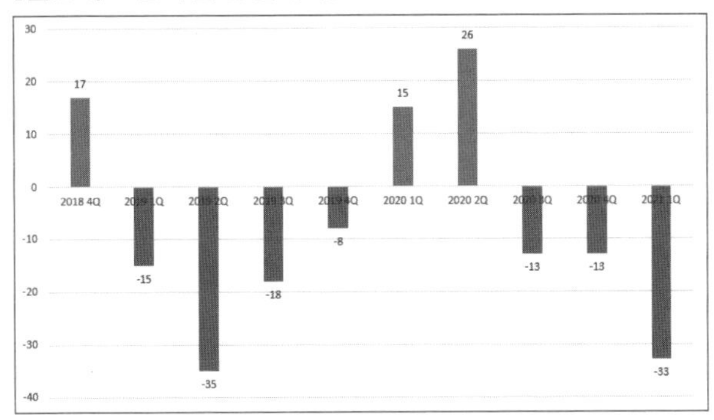

보통 엑셀에 데이터를 넣어서 종목을 추릴 때 많은 사람이 매출액이 꾸준히 늘거나 최근 몇 년 동안 적자를 본 적이 없어야 한다는

조건을 건다. 그런 조건을 걸었다면 2019년이나 2020년의 엘앤에프는 절대로 투자할만한 가치가 있는 기업으로 선택되지 못했을 것이다. 매출액도 줄고 있고 적자까지 나고 있으니 말이다. 데이터를 가지고 종목을 추리는 방법은 장점이 있으나 앞을 내다볼 수 없다는 한계를 가지고 있다. 데이터가 2020년 2분기에 엘앤에프 매출이 줄고 있다는 것을 포착할 수는 있지만 3분기부터 반등을 시작해서 매출이 늘어날 것을 예측하지는 못한다는 의미다.

앞으로 일어날 일들은 해당 산업을 깊게 들여다보고 기업의 기술력과 경쟁 상황 등을 종합적으로 고려하는 동시에 IR 담당자들과 대화를 해가면서 그려가야 하는 부분이다. 데이터에 공식을 적용해서 알아낼 수 있는 영역이 아니다.

투자는 숫자로만 하는 것이 아니다. 지금 매출액이 얼마인지, 영업이익이 얼마인지와 같은 수치들도 굉장히 중요하지만 그보다 더 중요한 것은 큰 흐름이다. 실적이 하락했다 하더라도 일시적이고 앞으로 우상향할 수 있는 흐름이라면 충분히 투자할 가치가 있다. 그러나 실적이 잠깐 올랐더라도 큰 흐름이 하향세라면 투자할 가치가 없을 것이다. 투자자는 반드시 큰 흐름을 먼저 이해하고 투자 결정을 내려야 한다.

지금 투자하고 있는 기업의 단기 실적에만 관심을 가지지 말고 다음 분기를 포함해서 최소 2~3년 정도의 앞날이 어떤 모습일지를 상상해보면서 그려보라. 이런 관점으로 투자를 하다 보면 하루하루 주가 흐름에 크게 흔들리지 않고 중장기적으로 투자할 수 있다. 필자가 2020년에 투자할 당시 그렸던 엘앤에프의 2~3년 후의 미래는 최소 5배 이상 성장해있는 것이었다. 필자가 책을 집필했던 당시에 시장이 본 엘앤에프의 2021년 예상 매출액은 무려 1조 원 이상, 2022년에는 2조 원 이상이었다. 2020년 3,500억 원의 매출을 올린 엘앤에프에 (2020년 대비) 2021년까지 약 2.5배의 성장이, 2022년까지 약 6배의 성장이 기대되는 것이다. 이렇게 보면 엘앤에프 주가가 3~4배 이상 오른 것이 전혀 이상하게 느껴지지 않는다.

04

IR 담당자와 최소 한 달에 한 번 이런 대화를 나눠라

투자를 결정하기 전까지 투자자는 IR 담당자와 많은 대화를 나눠야 한다. 또한, 투자를 결정한 이후부터 매도하는 순간까지도 IR 담당자와 많은 대화를 나눠야 한다.

매수하고 나면 주가만 바라보면서 아무것도 하지 않는 투자자가 많다. 이것은 제대로 된 투자자의 대도가 아니다. 투자자는 기업의 주인이다. 매수하고 아무것도 하지 않는 것은 장사를 시작한 사장이 아무것도 하지 않고 직원들에게 다 맡겨두고 좋은 결과를 기다리는 것과 같다. 제대로 된 사장이라면 끊임없이 공부하고 직원 관리도 하고 시장 조사도 해야 한다.

필자는 반드시 투자한 기업에 최소 한 달에 한 번은 전화한다. 회사 상황을 업데이트받기 위해서는 사실 한 달에 한 번도 부족하다. 그러나 IR 담당자도 업무를 해야 하니 너무 많은 시간을 뺏을 수는 없다. IR 담당자는 여러 투자자를 상대하기 때문에 최대한 시간을 배려해주는 게 좋다. 그러면 도대체 한 달에 한 번씩 전화해서 어떤 대화를 해야 한단 말인가?

#현재 분위기

투자자는 전화할 때마다 가장 먼저 '현재 분위기'를 확인한다. IR 담당자에게 실적을 물어볼 수는 없다. IR 담당자가 숫자를 투자자에게 알려주는 것은 공시 위반이다. 예를 들어, 삼성전자가 1분기 실적을 공시하기 전에 특정 투자자에게 알려주는 행위는 안 된다는 말이다. 공시 전에 먼저 알면 다른 투자자들은 기울어진 운동장에서 경쟁하는 결과를 만들기 때문에 법으로 제한하고 있다. 그럼에도 불구하고 특수관계인에게 중요한 정보를 미리 흘리는 기업이 일부 있다. 절대 해서는 안 될 행위다. 이런 행위를 하는 기업은 반드시 투자 대상에서 제외해야 한다.

IR 담당자가 수치와 관련된 이야기를 해줄 수는 없지만 현재 분위기에 대해서는 충분히 알려줄 수 있다. 누군가가 카페 사장에게 "오늘 하루 매출이 얼마입니까?"라는 질문을 하면 굉장히 불쾌해 할 수 있다. 그 대신 "오늘 분위기가 어떻습니까?"라는 질문을 한다면 큰 부담 없이 원하는 답을 끌어낼 수 있다. 코로나 이후 모이지 않던 사람들이 서서히 돌아오고 있다는 답을 듣는다면 카페 매출이 서서히 늘 것이라고 결론 내릴 수 있다. 그러나 여전히 사람들이 잘 보이지 않는다든지,

직원을 내보내거나 폐업을 생각하고 있다는 답이 돌아온다면 상황이 여전히 좋지 못하다고 생각할 수 있다.

자신이 투자하고 있는 기업에 한 달에 한 번 전화해서 분위기만 파악해도 흐름 등의 분위기를 정확하게 추측할 수 있다. 다음을 예로 들어보겠다. IR 담당자에게 6개월 동안 6번 전화를 한 투자자가 얻은 답이다.

[IR 담당자의 답변]

1월	시간이 더 필요합니다.
2월	아직 크게 좋아지는 건 없습니다.
3월	2월만큼 나쁘지는 않습니다.
4월	조금씩 좋아지는 것 같기는 합니다.
5월	5월 들어서 회사가 바빠졌습니다.
6월	이제 정상화가 된 것 같습니다.

2월까지는 '아직 상황이 좋지 못하구나'라는 결론을 내릴 수 있겠지만 3월부터 '조금씩 변화가 일어나나?'라고 생각할 수 있다. 일시적인 반등인지, 아니면 제대로 된 반등인지는 4월이 되면서 확인할 수 있을 것이다. 이 투자자는 3~4월 정도부터 조만간 주가가 오르겠다는 기대를 할 수 있고 5~6월이 되면 회사가 정상화됐다는 결론을 내릴 것이다.

투자자는 회사의 현재 상황을 전월과 비교하고, 전년과 비교하는 방식으로 실적 예상까지 할 수 있다. 올해 2분기가 작년 2분기 때와 비교해서 역성장할지, 비슷한 수준의 실적이 나올지, 아니면 큰 폭의 상승이 나올지 등을 예상할 수 있다. 정확한 수치는 파악하기 어렵다. 그러나 방향은 충분히 파악할 수 있다.

#투자 포인트 되짚기

누구나 투자를 할 때는 이유가 있다. 반도체 가격이 오를 것 같아서 삼성전자나 SK하이닉스에 투자할 수 있다. 코로나로 진단 키트가 많이 팔릴 것을 기대해서 씨젠에 투자할 수 있다. 투자란, 미래를 예측하고 하는 것이기 때문에 맞을 수도 있고 틀릴 수도 있다. 이와 관련해 투자자는 IR 담당자와 한 달에 한 번 통화하면서 투자 포인트를 되짚어봐야 한다.

스마트폰 시장은 경쟁이 치열하다. 과거에는 애플과 삼성전자의 시장이었지만, 이제는 중국 기업들까지 가세했다. 중국 기업들의 스마트폰은 성능은 뛰어나면서도 가격이 낮다. 중국이라는 큰 시장을 가지고 있다 보니 시장 점유율을 빠르게 키울 수 있었다. 고가폰 시장에서는 애플이 강력하게 자리하고 있고 저가폰에서는 중국 기업들이 빠르게 치고 올라오다 보니 삼성전자도 깊은 고민을 할 수밖에 없다. 삼성전자도 중저가폰 라인업을 강화하고 폴더블폰을 출시하면서 경쟁우위를 점하기 위해 치열하게 뛰고 있다.

폴더블폰이 잘 나갈 것이라고 예상한 투자자가 폴더블폰 관련주에 투자했다고 가정해보자. 이 투자자는 삼성전자의 폴더블폰이 굉장히 혁신적이라 생각하고 앞으로 스마트폰 시장에서 점유율을 크게 끌어올릴 수 있으리라 판단했다. 이런 투자자는 한 달에 한 번 무엇을 확인해야 할까?

이 투자자의 투자 포인트는 '폴더블폰 판매 확대'다. 이 부분을 집중적으로 확인해야 한다. 판매가 잘 일어나고 있는지, 아니라면 그 이유가 무엇인지, 경쟁사는 어디까지 왔는지 등이다. 또한, 폴더블폰과 일반 스마트폰의 장단점이 무엇인지를 명확하게 파악하고 있어야 하고 소비자들이 폴더블폰에 지갑을 열기까지 어떤 장벽들을 넘어야 하는지 등을 파악해야 한다. 폴더블폰이 소비자들에게 외면을 받고 있다면 해결책은 무엇인지, 제조사들이 그 문제를 제대로 해결하고 있는지 등도 파악해야 한다. 그러면서 소비자들이 폴더블폰에 관심을 가지기 시작하는지 등을 유심히 검토해야 한다. 폴더블폰 판매 확대라는 투자 포인트를 가지고 투자하고 있으므로 관련된 모든 부분을 집중적으로 알아내야 한다. 혹여라도 폴더블폰이 시장에서 인기를 끌지 못할 것이라는 판단이 든다면 과감하게 투자 결정을 뒤집어야 할 수도 있다.

투자는 미래를 내다보고 결정하는 것이다. 한 번은 제대로 맞췄다 해도 미래를 매번 100% 맞추는 것은 불가능하다. 큰 방향을 정해놓고 꾸준히 확인하면서 변경도 하고 보완하면서 확률을 높이는 것이 실패를 줄이는 가장 확실한 방법이 된다.

#투자와 관련 없는 이야기

마지막으로 투자자가 IR 담당자와 한 달에 한 번 통화하면서 나눠야 하는 대화는 투자와 관련 없는 이야기다. 투자와 전혀 관련이 없는 부분일 수 있다. 그러나 굉장히 중요한 부분이며 투자자에게 큰 도움이 되기도 한다.

여러 사람이 모여 일하는 곳에서는 두 부류의 리더를 볼 수 있다. 효율을 중시해 오직 일만 해서 결과만 내면 된다고 주장하는 리더가 있다. 시간 낭비를 아주 싫어해 1분을 만나더라도 목적이 있어야 하고 일 처리에도 가장 효율적인 방식으로 하려 한다. 이들의 목표는 효율적으로 일하면서도 최대의 결과를 내는 것이다.

반면, 일보다는 관계가 중요하다고 생각하는 리더가 있다. 일보다 일단 서로를 알아가는 것이 중요하다고 생각한다. 같이 밥도 먹고 커피도 마신다. 대화도 하면서 서로의 삶을 알아가면서 관계를 쌓아간다. 이렇게 서로 친해지고 서로의 장단점을 파악해가면서 일을 한다. 팀원들끼리 관계가 좋아야 일도 효율적으로 할 수 있다고 생각하는 리더 유형이다.

필자도 여러 공동체에서 많은 사람을 이끌어야 하는 자리를 여러 번 맡아본 적이 있다. 10~20명일 때도 있었고 300~400명이 넘을 때도 있었다. 필자도 효율을 중시하고 결과를 중시하기 때문에 시간 낭비하는 것을 아주 싫어한다. 그러나 관계를 쌓는 시간을 많이 가질수록 효율이 더 오르는 경험을 여러 번 했다. 효율과 결과만을 중시하는 팀원들도 있는데 이들 역시 관계가 쌓였을 때 더 큰 시너지가 나는 경우를 많이 봤다.

회사 IR 담당자와도 늘 투자와 관련된 이야기를 하면 일 얘기만 하다가 끝나게 된다. 한 종목을 고르면 평균적으로 최소 1년 이상은 보유해야 하니 IR 담당자와 친해지면 도움이 된다. 통화하면서 이름도 익히고 투자와 관련이 없는 이야기도 나눠라. 요즘 바쁘지는 않은지, 주가가 내려가면 불평을 많이 받을 텐데 힘든 부분은 없는지 한 번씩 질문을 던져라. 처음에는 형식적으로 대답하다가도 자주 대화를 하다 보면 어느덧 IR 담당자도 친근감을 느낄 것이다. 그렇게 여러 번 대화하다 보면 전화하기도 쉬워지고 투자에 도움을 얻기도 쉬워진다.

필자가 현재 투자하고 있는 종목이 하나 있다. 2020년에 탐방을 다녀왔고 아직 보유하고 있다. 벌써 보유한 지도 1년이 넘었다. 처음에 IR 담당자와 이야기를 하면 어색했지만 이제는 한 번 통화하면 20분 이상씩 대화를 한다. 처음에는 전화할 때마다 "누구세요?"를 하더니 이제는 필자의 이름을 불러주면서 전화를 받아준다. 그만큼 관계를 쌓았고 친해졌다는 의미다. 이제는 지나가다가 시간이 되면 회사 한 번 와서 차도 마시고 가라고 한다. 법적으로 문제가 되는 내용이 아니면 IR 담당자도 회사에 대한 많은 정보를 주려고 한다. 필자가 단타로 잠깐 들어온 것이 아니라 중장기적으로 회사의 성장과 함께하려는 투자자라는 것을 IR 담당자도 인지했다고 생각한다.

필자가 투자를 결정한 이후 해당 기업의 주식은 크게 하락했다가 올라왔다. 예상했던 투자 포인트들이 6개월 이상 지연되기도 했다. 그러나 필자는 단 한 번도 통화하면서 IR 담당자에게 짜증을 내거나 화를 내지 않았다. 회사 주인으로서 아쉬움을 표현했고 IR 담당자도 이런 상황 때문에 불평을 하는 투자자가 많을 것 같다며 업무에서 오는 어려움에 같이 공감해줬다. 좋은 결과가 나올 때는 함께 기뻐해줬다. 또한, IR 담당자에게 다른 경쟁사에서 들은 이야기도 전해주면서 현재 업황이 어떤지 등을 같이 공유하기도 했다. 한 달에 한 번 전화하다가 특별한 이슈가 없어도 그냥 인사차 전화했다고 하면서 잠깐 대화를 하기도 한다.

필자가 매수한 이후 이 종목은 크게 하락했지만 다시 반등하기 시작했고 지금은 50%가 넘는 수익률을 올리고 있다. 필자의 목표는 300%의 수익을 내는 것이다. 여전히 매달 한 번씩 전화해서 IR 담당자와 대화를 나누면서 분위기가 어떤지 파악하고 있다. 매수 당시 생각해뒀던 투자 포인트들에 문제가 없는지를 확인하고 있다. 또한, 시간이 날 때마다 투자와 관련이 없는 이야기를 나누면서 조금씩 더 친해지고 있다. 목표가에 언제 도달할지는 모르겠지만, 도달하는 그 순간까지 이 패턴을 계속해서 반복할 생각이다. 2021년 3월 주주총회에 참석했을 당시 IR 담당자는 필자에게 이런 말을 했다.

"팀장님처럼 저희 회사에 대해서 이렇게 깊고 세세하게 파악하고 계신 분은 많이 없습니다. 그만큼 관심을 가져주시니 저희도 열심히 하는 겁니다. 실적 안 좋을 때도 격려해주시고 잘 기다려 주셨던 것 잘 기억하고 있습니다. 꼭 큰 수익 내시면 좋겠습니다."

원하는 목표 주가에 도달하기 전에 한 번 찾아가서 IR 담당자에게 밥도 사주고 차도 마시려고 계획하고 있다. 회사의 주인인데 이 정도 투자는 할 수 있는 것 아닌가?

05 IR 담당자로부터 정보를 뽑아내는 꿀팁

3장에서 피해야 할 IR 담당자 유형을 소개했다. 이번에는 투자자가 IR 담당자에게 하지 말아야 할 행동과 좋은 정보를 뽑아내는 꿀팁을 공유하고자 한다.

우리가 피해야 하는 사람이 있듯이 IR 담당자도 피하고 싶은 투자자가 있다. IR 담당자가 피하고 싶은 대상이 된다면 절대로 제대로 된 정보를 얻을 수 없다. 같은 손님이라도 마음 가는 손님에게는 주인이 서비스라도 하나 더 주고 싶은 마음이 드는 것은 당연하다. 주인이 왕이라고 하지만 갑질을 하는 손님을 넓은 마음으로 대우해줄 주인은 많지 않다. 그 자리에서 대우해주는 척은 할 수 있다. 그러나 거기까지다. 반대로 주인도 사람이기 때문에 자신을 존중해주는 손님이 있다면 기꺼이 서비스를 하나라도 더 해주고 싶을 것이다.

IR 담당자도 마찬가지다. 현명한 투자자라면 IR 담당자를 존중해준다. 그래야 IR 담당자가 뭐라도 하나 더 해주고 싶을 확률이 높아지기 때문이다. 필자는 1,000개가 넘는 기업 탐방을 다니면서 여러 IR 담당자와 대화를 나눠봤다. 그들이 실제로 말한 '싫어하는 투자자 유형'을 소개하려고 한다. 그리고 어떻게 하면 좋은 정보를 더 잘 뽑아낼 수 있는지도 소개하겠다.

#다짜고짜 왜 주가가 떨어지느냐고 항의하는 투자자

가장 자주 언급되는 유형이다. 다짜고짜 전화해서 IR 담당자에게 오늘 주가가 왜 내리는지 항의하는 투자자다.

주식은 하루하루 가격이 바뀐다. 좋은 소식이 있어서 오를 수도 있고 나쁜 소식으로 내릴 수도 있다. 회사와 아무 관련 없는 이유로 오르고 내릴 수도 있다. 주식이 등락을 반복하는 것은 너무나도 자연스러운 현상이다. 하루하루 움직임이 다 이유가 있지 않다. 아무 이슈가 없지만 기존 주주가 매도하면서 주가가 떨어질 수도 있다. 이것은 당연한 주식 시장의 순리다.

그런데 주가가 빠질 때마다 전화해서 IR 담당자에게 화를 내는 사람이 생각보다 많다. 필자가 탐방을 갈 때 해당 기업의 주가가 빠진 날에는 늘 같은 질문을 던진다. "오늘 화나신 투자자분들 많겠네요?"라고 물어보면 IR 담당자는 한숨을 푹푹 쉬면서 "네, 어쩔 수 없죠"라고 답한다.

주가가 빠진 것은 IR 담당자의 잘못이 아니다. 그 누구의 잘못이 아닐 때도 많다. 그런데 그럴 때마다 전화해서 IR 담당자를 괴롭히면 IR 담당자는 할 말도 없고 해줄 수 있는 일도 없다. 주가가 많이 빠지면 당연히 투자자는 불안하고 답답할 수 있다. 그러나 IR 담당자는 아무것도 해줄 게 없다. 이런 상황에서 IR 담당자에게 화를 내봐야 돌아오는 것은 아무것도 없다.

감정을 잘 다스리고 IR 담당자에게 다가가야 한다. 경영은 그들이 하는 게 아니다. 그들은 투자자와 소통하는 역할을 할 뿐이다. IR 담당자들이 통화하기 싫은 투자자로 분류되면 투자자는 큰 손해다. 원하는 때에 필요한 정보를 얻으려면 감정을 잘 다스려야 한다.

#기본 지식도 없이 질문하는 투자자

필자가 전자부품을 만드는 한 회사에 탐방을 갔을 때 일이다. 당시에 실적이 좋아질 것이라는 기대감이 컸다. 기관에서도 많이 찾아오고 탐방을 오려는 사람도 많았다. IR 담당자에게 물어보니 전화도 많이 온다고 했다. 필자가 탐방을 간 그날에는 4명이 함께 했는데 그중에는 국내 대형 기관의 애널리스트도 있었다.

보통 어느 정도 회사에 대한 기본적인 내용은 파악하고 탐방을 한다. 정해진 시간이 길지 않기 때문에 그 안에 많은 대화를 나누려면 회사의 최근 실적이나 제품에 대한 내용 정도는 미리 숙지하고 가야 한다. 함께 참석한 사람들을 위한 최소한의 배려다. 그런데 그날 참석했던 증권사 애널리스트는 아무런 준비 없이 그 자리에 와 있었다. 이걸 어떻게 알았을까? 그 사람의 질문을 보고 알 수 있었다. 4명이 함께 앉아있는 자리에서 회사의 제품이 무엇이 있는지를 하나하나 물어보는 게 아닌가? 회사가 뭘 팔아서 돈을 버는지도 모르고 온 것이다. 그저 시장에서 핫하다고 하니까 탐방은 왔는데 사전공부가 전혀 되어 있지 않았다. 함께 미팅을 진행한 나머지 3명은 이미 다 알고 있는 내용을 물어보는 바람에 너무 많은 시간이 낭비됐다. 그 애널리스트가 물어봤던 질문들은 시간을 조금 가지고 사업보고서만 들여다봤어도 파악할 수 있는 내용이었다.

처음에는 IR 담당자가 당황해 하다가 이내 친절하게 하나씩 설명해줬다. 애널리스트가 대형 증권사에 소속되어 있으니 인내하면서 설명한 것 같았다. 그러나 함께했던 나머지 사람들은 이미 알고 있는 내용을 1시간 이상씩 듣고 있으려니 짜증도 나고 지루할 수밖에 없었다.

내가 삼성전자에서 일하는 IR 담당자라고 가정해보자. 투자자가 전화로 다짜고짜 삼성전자에서 무슨 제품을 만드는지 물어본다면 어떨까? 투자자라면 당연히 삼성전자가 반도체, 스마트폰, 가전제품 등을 만드는 기업이라는 정도는 알아야 한다. 여기에 최근 이슈까지도 어느 정도 파악을 한 상태에서 IR 담당자와 대화를 해야 알짜 정보를 얻을 수 있다. 기초적인 내용만 계속해서 물어보면 IR 담당자는 '이 투자자는 관심도 없이 우리 회사에 전화했네?'라는 생각을 할 수 있다.

IR 담당자와 대화를 하려면 최소한 투자자로서 회사에 관심이 있다는 정도의 신호는 줘야 한다. '이 사람은 정말 주주답네. 회사 주인처럼 생각하고 앞날을 고민하고 있어!'라는 생각이 든다면 IR 담당자는 그만큼 열심히 투자자를 대우하려 할 것이다. 그런데 누가 봐도 회사에 대해 아무것도 모르고 질문하는 수준이 너무 한심하다고 생각되면 IR 담당자도 그 투자자를 진지하게 생각할 수 없게 된다.

#회사의 주인처럼 행동하라

이 정도면 IR 담당자에게 하지 말아야 할 행동에 대한 설명은 충분하다. 그러면 어떻게 해야 IR 담당자로부터 중요한 정보를 뽑아낼 수 있을까? IR 담당자가 흘리지 말아야 할 정보를 말할 수 있게 하는 방식을 말하려는 게 아니다. 그것은 정상적인 방법도 아니고 일반 투자자에게 가능한 방법도 아니다. 평범한 투자자도 할 수 있는 방법을 소개하려는 것이다.

의외로 간단하다. IR 담당자가 느끼기에 '이 사람은 정말 회사의 주인처럼 행동한다'라는 인상을 심어주면 된다. 하루에 가능하지는 않다. 여러 번 IR 담당자와 통화하면서 대화를 몇 번 나눠봐야 한다.

보통 투자자가 전화해서 하는 질문은 비슷비슷하다. 그 이상을 뛰어넘는 질문을 던지면 된다. 필자는 탐방을 가면 질문을 많이 하는 편이다. 가끔은 IR 담당자가 "그런 내용까지는 검토해보지 못했습니다"라는 답이 나올 정도의 질문까지 한다. 사업보고서를 읽어보면서 이해가 가지 않는 내용은 전부 적어뒀다가 가서 물어본다. 던진 질문에 답을 받기만 해도 1시간이 훌쩍 넘어간다. 이렇게 대화를 하다 보면 IR 담당자가 진지하게 임하고 있음을 느낄 수 있다.

필자가 IR 담당자들에게 자주 듣는 말이 "굉장히 회사를 디테일하게 보시네요"이다. IR 담당자들의 경우 많은 사람을 상대하기 때문에 듣는 질문이 보통 겹치기 마련이다. 그래서 웬만한 질문에는 어떻게 답을 해야 할지 이미 알고 있다. 이미 다른 투자자에게 했던 답이기 때문이다. 그러나 필자는 그보다 더 많은 질문을 던지다 보니 차마 IR 담당자가 답을 해본 경험이 없는 질문까지 포함되어 있다. IR 담당자로서 회사에서 근무하는 자신보다 더 다양한 방면으로 회사를 분석하고 있다는 것을 알게 되면 당연히 투자자와의 대화에 더 진지하게 임한다. 이것이 IR 담당자로부터 중요한 정보를 뽑아내는 최고의 방법이자 유일한 방법이다. 그리고 이런 투자자와의 대화에 있어서 IR 담당자는 잘못된 정보를 흘리거나 대충 아는 정보를 아는 정보처럼 전달할 수 없게 된다. 수준 있는 대우를 받고 싶다면 자신도 수준 있게 행동을 해야 한다.

필자는 이 책에서 IR 담당자를 계속해서 강조하고 있다. 일반 투자자 누구나 할 수 있어야 좋은 투자 방법이다. 큰 기관에 근무해야만 가능하거나 큰손 투자자가 되어야지만 가능한 방법, 혹은 회사 내부 특수관계인을 알아야만 하는 방법은 누구나 할 수 있는 투자 방법도 아니고 좋은 방법도 아니다. IR 담당자는 회사와 관련된 가장 정확하고 전문적인 정보를 얻어낼 수 있는 통로다. 이들과 좋은 관계를 유지하는 방법을 알고 좋은 정보를 뽑아내는 방법을 터득하면 누구라도 좋은 결과를 내는 투자자가 될 수 있다.

06 주가가 오르고 내릴 때 대응 방법

인터넷에는 종목 상담 글이 자주 올라온다. 필자가 집필하고 있는 시점에서 삼성전자를 검색해보면, 2021년 1월에 샀다가 물려서 어떻게 해야 할지 모르겠다는 사람이 올린 글이 많다. 10만 원 가까이 가던 주가가 8만 원 밑에서 횡보하고 있으니 높은 가격에 매수한 투자자는 답답할 수밖에 없다(현재 삼성전자 주가는 6만 원대다).

여기서 냉혹한 현실을 알 수 있다. 인터넷에 대응 방법에 대해 글을 올렸다는 것은 본인이 투자한 기업의 적정 주가가 얼마인지를 제대로 알고 있지 못하다는 증거이자 현재 해당 기업에 어떤 일이 일어나고 있는지 모른다는 증거다. 모르기 때문에 불안한 것이고 답을 찾기 위해 인터넷에 글을 남기게 된 것이다.

매도하는 순간까지 주식 투자가 힘든 이유는 매일 주식이 오르고 내리기 때문이다. 매일 찾아오는 변동성 때문에 스트레스를 받는 사람이 많다. 주가가 크게 하락하기라도 하는 날에는 가슴이 철컹 내려앉는다. 주가가 오르고 내릴 때 좀 더 마음에 여유를 가지고 대응할 방법을 알아보자.

#주가가 오를 때

주가가 오를 때는 스트레스보다는 조바심이 날 수 있다. 계속 불어나는 계좌를 바라보면 기쁘지만 가장 높은 가격에 팔아서 이익을 확보하고 싶은 마음에 조바심이 생겨나기 마련이다. 특히 자신이 생각하고 있던 목표 주가에는 아직 미치지 못했는데 주가가 급등하면 마음이 급해진다.

이럴 때는 상승 원인을 가장 먼저 찾아야 한다. 주가는 이유 없이 강하게 상승하지 않는다. 주가가 오르려면 매수세가 강하게 들어와야 하는데 주가를 올릴 정도의 매수세라고 하면 분명 이유를 찾아볼 수 있다. 테마주로 묶였을 수도 있고 예상치 못한 큰 계약 공시가 나왔을 수도 있다. 증권사에서 애널리스트가 강력 매수 추천을 했을 수도 있고 기업의 실적이 좋아질 것이라는 이야기가 돌았을 수도 있다.

어떤 이유든 그 이유를 찾는 것이 첫 번째 임무다. 인터넷도 돌아보고, IR 담당자에게 전화해서 물어볼 수도 있다. 앞서 계속 언급했지만 IR 담당자에게 다짜고짜 전화해서 "왜 주가가 오릅니까?"라는 질문은 바람직하지 않다. 여러 자료도 찾아보고 확인 차원으로 전화했다는 인상을 심어주는 것이 좋다. "오늘 정부에서 새로운 법을 만들겠다고 하던데 그 기대감으로 오른다고 보면 될까요?"라고 물어보는 것이 훨씬 전문적이고 한 번 생각했다는 느낌을 준다.

주가가 오른 원인을 찾았다면 이제 원인에 따라 대응을 다르게 해야 한다. '실적이 좋아질 것'에 대한 기대감 때문에 오르는 상승이 가장 바람직하다. 이 이슈가 가장 건강하고 가장 중장기적으로 주가가 많이 오르는 원인이다.

다음은 씨젠의 2020년 분기별 실적 추이를 정리한 표다. 씨젠의 주가는 2020년 3월 초 2만 원 정도에서 거래되다 코로나 사태가 터지자 2020년 8월에 16만 원을 넘겼다. 실제로 필자 주변에 씨젠을 보유하고 있던 투자자들이 있었다. 이들은 주가가 조금 오르자 모두 매도했는데 시간이 지나서 땅을 치고 후회했다.

[씨젠 2020년 실적 추이]

	매출액	영업이익
2020년 1분기	818억 원	398억 원
2020년 2분기	2,748억 원	1,690억 원
2020년 3분기	3,269억 원	2,099억 원
2020년 4분기	4,417억 원	2,575억 원

씨젠은 2019년까지 매출액 1,220억 원을 달성했다. 2020년에는 1조 1,252억 원을 달성했으니 1년 사이에 10배가 넘는 매출 증가세를 보였다. 씨젠은 단순 계산으로 10년 정도에 걸쳐 벌었을 돈을 코로나로 1년 만에 모두 벌어들인 것이다. 2020년 3월부터 주가가 강하게 오르기 시작한 이유는 2020년 내내 가파른 실적 증가가 예상됐기 때문이

다. 주가가 상승한다고 해도 조바심내지 말고 꽉 붙잡고 있어야 하는 경우다. 자신이 투자하고 있는 기업의 주가가 갑자기 오르기 시작한 이유가 실적 증가 기대감이라면 얼마만큼 실적이 오를지를 파악하고 그에 걸맞은 주가 상승 정도는 기대할 만하다.

그러나 건강하지 못한 주가 상승도 있다. 가장 대표적인 예가 정치 테마주다. 선거철만 되면 특정 인물의 출마설이 돌고 기다렸다는 듯이 여기저기서 해당 인물과 관련 있다는 주식이 등장하고 들썩거린다(관련 있다는 근거가 애매한 경우가 대부분이다). 보통 정치 테마주로 엮여서 주가가 오르기 시작하면 매도를 염두에 두는 것이 좋다. 정치 테마는 기존 주식 보유자들에게 온 절호의 매도 타이밍일 뿐, 절대로 신규 매수 타이밍으로 잡으면 안 된다. 해당 인물이 당선된다고 해도 주식이 오른다는 보장은 없다. 선거에서 누가 대통령이 될지 100% 알 수 있는 사람도 없거니와 당선이 된다 해도 주가가 오를 보장도 없으므로 이런 상황에서 소중한 자산을 베팅하는 것은 굉장히 위험한 행위다.

주식이 오르고 내리는 것의 핵심은 '실적'이다. 특정 정치인과 연관이 있다고 해서 해당 기업의 실적 변동이 생기는 것이 아니라는 의미다. 실적과 연관되지 않은 상승은 건강하지 못한 상승에 속한다.

#주가가 하락할 때

투자자는 주가가 하락할 때 가장 힘들다. 설령 큰 폭으로 하락한다고 해도 제일 먼저 원인을 찾아야 한다. 왜 하락하는지 명확하게 파악할 수 있어야 한다.

경쟁사 주가도 같이 떨어지고 있다면 산업에 연관된 악재가 있을 수 있다. 그런데 다른 종목은 다 괜찮은데 홀로 하락하고 있다면 기업에 문제가 있을 수 있으니 자세히 들여다봐야 한다. 원인을 제대로 파악했다면 추가 매수를 해야 할 때가 있고 정리해야 할 때가 있다. 일단 추가 매수를 해야 할 상황부터 알아보자.

필자가 투자하고 있는 자동차 부품회사가 있다. 이 회사는 미국의 대형 자동차 제조사인 G사로부터 큰 계약을 받아냈다. 정상적으로 일이 잘 풀린다면 지금 매출액보다 더 큰 매출액을 낼 수도 있는 정도다. 실적에 대한 기대감을 가지기에 충분했다. 그런데 어쩐 일인지 이 회사의 주가가 어느 시점부터 하락하기 시작했다. 알고 보니 G사와 계약은 했는데 자꾸 지연되고 있었다. 시장에서 예상했던 매출 발생 시점이 뒤로 밀리기 시작했고 이에 실망한 투자자들이 매도하면서 주가가 하락한 것이다.

필자가 파악해야 했던 내용은 하나였다. G사는 계약을 취소한 것인가, 아니면 뒤로 미뤘을 뿐 이후 계약대로 진행할 것인가였다. 시간을 투자해서 기업 공부를 하고 IR 담당자와 여러 번 통화도 해본 결과, G사의 사정으로 잠시 일이 지연됐다는 결론을 내렸다. 계약이 취소되거나 금액이 변경될 걱정은 안 해도 된다는 판단을 내렸고 필자는 그 이후 투자를 늘렸다. 다행히 그 이후 서서히 G사의 물량이 조금씩 들어오기 시작했고 회사의 주가는 반등하기 시작했다.

물론 추가 매수를 해야 한다면 최대한 낮은 가격에 하는 게 가장 좋다. 일시적 문제라는 판단이 들었을 때 그 문제가 서서히 풀려나가는 시점 근처에서 매수하면 저점 매수에 성공할 수 있다. 필자도 G사와의 계약이 언제부터 정상화되는지를 알아내기 위해 IR 담당자를 집요하게 괴롭혔다.

반대로 G사와의 계약 건이 취소됐다는 가정을 해보자. 많은 투자자가 이 회사에 관심을 가지게 된 계기는 G사와의 계약 건 때문이었다. 현재 매출만큼 추가 매출을 발생시킬 수 있는 기대감은 주가를 끌어 올리기에 충분했다. 투자자들의 투자 포인트가 'G사와의 계약 건을 통한 매출 증대'다. 그런데 G사와의 계약 건이 취소됐다 하면 투자 포인트 자체가 아무 의미가 없어진다. 이럴 경우에는 망설이지 말고 정리해 손실을 최소화하는 것이 바람직하다.

주가가 오르든 내리든 결국 핵심은 투자의 본질을 명확하게 파악하는 것이다. 정치 테마주의 경우 정치인의 등장이 해당 기업의 펀더멘털(Fundamental)을 바꾸지 않는다는 사실을 기억해야 한다. 정치 테마주로 주가가 고공행진을 할 수도 있지만, 그렇지 못할 가능성도 있다. 관련 정치인이 대통령이 된다 하더라도 투자자는 '그래서 실적이 늘어나고 돈을 계속해서 더 많이 벌어들일 수 있을 것인가?'에 대한 답을 찾아야 한다. 자신이 투자하고 있는 기업이 특정 정치(인) 테마주로 엮여서 오르기 시작한다면 본질을 벗어났음을 바로 감지해야 한다. 2020년 코로나 수혜주로 올랐던 종목들의 주가가 2021년 들어서 하락하는 경우가 많았는데 해당 종목들에 대한 투자의 본질을 명확하게 파악하고 있었다면 코로나 특수가 끝난 후 실적이 하락할 것을 예측해 미리 대응할 수 있었을 것이다.

주식 시장은 변동성이 심한 곳이다. 주가가 오르고 내릴 때마다 불안해하면 투자를 오래 하기 쉽지 않고 큰돈을 벌기도 어렵다. 그 대신 주식이 오르고 내리는 이유를 명확하게 찾아내는 습관을 들이다 보면 어느 순간 평온한 마음으로 주식 투자에 임하고 있는 자신을 발견할 것이다. 또한, 하락장에서 모두가 불안해할 때 덤덤하게 투자금액을 더 늘려서 이익을 극대화할 수 있게 될 것이다. 필자가 스승으로 모시는 한 투자자가 해준 조언이 있다.

"주식 투자를 해서 불안한 게 아니다. 네가 투자하고 있는 기업에 대해서 잘 모르기 때문에 불안한 것이다."

우리가 불안한 이유는 주식이 떨어져서가 아니다. 왜 떨어졌는지를 정확히 모르기 때문이다. 이유를 정확히 알면 그에 맞는 대응을 하면 그만이다.

끝으로, 주식이 하락할 때 정리하는 게 나은 대표적인 2가지 경우를 소개한다.

① 세계 경제 위기가 왔을 때 닷컴버블, 서브프라임, 코로나처럼 전 세계가 동시에 같은 위기를 겪을 때에는 주식이 크게 폭락한다. 이때는 시장 전체가 빠지고 시장 심리가 좋지 못하기 때문에 주식을 들고 있기 어려운 시기다.

② 일시적인 문제가 아닌, 지속적인 문제가 터졌을 때 앞서 설명한 자동차 부품회사처럼 문제가 터져도 시간이 지나면 해결이 되는 일시적인 문제가 있고 시간이 지나도 해결이 안 되는 문제가 있다. 스마트폰

시대가 열리기 시작하면서 MP3 플레이어나 디지털 카메라와 같은 제품을 생산하는 기업들이 큰 타격을 입었다. MP3 플레이어나 디지털 카메라를 만드는 기업에 부품을 납품하는 업체에 투자하고 있었다면 바로 정리해야 한다. 스마트폰의 등장으로 산업 자체가 변하면서 MP3 플레이어와 디지털 카메라 수요가 줄어들고 생산량 자체가 급감할 것이 뻔하기 때문이다. 이는 일시적인 문제가 아니다. MP3 플레이어와 디지털 카메라에 부품을 납품하면서 실적을 내던 기업들의 매출은 필연적으로 줄어들 수밖에 없다. 이 공백을 채울 신사업을 찾아서 개척하고 또 다른 실적을 내야 다시 투자의 매력이 생긴다.

앞에서 언급했던 코로나 특수를 반짝 받아서 주가가 올랐다가 하락한 기업들도 '일시적인 문제'가 아닌 경우에 해당한다. 코로나 특수를 받았던 기업들은 오히려 코로나 사태가 '일시적으로' 주가를 부양하는 효과를 발생시켜 주가가 반짝 올랐던 것이다. 코로나 사태 때 올랐던 반짝 실적을 낼 수 있는 다른 방법을 찾아야 주가가 다시 오를 수 있다. 그리고 그 실적이 지속적으로 유지될 수 있다는 근거가 있어야 오른 주가가 유지될 수 있다.

07 적정 매도 가격 정하는 방법

많은 사람이 주식을 어려워하는 이유 중 하나가 적정 밸류에이션을 제대로 구하지 못해서다. 자신이 투자한 기업의 적정 가치가 100원인지, 1,000원인지, 10,000원인지 정확하게 알지 못하니 대응하기가 어려운 것이다.

필자가 가상화폐 투자를 개인적으로 반대하는 이유는 밸류에이션 파악이 불가능하기 때문이다. 가상화폐의 적정 가치는 도대체 얼마인지에 대한 질문에 명쾌한 답을 내린 사람을 아직 보지 못했다. 무엇을 기준으로 평가를 해야 맞는 건지 도무지 감을 잡을 수 없다. 밸류에이션 파악을 할 수가 없는데 지금 매수하는 가격이 비싼지, 싼지 어떻게 안단 말인가?

밸류에이션을 정확하게 파악해야 정확한 매도 가격이 나온다. 매도 가격이 있어야 주가가 오르고 내릴 때 흔들리지 않고 대응할 수 있다. 매도 가격이 없으면 주가가 오를 때 '좀 더 오르면 팔아야지'라는 생각으로 더 들고 있다가 팔지 못하는 경우가 많이 발생한다. 반대로 주가가 이제 막 상승하기 시작하는데 바로 파는 실수를 저지를 수도 있다. 주가가 1,000원인 기업의 적정 주가가 10,000원인데 2~3배만 올라도 떨어질 것 같아 팔 수 있다. 이런 일은 생각보다 자주 발생하는데 수익을 극대화하지 못하는 결과로 이어진다. 이런 문제의 뿌리는 정확한 밸류에이션을 파악하지 못한 것에서 시작된다.

밸류에이션 구하는 방법은 여러 곳에서 다양하고 쉽게 찾아볼 수 있다. 어느 하나만이 정답이라는 생각을 버리고 여러 방법을 활용해보면서 자신에게 맞는 방법을 찾는 것이 좋다. 필자가 쓰는 방법도 특별하지 않다. 여러 사람의 방법을 써봤고 이 중에서 가장 잘 맞는다고 판단되는 방법을 쓰고 있을 뿐이다. 엘앤에프 투자 당시 필자가 쓴 방법을 순서대로 소개하겠다.

#경쟁사가 얼마만큼 평가를 받고 있는지 확인

필자는 반드시 경쟁사들부터 파악한다. 경쟁사들의 밸류에이션을 파악하는 이유는 시장에서 이 기업들을 얼마까지 평가해주고 있는지를 확인하기 위해서다.

시장에서 '반도체'를 만드는 기업들의 밸류에이션을 1년 동안 벌어들이는 수익의 10배 정도로 본다고 가정해보자. 100억 원의 수익을 올리는 반도체 기업이라면 시장은 1,000억 원 정도, 200억 원의 수익을 올리는 반도체 기업이라면 2,000억 원 정도의 밸류에이션을 줄 것이다. 물론 기업마다 사업 영역이 조금씩 다르고 경쟁력에서 차이가 있을 수 있으므로 밸류에이션에 조금씩 차이는 있다. 200억 원의 수익을 올리는 반도체 기업이 100억 원의 수익을 올리는 반도체 기업보다 시장 점유율이 높고 기술력이 좀 더 앞서 있다면 시장은 12~13배 정도까지 밸류에이션을 줄 수도 있다.

어느 정도의 차이는 이해가 되지만 같은 산업에 속한 경쟁사가 너무 과하게 다른 평가를 받기는 쉽지 않다. 똑같은 포지션에 입사한 동기들 중에서 한 직원에게만 업무가 다르지 않은데도 2배 많은 연봉을 주는 것과 같은 개념이다. 비슷한 수준에 있는 기업이라면 너무 과하게 벗어나지 않는 범위에서 비슷한 평가를 받는 것이 합리적이다.

엘앤에프의 경우에 비교가 가능했던 경쟁사가 2곳이 있었다. 엘앤에프가 시장에서 어디까지 평가를 받을 수 있을지 판단하기 위해 경쟁사 2곳에 대한 평가를 알아봤다. 경쟁사 D사는 2020년 영업이익 대비 시가총액이 65배까지 평가를 받았고 경쟁사 E사는 105배까지 평가를 받았다.

[엘앤에프 경쟁사 영업이익 대비 시가총액 비율]

	경쟁사 D사	경쟁사 E사
2019년	30배	33배
2020년	65배	105배

필자는 아무리 좋은 회사라 해도, 아무리 성장 산업에 속해 있다 해도 이 정도 수준의 가치 평가는 과하다고 생각한다. 그러나 경쟁사들이 이렇게까지 높은 평가를 받고 있다는 것을 보면서 '지금 시장에서 이 산업에 속한 기업들을 이 정도로 평가하는구나'라는 결론을 내릴 수 있었다. 엘앤에프 역시 같은 산업에 속해 있기 때문에 65~105배까지는 못 받는다 해도 반대로 저평가를 받을 이유도 없겠다는 결론을 내렸다.

#최소 1~2년 이후의 실적 예상치 파악

경쟁사가 어느 정도까지 평가받는지 확인했다면, 그다음은 투자하려는 기업의 최소 1~2년 이후의 실적 예상치를 파악해야 한다.

필자는 밸류에이션을 파악할 때 최소 1~2년 이후의 실적으로 평가한다. 어차피 장기 투자를 선호하는 입장에서 몇 개월 이후의 주가는 크게 중요하지 않다. 1년 후, 2년 후 기업의 평가가 어디까지 올라가 있을지가 더 중요하다. 이 부분은 투자자의 성향에 따라 달라질 수 있다. 단타를 하는 사람이라면 이런 방법이 적합하지 않다. 그러나 최소 1~2년을 보고 중장기적 관점에서 투자하는 사람이라면 충분히 도움이 될 수 있다.

필자가 2020년 엘앤에프에 투자할 당시 2021년, 2022년을 지나면서 엘앤에프가 영업이익을 최소 600억 원 이상은 달성할 수 있을 것으로 내다봤다.

실적 예상치 파악은 여러 방법으로 할 수 있다. IR 담당자와 대화도 해보고, 증권사 보고서를 통해 나오는 수치들을 참고할 수도 있다. 필자도 이런 방식으로 예상치를 만들고 그 예상치보다 조금 낮춰서 실적 예상치를 만든다. 그렇게 해야 확실한 저평가 영역에서 매수할 수 있다. 엘앤에프가 증설을 앞두고 있었던 부분도 미래 실적을 조금 과감하게 잡을 수 있는 결정적 계기가 됐다.

#기업이 과거에 받았던 밸류에이션 확인

마지막으로 필자는 투자하려는 기업이 과거에 시장에서 얼마만큼 평가를 받았었는지를 확인한다. 특히 주가가 높았던 시점이 있다면 그 시점을 유심히 들여다본다.

기업의 과거 밸류에이션을 보는 이유는 '회사에 문제가 없었을 때 시장에서 이 정도까지 평가를 받았구나'의 감을 잡기 위해서다. 또한, 회사가 최고로 잘 나갔을 당시 받았던 시장의 평가를 바탕으로 앞으로 회사가 잘 나갈 때 받을 수 있는 시장의 평가가 어디까지 가능할지 합리적으로 예측하기 위해서다. 물론 이는 참고사항일 뿐이다. 과거와 현재의 회사 상태가 완전히 바뀌어 있을 수도 있고 시장 환경이 변해 있을 수 있으므로 이런 부분까지 확인해야 한다.

엘앤에프는 2017년에 시가총액이 1조 원 정도였고 영업이익은 293억 원 정도였다. 영업이익 대비 35배 정도의 평가를 받았다.

① 엘앤에프의 경쟁사들은 영업이익의 70~100배가 넘는 평가를 받고 있다.

② 엘앤에프는 앞으로 1~2년 안에 영업이익이 최소 600억 원은 넘을 것이다.

③ 과거 엘앤에프는 잘 나갈 때 영업이익의 35배까지도 평가를 받았다.

①~③을 종합한 필자의 결론은 '엘앤에프가 정상화가 된다면 아무리 못해도 영업이익 대비 최소 30~35배까지는 평가를 받아도 이상하지 않다'였다. 사실 30~35배는 굉장히 높은 수치다. 그러나 경쟁사가 65~105배까지 받는 상황이다 보니 30~35배는 오히려 굉장히 보수적인 수치라고 생각했다. 이렇게 내린 엘앤에프의 적정 시가총액은 1조 8,000억~2조 1,000억 원 정도였고 이는 주당 70,000원 정도였다.

[엘앤에프 적정 시가총액]

2021~2022년 영업이익	최소 600억 원
적정 멀티플	30~35배
적정 시가총액	1조 8,000억~2조 1,000억 원

주가가 70,000원을 넘어가자 엘앤에프의 시가총액도 2조 원을 넘어가기 시작했다. 이때부터 필자는 미련 없이 매도 버튼을 누르

기 시작했다. 주가가 너무 급하게 오른다는 느낌이 드는 동시에 더 오를 것 같다는 생각이 들었다. 실제로 엘앤에프는 그 이후 주가가 10만 원도 돌파했다. 그러나 욕심을 부리면 늘 끝이 좋지 않기 마련이다. 필자가 계산한 엘앤에프의 적정 시가총액에 거래가 되는 것을 확인한 다음, 미련 없이 모든 물량을 정리했다.

적정 매도 가격을 정할 때는 다양한 방법을 활용할 수 있다. 그래도 반드시 지켜야 하는 것이 있다.

첫 번째, 앞에서 설명한 경쟁사의 밸류에이션을 반드시 파악해야 한다. 경쟁사가 어느 수준까지 시장에서 평가받고 있는지를 확인하면 투자하고 있는 기업이 어느 정도까지 평가받을 수 있는지에 대한 합리적인 가격을 산정할 수 있다.

두 번째, 밸류에이션 파악은 보수적으로 하는 편이 훨씬 좋다. 필자가 엘앤에프의 적정 멀티플을 30~35배를 주지 않고 경쟁사처럼 70~100배를 줬다면 엘앤에프의 적정 시가총액을 4조 2,000억~6조 원으로 설정하고 투자에 임했을 것이다. 그랬다면 지금까지도 매도하지 않고 들고 있었을 것이다. 그러나 70~100배는 너무 과한 수준이라는 필자만의 확고한 철학이 있었기 때문에 절반도 안 되는 30~35배를 적용했다. 보수적으로 산정을 했음에도 불구하고 필자가 계산한 적정 시가총액에 도달하면 큰 수익을 낼 수 있었다.

주식 투자는 미래를 100% 예측하기가 어려우므로 보수적으로 접근해야 혹여 실수가 발생해도 실패 확률을 줄일 수 있다. 경쟁사가 시장에서 70~100배 이상의 평가를 받고 있지만 시장 환경이 변해서 갑자기 50배의 평가를 받게 될 수도 있다.

예상치 못한 변수들에 대비하기 위해서라도 실적 예상치와 적정 주가 산정은 늘 보수적으로 해야 한다. 기업이 1년 후에 100억 원을 벌 수 있겠다는 판단이 들어도 적정 주가를 계산할 때만큼은 80억 원으로 하면 실수해도 실패할 확률을 줄일 수 있다.

08 전문가 말 너무 믿지 마라

주변에 주식, 부동산 혹은 가상화폐 등에 투자하고 있는 투자자들과 대화하다 보면 재미난 현상을 하나 발견하게 된다. "왜 해당 자산(주식, 부동산 혹은 가상화폐)에 투자했습니까?"라는 질문에 대한 답을 들어보면 자신들의 생각이라고 말은 하지만, 정작 자기 생각이 아닌 뉴스에서 본 내용을 그대로 가져온 경우가 많다.

비트코인 열풍이 불 당시 필자 주변에서도 비트코인에 투자하는 사람들을 쉽게 찾아볼 수 있었다. 필자는 비트코인 투자를 반대하지만, 어떤 근거로 투자하고 있는지 알고 싶어 투자한 여러 사람과 대화를 해봤다. 그런데 아무도 비트코인이 왜 가치가 있는지, 적정 가치가 얼마인지에 대해서 논리적 근거를 제시한 사람을 찾아볼 수 없었다. 신문 등 언론, 유튜브에서 자주 나오는 내용을 짜깁기한 다음, 그 짜깁기 내용을 자기의 생각으로 여기고 있다는 생각을 지울 수 없었다. 특히

"일론 머스크도 비트코인의 미래를 밝게 보고 테슬라 차량을 구매할 때 결제 수단으로 비트코인을 쓸 수 있게 한다더라"라는 말을 한 사람이 가장 많았다. 그러나 안타깝게도 일론 머스크는 몇 달이 지나 '비트코인을 채굴하는 과정이 친환경적이지 않아 테슬라 결제로 받아들일 수 없다'라며 입장을 번복했다. 당연히 그날 비트코인은 크게 하락했다. 이 결정은 4~5달 사이에 번복됐는데 일론 머스크가 그때는 채굴 과정이 친환경적이지 못했다는 것을 몰랐다는 말인가? 테슬라도 비트코인에 큰 금액을 투자했는데 투자할 때 이런 정보도 없었다는 말인가? 물론 앞으로도 일론 머스크가 비트코인에 대한 견해를 또다시 바꾼다 해도 크게 놀라지는 않을 것이다.

비트코인을 투자한 이유에서 '일론 머스크도 선택했기 때문'이라는 말을 한번 잘 생각해보자. 일론 머스크가 투자하면 비트코인의 가치가 올라가는 이유는 무엇일까? 생각해보면 없다. 일론 머스크가 투자해서 비트코인 가치가 오르는 것이 아니라 '일론 머스크 같은 거물이 선택했으니 믿어도 되지 않을까?'가 좀 더 맞는 표현이다.

또 하나 예를 들어보자. 2008년 미국 서브프라임 사태가 터지기 직전에 위기를 눈치챘던 몇 명이 있었다. 이 사람들은 당시에 미국 부동산 시장이 폭락할 수 있다며 경고했지만 주변 사람들은 다 비웃었다. 여기서 말하는 주변 사람들은 일반 사람을 의미하는 게 아니다. 골드만삭스와 같은 글로벌 전문 투자 은행에 다니는 사람들이다.

영화 '빅쇼트'로 유명한 마이클 버리도 서브프라임 사태를 예견한 사람 중 하나다. 마이클 버리는 부동산 시장이 폭락하면 돈을 벌 수 있는 상품에 투자해 큰돈을 벌었다. 마이클 버리가 자신의 생각을 이야기할 때마다 주변에서 "당신의 말이 맞으려면 미국 부동산 시장이 폭락해야 하는데 역사상 그런 일은 없었다"라며 비웃은 전문가가 한둘이 아니었다. 마이클 버리가 이런 조롱을 받으면서도 굳게 자신의 믿음을 지킬 수 있었던 이유는 무엇이었을까? 마이클 버리는 부동산 시장이 계속해서 오를 수 없다는 자신만의 확실한 근거가 있었다(이 내용은 너무 길어질 수 있으니 생략한다). 일반 사람이라면 어땠을까? 골드만삭스와 같은 거대 기관에서 자신의 생각을 비웃으면 '그런가?' 하면서 번복할 것이다. 그러나 마이클 버리는 달랐다. 그가 보기에 사람들의 반대 이유는 논리가 없었고 그저 '그동안 그런 일이 없었다' 정도였다. 영화에서 크리스찬 베일(마이클 버리 역)의 한 대사에 필자가 감동했던 기억이 있다. 집값이 절대로 폭락하지 않을 테니 어리석은 투자라며 비웃던 투자은행 담당자의 말에 다음과 같이 말한다.

"물론 시장과 은행에 대한 일반적인 인식을 고려하면 어리석은 투자겠죠. 하지만 모두가 틀렸습니다."

마이클 버리의 이런 당당함은 어디서 왔을까? 자신이 바라보고 있는 투자 포인트가 명확했기 때문이다. 누군가에 의해 만들어진 것이 아닌, 자신이 직접 분석해서 만들어 낸 투자 포인트이기 때문에 가능한 발언이다.

주식 투자를 하려면 자신이 투자하고 있는 이유가 명확해야 한다. 일론 머스크를 보고 비트코인에 투자했던 사람들은 그가 '채굴과정이 친환경이지 않아'라는 이유로 테슬라 결제 수단 결정을 번복했을 때 분통을 터트렸다. 그런데 사실 잘 생각해보면 이것은 투자자 본인의 잘못이다. 일론 머스크라는 존재가 비트코인을 긍정적으로 바라봐주는 것은 좋은 일이지만 그 자체가 비트코인의 가치를 바꾸는 것은 아니다.

필자가 생각하는 비트코인의 진짜 가치는 미국, 중국과 같은 나라에서 결제 수단으로 허용할 때 생긴다고 본다. 엘살바도르와 같은 특정 국가에서는 비트코인을 결제 수단으로 허용했지만 이는 충분하지 않다. 전 세계 경제에서 큰 부분을 차지하고 있는 국가들이 참여해야 한다. 그러나 이미 중국은 비트코인을 허용하지 않는 쪽으로 방향을 잡았고 미국도 마찬가지다. 특히 미국의 경우 기축통화인 달러를 가지고 있는 상태에서 달러의 지위가 위협받을 수 있는 새로운 화폐를 쉽게 허용하지 않을 것이다. 이런 부분들이 해결된다면 비트코인도 충분히 가치가 있을 수 있다고 본다. 미국과 중국이 법적으로 허용하지 않겠다 하는데 일론 머스크와 같은 개인의 선택이 무슨 의미가 있다는 말인가?

주식을 한번 살펴보자. 경제 TV에 나오는 전문가, 증권사 애널리스트, 구독자가 많은 유튜버 등 여러 경로를 통해서 여러 종목에 대한 추천들이 나온다. 일반 투자자들은 이런 사람들의 말을 믿고 투자를 결정하는 경우가 많다. 그러나 이것은 굉장히 위험한 방식이다. 오해하지는 말자. 이들이 잘못된 정보를 일부러 흘리거나 의도를 가지고 악의적인 내용을 전하지는 않을 것이다. 그러나 아무런 검증 없이 이들의 말만 믿고 투자를 결정하는 행위가 위험하다는 의미다. 전문가들의 말은 참고의 대상이지 맹신의 대상이 아니다.

그러나 안타깝게도 필자가 주식 투자를 하는 사람들에게

종목을 고른 이유를 물어보면 전문가들이 했던 이야기를 반복하거나 뉴스 기사에 나온 제목 한두 개를 읽어보고 답한다는 느낌을 자주 받는다. 삼성전자에 투자한 사람들이 반도체 슈퍼사이클이 돌아온다는 말을 반복하는데 "왜 슈퍼사이클이 돌아온다고 생각하느냐?"라는 질문을 던지면 제대로 답을 하는 사람은 거의 없다. 삼성전자라면 믿을 수 있다고 말하면서도 "현재 화웨이가 경쟁력을 잃은 상태에서도 삼성전자가 수혜를 받지 못했는데 프리미엄폰은 애플, 저가폰은 중국 기업인 사이에서 삼성전자의 경쟁력이 어디에 있다고 보느냐?"라는 질문을 던지면 묵묵부답이다. 삼성전자가 좋다고 말을 했음에도 불구하고 왜 좋은지에 대한 근거와 논리는 어디에 있는지 찾아보기가 어렵다.

자신이 생각하고 있는 투자 포인트가 정말 자신이 믿고 있는 투자 포인트인지, 아니면 누가 한 말을 그냥 반복하는 것인지 반드시 명확하게 파악해야 한다. 이 부분은 생각보다 쉽게 파악할 수 있다. 자신의 투자 포인트에 "왜?"라는 질문을 3~4번만 던지면 된다. 그렇게 자신의 논리가 제대로 만들어졌는지를 끊임없이 확인해야 한다.

#필자가 경험한 증권사 애널리스트

필자는 수많은 증권사 애널리스트를 탐방에서 만난 적이 있다. 이름만 대면 알만한 대형 증권사의 애널리스트뿐만 아니라 증권사에서 높은 자리에 있는 사람도 많이 만나봤다.

탐방을 가면 같이 참석한 사람들이 어떤 질문을 하는지 들어보면서 '그 사람의 수준'을 파악하는 것이 나름의 재미다. 대형 증권사에서 높은 자리에 있는 사람이 있으면 어떤 질문을 할지 기대를 하고 듣게 된다. 그런데 안타깝게도 필자가 경험했던 애널리스트들의 수준은 아쉬운 부분이 많았다. 회사의 중장기적인 관점에서 바라보려는 사람은 극히 드물었다. 단기 실적에만 관심이 있었다. 산업의 흐름, 업계 현황과 같은 부분을 질문하는 사람은 생각보다 많지 않았다(물론 깊은 부분까지 건드려가며 질문을 하는 애널리스트들도 있다. 그러나 비율로 보면 굉장히 극소수다). 이 사람들이 돌아가서 보고서를 쓰면 그것이 일반 투자자들이 접하는 '증권사 애널리스트 보고서'가 된다.

이해를 좀 더 돕기 위해 회사를 깊게 보는 사람과 그렇지 않은 사람 간의 질문 유형에 대해 삼성전자를 예로 들어보겠다.

[중장기적 관점에서 회사를 깊게 보는 사람의 질문 유형]

① 미국이 중국을 견제하기 위해 반도체 산업에 힘을 쏟고 있는데 삼성전자에는 어떤 영향을 미칩니까?

② 대만의 TSMC와 삼성전자 간의 격차가 줄어들지 않고 있는데 어떻게 극복하실 생각입니까?

③ 삼성전자가 2030년까지 비메모리 반도체 1위를 달성하겠다고 했습니다. 회사는 이를 어떻게 단계적으로 준비해 가고 있는지 알려주십시오.

④ 화웨이가 경쟁력을 잃었는데도 삼성전자 스마트폰은 수혜를 크게 입지 못했습니다. 미국의 애플과 중국의 오포, 비

보, 샤오미와 같은 기업들과의 경쟁에서 이기는 방법은 무엇입니까? 폴더블폰으로 대응을 하겠다고 하는데 애플도 결국 폴더블폰을 내놓을 텐데 소비자가 반드시 삼성전자를 골라야 하는 핵심 경쟁력은 무엇입니까?

⑤ 이재용 부회장의 현 상황이 삼성전자 투자 결정에 있어서 어느 정도의 영향을 미칩니까?

⑥ 미국이 중국을 견제하기 시작하면서 안미경중(안보는 미국, 경제는 중국) 정책이 더는 힘을 발휘하지 못할 수 있을 것 같습니다. 삼성전자는 이에 대해서 어떻게 대응하실 생각입니까?

[회사를 깊게 보지 않는 사람의 질문 유형]

① 이번 분기 실적이 얼마나 나옵니까?

② 당기순이익은 얼마나 나옵니까?

③ 올해 예상 이익률은 얼마나 나옵니까?

④ 삼성전자 주가가 왜 이렇게 많이 내렸습니까?

⑤ 올해 배당금은 얼마나 주십니까?

⑥ 반도체 슈퍼사이클이니까 우리도 수혜입니까?

누가 보더라도 두 유형이 다르다는 것을 한눈에 파악할 수 있다. 주식 투자로 큰돈을 벌기 위해서는 회사를 중장기적인 관점에서 깊게 바라보고 인내심을 가져야 한다.

투자자 본인이 회사를 깊게 보고 있는지 확인하는 방법이 있다. 증권사에서 보고서가 나왔을 때 회사를 깊게 보는 사람들은 보고서 내용에서 새롭다고 느껴지는 내용을 별로 찾아보지 못한다. 이미 해당 내용을 다 파악하고 있어서 몰랐던 부분은 한두 개 있겠지만 큰 흐름은 이미 파악하고 있다. 심지어 애널리스트가 잘못된 정보를 주고 있는지까지도 잡아낸다. 반면, 회사를 깊게 보지 않는 사람들은 보고서가 나올 때마다 모든 내용이 새롭게 느껴진다. 회사에 대해서 알고 있는 게 많이 없으니 다 새로운 내용으로 보인다. 자신이 투자하고 있는 회사의 보고서가 새로 발행됐는데 몰랐던 내용이 많다면 회사에 대한 이해도가 턱없이 부족하다는 신호일 가능성이 크다.

투자자가 매도를 하는 순간까지 증권사에서 보고서도 많이 나올 것이고 경제 TV에서 추천도 많이 될 것이다. 유튜버를 통해서도 언급이 될 텐데 회사에 대한 이해도가 깊은 투자자라면 크게 흔들리지 않을 수 있다. 본인이 생각한 목표가보다 훨씬 낮은 목표가를 설정한 애널리스트도 많을 것이다. 그러나 너무 신경 쓰지 않아도 된다. 생각보다 종목을 깊게 이해하고 추천하는 전문가가 많이 없다는 점을 기억하자. 전문가의 말은 참고만 하면 되는 정도다. 투자 포인트와 철학은 자신이 만들어야지 남이 만들어주는 게 아니다. 전문가의 말을 맹신하거나 그들이 말할 때마다 마음이 흔들린다면 아직 투자에 자신이 없다는 의미다.

여기서 절대 잊지 말아야 할 것이 있다. 투자로 유명해진 사람들은 (자신들의) 실패담에 대해서는 잘 공유하지 않는다. 그래서 언론을 통해 유명세를 탄 사람들은 투자자들에게 '저 사람은 투자하면 다 성공한다'라는 잘못된 이미지를 심어준다.

투자에 있어서 100%는 존재하지 않는다. 애널리스트가 다 맞는다면 하루에 추천되는 모든 종목에 투자만 해도 우리나라 국민은 모두 부자가 되어야 한다. 그러나 현실은 그렇지 않다. 애널리스트 의견은 참고의 대상이지 맹신의 대상이 아니다. 누군가가 종목을 깊게 보고 있는지 아닌지는, 투자자 본인이 보고 있는 깊이의 수준에서 보인다. 전문가의 말에 휘둘리지 않으려면 투자자 본인이 깊게 보고 있어야 한다. 그러면 무엇이 잡음이고, 무엇이 필요한 정보인지 정확하게 파악될 것이다.

09 2080 법칙 매도 시점은 늘 갑자기 찾아온다

'2080 법칙'에 대해 들어본 적이 있을 것이다. 이탈리아의 경제학자인 빌프레도 파레토가 개미를 관찰하다 발견한 법칙을 인간 사회에 적용하면서 유명해졌다. 이 법칙을 기업 활동에 적용하면 기업이 만드는 100개 제품 중 상위 20개 제품이 80%의 수익을 올린다는 것이 된다. 나머지 80개 제품이 고작 20%의 수익을 낸다는 말도 된다. 조직에서는 20%의 사람이 80%의 일을 한다는 것으로 적용이 가능하다.

주변을 한번 살펴보면 생각보다 많은 영역에서 이 법칙이 적용될 수 있다는 것을 발견한다. 필자는 이 법칙이 주식 시장에서도 적용된다는 것을 여러 차례 경험했다. 주식 시장에서 '2080 법칙'이 적용되는 경우는 2가지다.

#수익의 80%는 20%의 종목에서 난다

첫 번째, 수익의 80%는 20%의 종목에서 난다는 것이다. 100개의 종목에 투자한 사람이 100만 원의 수익을 냈다면 80만 원의 수익은 20개의 종목에서 날 확률이 높다.

필자의 계좌도 투자 초반 때보다 많이 불어났다. 매수를 한 번이라도 했던 종목을 세어보면 매우 많아 셀 수도 없다. 물론 종목 교체는 주식 투자를 시작한 초반에 많이 했다. 지금은 2~3개 종목으로 최소 2~3년을 들고 가기 때문에 종목 교체가 예전만큼 많지 않다.

지금 돌이켜보면 계좌가 크게 불어날 수 있게 도와줬던 종목은 몇 개 되지 않는다. 여러 종목으로 작은 수익을 자주 낸 것이 아니라 소수 종목으로 큰 수익을 몇 번 내다보니 계좌가 크게 불어났다는 의미다. 슈퍼개미로 유명한 김정환 대표는 '경제적 자유를 얻는 데 필요한 종목은 5~6개 정도면 충분하다'라는 말을 자주 한다. 집중 투자를 통해 큰 수익을 몇 번만 내면 경제적 자유를 얻을 수 있다는 말이다.

주식 투자는 쉽지 않다. 실패할 확률도 높다. 그래서 투자 행위를 여러 번 반복한다면 실패할 확률을 높일 뿐이다.

다음 페이지의 그림은 2021년 초에 나온 2020년 11월까지의 남녀 수익률을 비교한 자료다. (성별 상관없이) 평균 연령 기준으로 '40대>30대>20대' 순으로 수익률이 높으며, 성별로 보면 여성이 남성보다 수익률이 높다는 특이사항을 알게 된다. 수익률 1, 2, 3위는 전부

[남녀 수익률 비교]

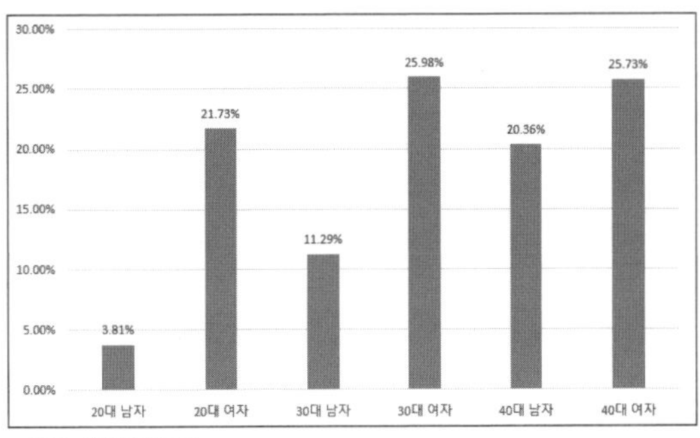

• 출처: NH투자증권

여성이다.

왜 이런 현상이 나왔을까? 20대 남성의 회전율이 약 68.33배(6,833%) 정도였다. 모든 연령층에서 압도적으로 가장 높은 수치다. 회전율이 높다는 것은 그만큼 매매를 자주 했다는 의미다. 100만 원의 돈으로 6,833만 원어치 매매를 한 것인데 단타를 많이 쳤고 그만큼 종목을 자주 교체했다고 할 수 있다.

한 증권사에서 실시한 연구 결과에서 회전율이 100% 이하인 사람들의 수익률은 약 7.1%인 반면, 회전율이 2,000% 이상인 사람들의 수익률은 -18%였다. 회전율이 높아질수록, 즉 매매가 잦아지고 종목 교체가 많아질수록 수익률은 더 좋아지지 않는다. 수익률이 높았던 20~40대 여성의 회전율은 25~27배 정도로 20대 남성의 절반 정도로 나왔다.

매매를 자주 하면 수익률이 좋지 않다는 이야기는 전 세계적으로 이미 검증이 됐다. 그런데도 많은 투자자가 '나는 다를 것이다'라고 생각하며 이 규칙을 깨보려고 시도한다. 남성일수록, 그리고 연령이 낮을수록 이런 성향이 더 자주 발견된다. 시도하는 것은 좋다. 그러나 결과는 정해져 있다. 빨리 깨닫는 것이 수익률에 도움이 된다. 자꾸 종목을 바꿀 생각하지 말고 소수의 확실한 종목을 골라서 수익 낼 생각을 해야 한다.

#수익의 80%는 20%의 기간에서 발생한다

필자가 생각하는 주식 시장에서의 2080 법칙 두 번째는 주식 상승의 80%는 20%의 기간에 발생한다는 것이다.

다음은 상신이디피의 주가 차트다. 필자는 2017~2018년에 상신이디피 투자로 약 300%가 넘는 수익을 냈다. 2016~2017년 3,000~4,000원대에서 수량을 늘렸다. 매입이 마무리됐을 당시 평균 단가는 4,000원 정도였다. 12,000원 정도 가격대에서 물량을 정리해 성공적으로 수익을 낼 수 있었다.

필자가 처음 상신이디피를 매수한 시기는 2016년 초다. 이때부터 1년이 넘는 기간 동안 매입을 했다. 상신이디피의 주가는 2017년 11월 정도부터 상승하기 시작했다. 즉, 필자가 처음 상신이디피를 매수한 2016년 초부터 상승이 시작된 시기까지 22개월이 넘게 걸렸다. 그런데 상승이 나오기 시작한 시점부터 매도한 시점까지는 5개월이 걸리지 않았다.

[상신이디피 주가 차트]

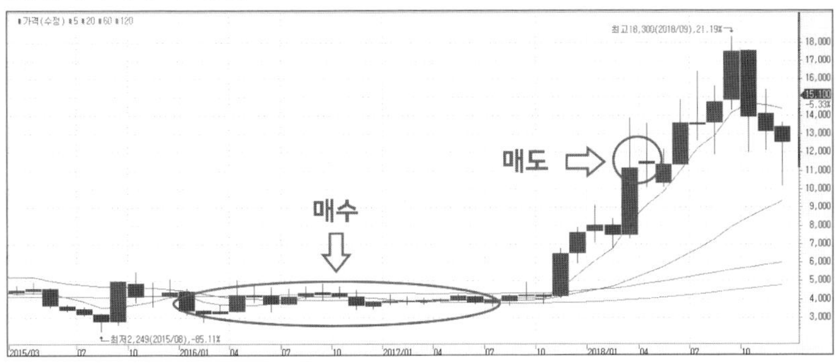

상신이디피를 매수하기 시작해서 매도할 때까지 기간은 27개월 정도였는데 수익은 5개월 안에 다 났다. 27개월 중 22개월은 오르지도, 내리지도 않는 지루한 시간의 연속이었다. 수치상 정확히 20대 80은 아니지만, 수익은 금방 나고 수익이 날 때까지의 시간은 지루함의 연속이라는 것을 말하고 싶다.

누군가는 '2017년 11월 상승이 시작될 때 들어가서 수익을 바로 내고 나오면 되지 않느냐?'라는 질문을 던질 수 있다. 맞다. 이론적으로는 가능하다.

과거에도 그렇고 현재에도 이렇게 하겠다고 시도하는 투자자가 얼마나 많은지 셀 수 없다. 주식을 한다는 사람이라면 최소 한 번씩 이런 생각은 해봤을 것이다. 다양한 기술을 도입해서 주식 투자에 필요한 기간을 단축하려는 시도는 늘 있었고 현재에도 있다. 앞으로도 있을 것이다. 그런데 안타깝게도 아직 답을 찾은 사람은 없는 듯하다. '상승이 시작될 때 들어가겠다'는 이론상으로는 완벽하다. 문제는 현실에 적용되지 않는다는 것이다. 주식이 언제 상승할지, 얼마나 상승할지 완벽하게 파악하는 것은 불가능하다. 최소한 현재까지는 말이다.

*

이렇게 '2080 법칙'을 주식 시장에 적용해봤다. 그렇다면 이것이 매도와 무슨 관련이 있다는 말인가?

종목을 오래 들고 있으면 재미가 없고 지루하며 장기 투자는 자기와 맞지 않는다는 이야기를 하는 사람이 많다. 단타로 여러 번 수익을 자주 내면 재미도 있고 효율적이지 않겠느냐는 이론상 완벽하지만 현실에서는 불가능한 꿈을 꾸며 잘못된 습관으로 주식 투자를 하는 사람도 많다. 가능한 일이었다면 이미 누군가가 하고 있을 것이고 유명한 투자자들이 추천하는 방식으로 자리를 잡았을 것이다. 그러나 눈을 씻고 찾아봐도 이런 조언은 찾아볼 수 없다. 불가능하다는 이야기다.

투자는 수익을 위해서 하는 것이지 재미를 위해 하는 것이 아니다. 종목을 자주 바꾸고 변동성이 큰 종목에 투자하면 재미있고 짜릿하다. 종목을 갈아타면 금방 수익이 날 것 같다. 그러나 현실은 냉정하다. 그렇게 했던 20대 남성들은 수익률 꼴찌를 기록했다. 헛수고였고 시간 낭비였던 것을 인정해야 한다.

자신이 투자하고 있는 종목에 관심을 가지고 진득하게 기다려야 한다. 언제 오르기 시작할지 아무도 모른다. 상승은 갑자기 찾아올 것이며 급격하게 상승하면 심리적으로 따라붙기가 쉽지 않아서 수익을 누리기도 어렵다. 갑자기 찾아온 상승을 온전히 누릴 수 있는 사람은 그 전부터 들고 있던 사람이다. 적정 가격에 매도하고 큰 수익을 낼 기회는 생각하지도 못한 순간에 갑자기 찾아오기 마련이다. 쭉쭉 올라가는 다른 종목을 너무 부러워할 필요가 없다. 그저 아직 내 차례가 돌아오지 않은 것뿐이다. 소외감이 들고 답답하고 지루한 상황을 주식하는 80% 기간 동안 겪어야 한다. 매도하는 그 순간까지 이것을 절대 잊지 말고 버텨라. 주식 투자는 엉덩이로 한다는 말이 괜히 나온 게 아니다. 오래 버티고 기다리고 참는 자에게 수익이 돌아간다.

아마존에서 근무했던 한 사람이 인터뷰에서 "아마존을 설립한 제프 베조스는 굉장히 도전적인 인물이고 많은 것을 요구합니다"라고 말을 했다. 함께 일하는 사람들은 그만큼 쉽지 않은 상사와 일을 해야 했다. 가끔 일이 힘들고 지쳐서 제프 베조스를 찾아가 "일이 너무 힘들고 어렵습니다"라고 하면 제프 베조스는 다음과 같이 답했다고 한다.

"당신에게 단 한 번도 이 일이 쉽다고 말한 적이 없습니다."

그런데 이런 말을 들으면 오히려 더 힘을 낼 수 있었다고 말했다. 쉽지 않을 것을 인지하면서 근무했기 때문이라고 한다.

주식 시장은 재미있는 곳이 아니다. 누가 그런 말을 했는지, 어디서 그런 생각을 가지게 되었는지 알 수 없다. 그런 생각을 가지고 주식을 하다 보니 지루한 시간이 이어지면 견디지 못하게 된다. 누군가가 필자에게 "주식, 오래 들고 있으면 지루하고 따분합니다"라는 말을 하면 반드시 필자는 다음과 같이 답한다.

"도대체 누가 주식 시장이 재미있는 곳이라고 했나요? 여기는 지루하고 답답하고 따분하고 잔인한 곳입니다."

이 사실만 기억하고 있어도 주식 시장이 생각보다 어렵게 느껴지지 않을 것이다.

매도 후에는 반드시 잠깐 쉬어라

성공적인 투자 사이클은 생각보다 길고 쉽지 않다. 좋은 기업을 찾아서 탐방도 다녀와야 하고 (해당 기업이 속한) 산업과 경쟁사 공부도 해야 한다. 적정 매수 가격에 매수한 후, 원하는 목표가에 도달할 때까지 기다려야 한다. 보유하는 기간 동안 주가가 출렁일 때마다 회사 상황을 파악해서 계속 보유해야 하는지를 정해야 한다. 매일매일 올라오는 보고서도 찾아봐야 하고 새로운 뉴스가 없는지 지속적으로 업데이트해야 한다.

아무리 짧아도 이 모든 것이 1~2일 안에 벌어질 수는 없다. 최소 6개월, 길면 몇 년이 걸린다. 정말 운이 좋아서 급등하기 바로 직전에 매수했다면 투자 사이클이 짧아질 수는 있다. 그러나 매수 타이밍이 좋아서 보유 기간이 짧아진 것일 뿐이다. 기업을 알아가는 그 시간 자체는 줄이기가 쉽지 않다. 산업이 단순하고 경쟁사가 별로 없다면 좀 더 줄어들 수는 있겠지만 한 기업을 깊이 있게 이해하기까지 필요한 최소한의 시간이 있다.

성공적으로 수익을 올리고 목표가에 매도했다면 계좌가 불어나 있을 것이다. 이때 여러 감정이 찾아온다. 투자 사이클에서 필자가 목격한 많은 투자자가 가장 다양한 반응을 보이는 단계가 바로 수익을 낸 이후다. 누군가는 운이 좋았다면서 겸손함을 보인다. 누군가는 너무 힘든 시간이었다면서 지난 시간을 되돌아보기도 한다. 누군가는 자신의 결과를 뿌듯해하며 자신감이 넘치는 모습을 보이기도 한다. 수익의 일부를 기부하는 투자자도 있다.

사람마다 조금씩 다른 감정과 반응을 보이지만 공통적으로 볼 수 있는 감정이 있는데 바로 자신감이다. 이 시기에는 '내가 뭘 해도 다음 주식도 성공적으로 불릴 수 있겠다' 하는 자신감이 가득 찬 상태다. 이럴 때 투자자는 굉장히 조심해야 한다.

성공적인 투자에는 정확한 산업 흐름 분석, 경쟁사 분석, 적정 주가를 파악하는 능력을 포함해 시장 흐름을 읽는 능력까지 필요하다. 자신감이라는 감정은 정확한 분석이 끝났을 때 더 큰 금액을 투자할 수 있게 도와주기는 하지만, 기업을 정확히 파악하는 데는 아무런 도움을 주지 않는다. 오히려 방해만 한다. 자신감이 차 있으니 깊이 분석하지 않았는데도 '느낌'이 개입될 여지가 크다. 물론 돈에 대한 동물적 감각을 가진 사람도 있다. 그러나 일반인은 여기에 해당하지 않는다. 나의 감정과 상관없이 기업에 대한 냉정한 평가만이 존재한다.

매도해 수익을 크게 내면 계좌가 불어나 있으니 어깨에 힘도 들어가고 으쓱해진다. 이럴 때 분석은 약해지고 베팅은 강해지는 경향이 있다. 어렵게 불려둔 돈이 한순간의 자신감 때문에 날아갈 수도 있다. 이럴 때는 어떻게 해야 할까?

투자가 끝나고 계좌가 불어났으면 잠시 주식 시장을 떠나는 것을 추천한다. 필자도 큰 수익을 낸 이후에는 반드시 50~60% 이상을 현금으로만 보유한 채 한동안 시장을 지켜본다.

주식 시장은 반드시 오르고 내린다. 평생 오르는 시장이나 상품은 이 세상에 존재하지 않는다. 좋은 기업은 늘 있고 저평가되어 있는 기업도 널려 있다. 시간이 좀 흐르면 자신감이 식기 시작한다. 그때부터 다음 사냥감을 찾아 나선다.

필자는 엘앤에프를 매도한 이후 현금 비중을 50% 이상 유지하고 있다. 엘앤에프 매도 이후 신규 매수한 종목은 없다. 엘앤에프 매도 전부터 보유하고 있던 기업의 주가가 조정을 받을 때 추가 매입을 한 정도다. 엘앤에프 매도 후 한동안 어떤 종목을 사도 금방 계좌를 불릴 수 있을 것 같은 감정에 사로잡혀 있었다.

성공적으로 매도를 했다면 현금을 확보하고 자신을 위해서 소비도 좀 하면서 잠시 쉬어라. 그렇게 하면서 다시 시장을 냉정하게 바라볼 수 있을 때 돌아올 것을 추천한다.

5장

실전! 기업 탐방

이번 장에서는 필자가 1,000곳 넘는 기업을 탐방하면서 겪었던 일화들을 소개하고자 한다. 다른 여러 주식 투자 관련 책에는 재무제표를 보는 방법이나 수치와 관련된 내용이 자주 언급되어 있다. 그러나 필자는 탐방을 다니면서 그보다 더 깊고 넓게 기업을 분석해야 한다는 것을 깨달았다. 수치적인 분석은 기업 분석의 일부일 뿐이다.

좋은 기업을 분별해내기 위해 투자자가 반드시 파악하고 있어야 할 내용으로 이번 장을 구성했다. 어떤 기업에 투자하더라도 적용이 가능한 내용이다.

01 잔인할 정도로 솔직한 게 최고다

필자에게 1,000곳 넘는 기업 탐방을 다니면서 얻은 가장 중요한 교훈이 무엇이냐고 묻는다면, 망설임 없이 '솔직함'이라고 이야기하겠다. 좀 더 자세히 표현하자면 '잔인할 정도의 솔직함'이다.

주식 투자에서는 정보를 제대로 해석하는 것, 현재 상황을 있는 그대로 파악하는 것, 그리고 앞으로 일어날 미래를 정확하게 예측하는 것이 가장 중요하다. 미래를 100% 정확하게 예측하는 것은 불가능하니 정확에 최대한 가깝게 예측해야 한다는 표현이 맞겠다. 이것만 제대로 할 수 있다면 어떤 기업에 투자해야 할지, 또 어떤 기업에 투자하지 말아야 할지가 명확해진다.

수익을 내줄 기업을 제대로 찍어서 투자하는 행위, 그리고 앞날이 불투명한 기업은 피하는 행위만 잘해도 자산은 금방 불어날 수 있다. 그런데 이 판단을 내리기 위해 가장 중요한 것이 무엇인가? 정확한 데이터다. 몸이 아픈 사람이 의사를 찾아가서 가장 먼저 해야 하는 것이 무엇인가? 현재 나의 몸 상태를 정확하게 전달하는 것이다. 그래야 의사가 어떤 상태인지를 정확하게 진단할 수 있다. 이러한 맥락과 같다.

여기서 말하는 데이터는 무엇인가? 회사의 현재 상황 그 자체다. 모든 투자자와 회사를 이어주는 연결고리는 IR 담당자다. 그들이 말해주는 데이터(회사의 현재 상황)를 가지고 투자자들은 투자 결정을 내려야 한다. IR 담당자는 솔직하게 더 붙이지도 않고 빼지도 않고, 있는 그대로를 이야기해줘야 투자자가 정확한 판단을 내릴 수 있다.

필자가 말하는 솔직함은 바로 이 부분이다. IR 담당자는 잔인할 정도로 솔직해야 한다. 회사 상황이 안 좋으면 안 좋다고 하고, 앞으로도 좋아질 기미가 보이지 않는다면 그런 상황이라고 이야기하면 된다. 그게 IR 담당자가 해야 할 일이다. IR 담당자는 투자자의 비위를 맞춰주거나 회사의 부정적인 모습을 숨기기 위해 존재하는 사람이 아니다. 너무 좋으면 숨길 필요 없이 그냥 좋다고 이야기하면 된다. 투자 결정은 투자자의 몫이다.

아쉽게도 여전히 많은 IR 담당자가 있는 그대로를 이야기하지 않는다. 물론 이해할 수 있는 부분이다. 모든 사람의 성격이 다르고 상황을 해석하는 기준도 다르다. 또한, '괜히 좋게 말했다가 실적이 안 좋으면 욕만 먹을 수 있으니 차라리 보수적으로 이야기하자'라는 생각이 들 수도 있다. 매출액이 100억 원 나온다고 말했다가 90억 원이 나오면 욕을 먹지만, 90억 원이 나온다고 이야기를 했다가 100억 원이 나오면 칭찬을 들을 수 있으니 말이다. 아무튼 여러 이유로 회사의 상황을 그대로 전달하지 않는 IR 담당자를 생각보다 자주 만나게 된다.

#잘하는 것도 인정하고, 못하는 것도 인정하고

이 책에 가장 많이 등장한 엘앤에프는 필자가 꼽는 '잔인할 정도로' 솔직했던 기업이다. 필자가 투자하는 기간 동안 대화했던 IR 담당자는 시원시원함이 최고의 장점이었다(지금도 재직 중인지는 모르겠다).

보통 IR 담당자들은 회사가 잘하는 부분은 강조해서 이야기하고, 경쟁사 대비 약한 부분은 뭉뚱그려서 이야기하는 경향이 있다. 또한, 경쟁사에 대한 언급을 꺼리는 경향이 있다.

그런데 엘앤에프 IR 담당자는 달랐다. 돌려 말하지 않았고 엘앤에프가 가장 잘하는 부분에서는 거침없이 경쟁사보다 우월하다는 점을 명확하게 인식시켜줬다. 어려운 기술 용어를 쓰지 않았고 적정한 비유를 들면서 투자자가 이해하기 쉽게 설명해주는 스타일이었다. 그리고 경쟁사들과 비교했을 때 엘앤에프의 약점으로 느껴지는 부분에서는 깔끔하게 인정했다. 보통 다른 IR 담당자들은 회사의 단점을 이야기할 때 "저희가 약한 부분을 만회하려고 열심히 노력하고 있습니다"라는 식으로 이야기하지만 엘앤에프의 IR 담당자는 "제가 볼 때 저희는 그 부분에서는 경쟁사 못 따라갑니다"라고 잘라 말했다. 괜한 희망을 주지 않는 스타일이었다. 투자자에게 되지도 않을 헛된 기대감은 아예 가지지 말라는 것 같았다. 초반에는 '이렇게까지 이야기해도 되나?' 싶어서 어색하기도 했지만 되돌아보면 그 IR 담당자의 그런 화끈한 화법이 투자에 큰 도움이 됐다.

#분리해서 바라봐야 한다

스마트폰 시장에서 2020년도는 중요한 해였다. 미국은 중국을 견제하면서 중국 기업들의 반도체 구매를 규제하기 시작했다. 중국의 최대 스마트폰 판매사였던 화웨이는 큰 타격을 입었다. 미국의 규제로 최첨단 반도체를 사용하지 못하다 보니 성능이 좋은 스마트폰을 내놓지 못하게 됐고 몇 달이 지나지 않아 화웨이는 스마트폰 판매 순위에서 아예 사라졌다.

미국이 화웨이를 견제하기 시작할 당시 국내에서는 '삼성전자가 수혜를 보는 것 아닌가?'에 대한 기대감이 불기 시작했다. 증권가에서는 그동안 애플과 삼성전자를 제치고 스마트폰 시장에서 존재감이 커졌던 화웨이가 사라지면 그 수혜를 애플과 삼성전자가 고스란히 나눠 가질 수 있다고 봤다. 그러나 몇 달이 지나 나온 성적표는 삼성전자에는 충격적이었다. 화웨이가 팔던 물량이 애플과 중국 스마트폰 기업들(오포, 비보, 샤오미 등)에 돌아가면서 사실상 삼성전자는 아무런 수혜를 보지 못한 것이다.

화웨이가 피해를 보면 삼성전자가 수혜를 볼 것이라는 이야기가 돌던 당시, 필자는 스마트폰 부품을 만들어 삼성전자에 납품하는 H사 탐방을 다녀왔다.

H사의 IR 담당자는 굉장히 현실적인 이야기를 해줬다. 시장에서 삼성전자에 가지고 있는 기대감이 과하다는 이야기였다. IR 담당자는 화웨이의 빈자리를 중국 기업이 거의 가져갈 것이고 애플도 어느 정도 수혜를 보겠지만 삼성전자가 큰 수혜를 보기는 힘들 것이라는 분석을 내놓았다. 실제로 몇 달이 지난 후 그 말은 현실이 됐다.

IR 담당자는 차분하게 다음과 같은 이야기를 했다.

"우리 회사는 삼성전자가 스마트폰을 잘 팔아야 살아남아요. 당연히 삼성전자가 잘해야 하는데 그건 저희 바람이고 현실은 또 분리해서 생각해봐야죠. 화웨이의 빈자리가 생겨나도 요즘 중국 기업들 추격이 거셉니다. 중국 기업들의 스마트폰 품질도 예전보다 많이 좋아졌어요. 삼성전자니까 잘 되겠지라는 막연한 생각으로 바라보는 건 무리가 있어 보입니다. 앞으로 폴더블폰 등 신제품이 많이 나올 텐데 기술 격차를 제대로 벌리지 않으면 경쟁사들을 따돌리기가 생각보다 쉽지 않을 수 있습니다."

H사 IR 담당자의 조언은 필자에게 균형 있는 생각을 할 수 있게 큰 도움을 줬다. 보통 스마트폰 부품업체를 찾아가면 90% 이상이 비슷한 이야기를 한다.

"지금은 안 좋지만 곧 반등을 기대하고 있습니다."

그러나 H사의 IR 담당자는 달랐다. 삼성전자가 소비자들에게 선택을 받을 수 있는 확실한 매력 포인트를 제시하지 못하면 외면당할 것이라고 했다. 애플과 중국 기업들 사이에 껴서 삼성전자의 포지션이 애매한 상태인데 여기서 벗어나야 한다는 것이다.

현재도 필자는 이 시각을 유지하면서 스마트폰 섹터를 바라보고 있다. 화웨이가 사라지면 삼성전자가 수혜를 볼 것이라는 기대감이 들떠 있던 당시, 필자는 이 부분에 대한 답(삼성전자의 미래 경쟁력)을 얻지 못한 상황이었기 때문에 스마트폰 관련주 투자를 하지 않기로 했다. 현재 시점에서 그렇다는 의미다. 언제라도 삼성전자 스마트폰 사업부 경쟁력이 독보적으로 느껴지는 시점이 다시 온다면 주저하지 않고 투자할 것이다.

#'이때'부터 오를 겁니다

동양피스톤은 자동차 엔진에 들어가는 피스톤을 만드는 회사다. 국내 1위 피스톤 업체이며 전 세계적으로 4개 회사가 전체 시장의 80%를 장악하고 있다. 동양피스톤이 4위 정도 위치에 있다.

피스톤은 자동차 엔진에 들어가는 부품이기 때문에 기술력과 신뢰가 확보된 기업들만이 공급한다. 자동차 엔진을 개발할 때 피스톤 설계 도면을 자동차 제조사에서 주는 게 아니고 피스톤 회사에서 만들어야 한다. 자동차에서 가장 중요한 엔진에 들어가는 부품이다 보니 얼마나 고도의 기술력이 필요한지는 대충 감이 올 것이다.

필자가 동양피스톤을 찾아간 시기는 2018년 5월이다. 당시 주가는 4,500원대였다. 실적이 꾸준히 우상향하고 있었고 당시 1조 5,000억 원이 넘는 수주 잔고를 가지고 있었다.

당시 시장에서 가지고 있던 우려가 있었다. '내연기관에 쏠

린 매출'이었다. 피스톤은 엔진이 필요한 내연기관 차량에는 필수 부품이지만 전기차에는 필요가 없다. 쉽게 말해, 전기차 시대가 도래하는 상황에서 회사가 변화하지 않으면 힘들 수 있다는 이야기다.

필자도 이 부분을 알고 싶어서 회사에 직접 찾아갔다. 당연히 회사에서도 이 부분에 대해서 인지하고 있었고 전기차나 수소차와 같은 차세대 차량에 들어갈 제품을 개발하고 있었다. 당시 IR 담당자는 다음과 같이 말했다.

"회사가 전기차 시대에 발맞춰서 신규 제품을 준비하고 있습니다. 그런데 최소 1~2년 정도는 기다리셔야 합니다."

이 정도면 충분했다. 회사가 문제를 인지하고 있었고 행동

[동양피스톤 탐방 당시 사진]

을 하고 있었다. 다만 시간이 필요할 뿐이었다. IR 담당자는 이 부분에 있어서 굉장히 솔직하게 소통했고 회사의 현재 상황까지도 정확하게 알려줬다.

그 이후부터 필자는 동양피스톤을 (매수하지 않은 상태에서) 지속적으로 관찰했다. 그리고 IR 담당자와 한 번씩 통화하면서 업데이트를 받았다. 실제로 2019년부터 동양피스톤은 친환경 차량에 들어가는 부품 매출이 조금씩 잡히기 시작했고 2020년, 2021년에 해당 사업부의 매출이 꾸준히 증가하는 모습을 보이고 있다. 당연히 시장에서도 서서히 동양피스톤에 대한 관심을 가지기 시작했고 주가도 서서히 오르기 시작했다. 2018년에 탐방 갔을 당시 IR 담당자가 해준 말은 100% 그대로 현실이 됐다.

2018년 5월에 탐방을 다녀온 후의 주가 흐름을 살펴보자. 2020년 3월에 코로나 사태로 2,500원대 최저점을 찍고 반등하기 시작했다. 2021년 들어서 수소차 관련주들의 좋은 흐름이 나오기 시작했고 동

[탐방 이후 동양피스톤 주가 흐름]

양피스톤도 여기에 따라 움직이기 시작했다.

필자가 집필하고 있을 때 동양피스톤의 주가는 12,000원을 넘나들고 있었다. 필자가 탐방을 다녀왔을 당시보다 3배 이상 주가가 뛰었다. 더 놀라운 것이 있다. IR 담당자의 최소 1~2년은 기다려야 한다는 말이 그대로 현실에서 이뤄진 것이다.

*

여기서 오해하면 안 되는 부분이 있다. 솔직하다고 해당 기업의 주가가 오른다는 의미는 아니다. 솔직한 것이 중요한 이유는 투자자가 올바른 판단을 내릴 수 있게 도와주는 도구가 되기 때문이다. 엘앤에프와 동양피스톤의 경우 IR 담당자의 솔직함이 필자의 매수 결정을 내리도록 도와줬으며 H사의 경우에는 IR 담당자의 솔직함이 (매수하지 않고) 관망하는 결정을 내릴 수 있도록 도와줬다.

그렇다면 회사 IR 담당자가 솔직한지는 어떻게 파악할 수 있을까? 동물적 감각이 너무 뛰어나서 말 한마디만 들어도 말하는 사람의 마음을 읽을 수 있는 사람이 어딘가에는 존재하겠지만 일반 사람에게는 해당하지 않는 이야기다. 필자도 마찬가지다. 중요한 것은 시간과 검증이다. IR 담당자가 해준 말은 반드시 검증해야 하고 시간을 두고 지켜봐야 한다. 이것이 IR 담당자의 솔직함을 파악할 수 있는 가장 안전한 방법이다. 그 판단이 들 때까지는 시간이 필요하다. 너무 조급하게 생각하지 말고 이성과 교제할 때 상대방을 조금씩 알아가는 것처럼 천천히 하면 된다. 한 번이면 실수고 두 번이면 습관이라고 하지 않았던가? IR

담당자의 말을 계속해서 확인하다 보면 IR 담당자가 어느 정도로 솔직한지 파악할 수 있게 된다.

심리학을 전공한 사람과 대화를 해보면 꼭 듣는 이야기가 있다. 원인만 파악해도 문제의 50%가 해결된다는 것이다. 이 이야기와 같은 맥락이다. 회사의 상황을 냉정하게 파악하는 그 순간, 주식 투자의 50%는 해결된다. 지금 당장 매수를 해야 할지, 아니면 기다렸다가 매수를 해야 할지, 아예 관심을 두지 말아야 할지 등을 정하는 기준이 된다.

1,000곳이 넘는 기업 탐방을 다니면서 필자가 얻은 가장 값진 교훈은 잔인할 정도로 솔직한 기업을 만났을 때 투자자의 성공 확률이 가장 높아진다는 것이다.

02

회사와 산업을 꿰뚫어 보는 사람들은 함께해야 할 동반자다

주변에 자녀를 둔 지인들이 자주 하는 말이 있다. 아이마다 성향도 다 다르고 성격도 다 다르다는 것이다. 같은 부모에게서 태어나고 같은 환경에서 자라는데 어쩜 그렇게 아이들의 성격이 다른지 신기하다고 한다.

필자가 1,000곳이 넘는 기업 탐방을 다니면서 '같은 업무를 담당하면서도 사람마다 이렇게 성향이 다르구나!'라는 것을 여러 번 깨달았다. 누가 좋고 누가 나쁘다 이런 이야기가 아니다. 투자에 도움이 될만한 성향을 지닌 사람들이 있고 그렇지 못한 사람들이 있다는 이야기다.

기업마다 IR 담당자가 하는 업무는 거의 비슷하다. 회사에서 추가로 업무를 주느냐 마느냐에 따라 조금씩 차이는 있겠지만 투자자를 상대하고 회사의 전반적인 내용을 전달해야 하는 업무 자체는 거의 같다고 보면 된다. 그런데 같은 업무를 하는 사람들도 얼마나 각각 성향이 다르던지….

앞에서 잔인할 정도로 솔직한 것이 얼마나 중요한지 언급했다. 그러면 솔직하기만 하면 될까? 솔직한 IR 담당자를 만났다면 그다음으로 중요하게 볼 부분은 무엇이 있을까? 바로 회사와 산업에 대한 끊임없는 고민을 한 흔적이 보이는지를 파악해야 한다.

솔직한 IR 담당자는 회사의 현재 상황을 정확하게 파악할 수 있도록 도와준다. 그리고 회사와 산업에 대한 끊임없이 고민한 IR 담당자는 투자자의 생각 폭을 더 넓혀주고 투자자가 보지 못했던 부분을 볼 수 있도록 도와주는 역할을 한다. 솔직하면서도, 회사와 산업에 대해 끊임없는 고민을 하는 IR 담당자라면 투자자의 성공 확률을 더욱 높여줄 수 있다.

#생각하는 수준이 회장급

동화기업은 필자가 굉장히 좋아하는 회사다. 직접 투자를 해서 수익도 냈었고 기업 탐방은 물론, 공장 탐방까지 다녀왔다. 지금은 보유하고 있지 않지만 늘 관심 종목에 올려두고 지켜보는 기업 중 하나다. 10년 이상 지켜봐 왔고 필자의 투자 성향과도 굉장히 잘 맞는 그런 기업이다.

동화기업의 IR 담당자는 필자가 탐방을 갔을 당시 굉장히 인상적이었다고 느끼는 IR 담당자 중 하나다(지금도 재직 중인지 모르겠다).

동화기업은 목재 사업을 하는데 파낙스이텍을 인수하면서 2차 전지 사업에도 진출했다. 목재 사업만 했을 때는 시장에서 관심이 덜 했지만 2차 전지 사업에 진출한 이후부터 동화기업의 주가는 고공행진을 이어갔다.

[동화기업 탐방 당시 사진]

필자가 마지막으로 탐방을 갔을 때가 파낙스이텍을 인수하는 시기였다. 어떻게 2차 전지 쪽에 발을 들여놓았는지, 회사는 무슨 생각을 하는 것인지 등이 궁금했다. 동화기업은 기존 사업과 연관되는 기업만을 인수해왔는데 갑자기 2차 전지 관련 회사를 인수한다니 조금 의아했다.

보통 IR 담당자를 만나다 보면, 직급이 높을수록 회사에 대한 이해와 깊은 고민이 묻어나올 확률이 높다는 것을 알게 된다. 직급을 가지고 사람을 차별하는 것이 아니다. 당연히 회사에서 더 높은 직책을 맡은 사람이라면 다방면으로 회사에 대한 고민과 앞날을 걱정해야 한다. 부사장 직급을 단 사람과 이제 막 들어간 사원이 같은 수준의 생각을 하고 있다면 잘못된 것이다. 능력이 없는 사람이 부사장 자리에 앉아있던가 회사가 사원의 가치를 알아보지 못하고 잘못된 자리에 앉혀둔 것이다.

동화기업 IR 담당자의 경우 직급은 높지 않았는데 필자가 만났던 다른 회사의 같은 직급을 달고 있었던 IR 담당자들과는 다른 느낌을 받았다. 산업에 대한 전반적인 흐름과 이해도, 회사가 나아가야 할 방향, 현 경영진의 장점과 문제점, 국내외 경쟁사들의 현재 상황과 앞으로 동화기업이 경쟁사들 사이에서 살아남기 위해 취해야 하는 전략 등을 깊이 고민한 흔적이 보였다. 특히 목재 사업을 하다가 2차 전지 사업을 이제 막 시작한 회사치고는 2차 전지에 관한 내용을 굉장히 깊이 있게 알고 있었다.

필자는 탐방을 갈 때 질문을 굉장히 많이, 그리고 깊고 다양하게 준비해가는 편이다. 사실 준비를 하면서도 '이런 질문을 하면 좀 이상한가?'라는 생각을 할 때가 많다. 그래서 IR 담당자가 필자의 질문에 답을 하지 못할 때가 종종 있다. "이런 질문은 처음 받아봅니다"라는 답변을 받은 적도 생각보다 많다. 그런데 동화기업의 IR 담당자는 놀라울 정도로 필자의 모든 질문에 깊이 있는 답변을 했다. 필자는 탐방을 다녀온 이후 IR 담당자가 했던 발언들을 최소 6개월에서 1년을 두고 지켜보면서 IR 담당자의 앞을 내다보는 능력을 검증한다. 그런데 동화기업 IR 담당자의 말은 거의 다 들어맞는다는 결론을 내릴 수 있었다.

동화기업을 깊이 있게 분석하고 나면 화학 사업, 중고차 사업, 2차 전지 사업까지 파악할 수 있다. 동화기업 IR 담당자와의 미팅 이후 필자는 해당 섹터들에 대한 이해도가 확실히 깊어졌고 투자에 큰 도움을 얻을 수 있었다. 이 IR 담당자는 단순히 IR 업무만을 하는 사람이 아니었다. 자신의 회사가 하는 산업에 대한 전반적인 흐름을 꿰뚫어 보고 있었다.

#뭐지… 이 쿨한 매력은?

아세아제지 탐방도 기억에 남는다. 가장 짧았던 미팅이었기 때문이다. 시작부터 끝까지 20분 정도 걸렸던 것으로 기억한다. 그리고 또 하나, IR 담당자가 '소 쿨(So Cool)'했기 때문이다.

보통 탐방은 IR 담당자가 제공해준 IR 자료를 같이 보면서 설명을 듣고 질문하는 방식으로 진행된다. 그런데 아세아제지는 IR 자료 자체가 없었다. 그 대신 궁금한 것은 뭐든지 물어보라고 하면서 대화가 시작됐다. 아세아제지를 갔을 때도 필자는 다양한 질문을 준비했다. 하나씩 질문하고 답변만 받아도 최소 1시간은 걸려야 할 양이었다. 그런데 어떻게 이 미팅은 20분 만에 끝나버렸을까? 바로 IR 담당자의 능력 때문이었다.

누구나 주변에 그런 사람 1명쯤은 알고 있을 것이다. 같은 내용을 설명하는데 굉장히 간결하면서도 필요한 내용을 한방에 이해시키는 사람 말이다. 이것은 말하는 사람의 능력이다. 선생님에 따라 같은 학생의 성과가 달라질 수 있는 것과 마찬가지다. 누가 얘기하면 이해가 쉽고 재미도 있는 반면, 누가 얘기하면 같은 내용도 너무 지루하고 이해도 안 된다. 철저하게 말하는 사람의 능력에 따라 달라진다.

아세아제지 IR 담당자가 그랬다. IR 자료도 없이 10분 정도를 대화했더니 필자의 머릿속에 제지 산업에 대한 그림이 그려지기 시작했다. 경쟁사는 어디인지, 무엇을 봐야 제지 산업의 흐름이 보이는지를 완벽하게 이해하기 시작했다. 대한민국에서 제지 산업이 현재 어떤 상황인지 등을 이해하기에 10분이면 충분했다. 아세아제지 IR 담당자는 경쟁사들의 현재 상황에 대해서도 2~3분 정도 만에 모든 것을 정리하는 능력이 있었다. 놀라웠다. 필자가 준비한 질문의 절반은 물어볼 필요도 없을 정도로 모든 내용을 정리해줬다. 지금 생각해보면 같은 내용을 알아듣기 쉽게 전달하는 것은 굉장한 능력이다. IR 담당자가 무엇이 중요한지, 무엇이 중요하지 않은지를 정확하게 구분하고 있었기 때문에 가능했다. 경쟁사들에 대해서도 이미 완벽하게 파악하고 있다 보니 전달해야 할 핵심적인 내용이 이미 머릿속에 완벽하게 정리가 되어 있었다. 또한, 필자가 던지는 질문들에 대해 답변이 빠르게 나올 수 있었던 이유가 이미 그런 내용에 대해서는 한 번쯤 깊이 생각을 해보고 답을 가지고 있었기 때문이다.

1,000곳이 넘는 기업 탐방을 다니면서 1,000명이 넘는 IR 담당자를 만났다. 아세아제지 IR 담당자는 필자가 만나본 IR 담당자 중 가장 이해를 잘 시키는 사람 중 하나였다. 투자자가 알아야 할 사항을 간결하고 핵심적인 내용으로만 추려서 정확하게 전달해줬다. 탐방 이후 생각해보니 왜 수많은 그래프와 도표, 수치가 가득한 IR 자료가 없었는지 이해가 됐다. 아세아제지 IR 담당자는 그런 자료 하나 없이 투자자가 필요한 모든 정보를 정확하게 전달할 수 있었기 때문이었다.

#덕분에 다른 회사에서 칭찬받았습니다

필자는 2017년 5월에 대한해운 탐방을 다녀왔다. 2017년은 탐방을 열심히 다니기 시작하던 시기이면서 경험이 많지 않았을 때라 부족한 부분이 많았던 시기였다. 당시 해운사를 한 번씩 돌아보다 대한해운도 다녀오게 됐다.

탐방을 하는 중간에 IR 담당자가 필자에게 "해운업 공부 이제 막 시작하셨죠?"라는 질문을 던졌다. IR 담당자가 보기에 필자의 질문 수준을 보니 해운업에 대해서 아무것도 모르는 초보의 티가 많이 났던 것 같다. 필자는 웃으며 그렇다고 솔직하게 털어놓았다. 그 후 IR 담당자는 필자에게 개인 과외 선생님처럼 해운업을 볼 때 무엇을 분석해야 하고, 어떤 자료들을 봐야 하는지, 경쟁사의 어떤 부분들을 모니터링해야 하는지에 대해서 자세하게 알려줬다. 글로벌 경쟁사들에 대한 현황까지 듣고 탐방을 마무리했다.

탐방이 끝난 이후 해운업을 어떻게 봐야 하는지 좀 더 명확해지기 시작했다. 대한해운 탐방을 위해 준비했던 질문들이 얼마나 의미 없는 질문들이었는지, 어떻게 IR 담당자가 필자의 해운업 정보 수준이 초보였는지를 파악했는지 금방 알 수 있었다. 이런 상황이 부끄럽다고 생각하는 사람도 있겠지만 필자는 오히려 IR 담당자에게 감사했다. 그 이후에 HMM(당시 현대상선) 탐방도 잡혀 있었기 때문이다. 대한해운에 다녀온 후, IR 담당자가 해준 말들을 기억해 가면서 HMM 탐방 자료를 다시 준비했다. 준비했던 질문지를 수정하면서 '이런 수준의 질문을 던지려고 했었다니…'라는 생각이 들었다.

대한해운을 다녀온 후 HMM 탐방을 가기까지 시간이 많지 않았다. 그런데 HMM 탐방을 마친 이후 HMM의 IR 담당자가 필자에게 "해운업에 대해서 깊이 이해하고 계시네요? 이렇게까지 질문을 깊게 하시는 분을 많이 뵙지 못했습니다"라고 했다. 필자가 그 짧은 기간에 갑자기 해운업에 대한 이해도가 올라갈 수 있었던 이유는 무엇일까? 대한해운의 IR 담당자를 통해서 해운업을 어떻게 바라봐야 하는지에 대한 관점이 변했기 때문이다. 대한해운의 IR 담당자가 아니었다면 필자가 이해하는 해운업 수준은 발전하지 못하고 그대로였을 것이다.

*

동화기업, 아세아제지 그리고 대한해운 IR 담당자들은 산업과 회사에 대한 이해도가 깊었다. 필자는 현장의 힘을 믿는다. 아무리 많은 자료를 보고 공부한다 하더라도 현장에서 직접 몸으로 느끼고 산업을 경험하면서 끊임없이 고민해본 사람의 통찰력을 따라가기 쉽지 않다. 이런 사람들과 대화를 하고 이 사람들의 지혜를 엿들을 수 있는 것은 투자자로서 큰 자산이다.

투자하고 있는 기업의 IR 담당자가 이런 사람이라면 엄청난 행운이다. 시간을 내서라도 반드시 이들과 친해지고 자주 대화를 하는 것이 좋다. 해당 기업뿐만 아니라 해당 산업에 대한 이해도가 깊어질 좋은 기회다. 이들을 통해서 해당 기업에 투자해 수익을 낼 수도 있고, 가치가 없는 곳에는 투자하지 않음으로써 손실을 피할 수도 있다. 혹은 같은 산업에 속한 다른 기업의 투자 기회를 얻을 수도 있다.

필자가 산업을 공부할 때 가장 큰 도움을 준 사람들이 이런 유형의 IR 담당자들이었다. 단순히 특정 기업의 투자 결정을 내리는 정도의 도움이 아니다. 한 산업을 어떻게 바라보고 분석해야 하는지를 배우게 해준 너무 감사한 사람들이다. 놀랍게도 이런 IR 담당자와 만나서 대화를 하다 보면 특정 산업을 넘어서 다른 산업을 분석할 때도 도움이 되고 더 나아가서 우리나라 산업 전체의 흐름을 보는 안목이 길러진다. 이렇게 시간이 지나면 실패할 확률이 줄어들고 실력이 늘게 된다. 그러면서 자연스럽게 잔고도 불어나게 된다.

앞에서 잔인할 정도로 솔직한 IR 담당자가 중요하다고 했다. 그리고 회사와 산업을 꿰뚫어 보는 IR 담당자는 반드시 함께해야 할 동반자라고 했다. 잔인할 정도로 솔직한 IR 담당자가 회사와 산업까지 꿰뚫어 보고 있다면, 그를 통해 투자자가 성공할 확률이 훨씬 높아질 것이다.

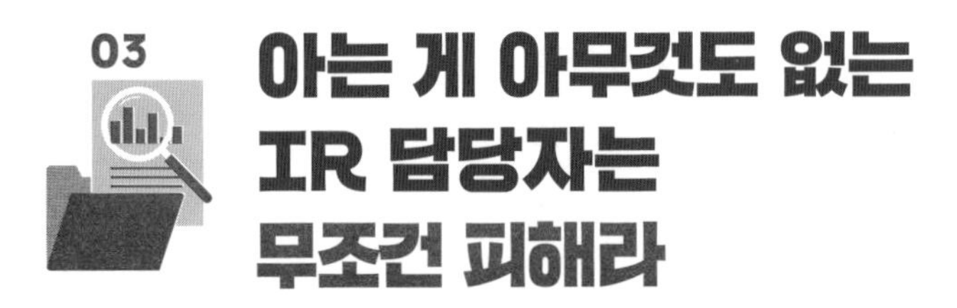

03 아는 게 아무것도 없는 IR 담당자는 무조건 피해라

동화기업과 아세아제지 IR 담당자는 산업과 회사에 대한 끊임없는 고민을 한 흔적이 보이는 IR 담당자라고 했다. 이번에는 반대의 케이스를 살펴보자. 깊은 고민을 한 흔적이 전혀 보이지 않는 IR 담당자도 있었다(그다지 좋은 내용이 아니라 머리말에서 언급했던 것처럼 회사명은 알파벳 순서를 따라 표기했다. 특정 기업의 이니셜이 아니다).

#탐방의 취지를 망각하고 질문만 던지는 IR 담당자

I사는 건설업에 포함된 회사다. 국내 부동산 경기가 좋으면 실적이 좋아지고, 어려워지면 실적이 안 좋아지는, 분석하기가 굉장히 수월한 그런 회사다.

필자는 특정 산업을 한번 공부하기 시작하면 속해 있는 모든 기업을 다 돌아다닌다. 지금 당장 좋아지지 않는다 하더라도 산업에 대한 이해도를 높이기 위해 여러 기업을 돌아다니면서 공부한다. 삼성전자를 공부한다면 SK하이닉스도 공부하고 반도체 장비, 소재까지 모두 한꺼번에 공부하는 식이다. 국내 부동산을 공부하면서 관련 기업들 탐방을 다니던 시기에 I사로 탐방을 가게 됐다. 이때도 마찬가지로 많은 질문을 준비해서 갔다.

IR 담당자로부터 회사에 대한 설명과 현재 이슈들을 짧게 업데이트받고 바로 준비해간 질문을 던지기 시작했다. 이때부터 불안한 느낌이 들기 시작했다. 첫 번째 질문은 비교적 쉬운데도 IR 담당자가 답변을 어려워한다는 느낌을 받았다. 중요한 내용이라 답변을 망설일 때 반응과 질문에 대한 답을 가지고 있지 않을 때 반응은 다르다. I사의 담당자는 후자였다. "아… 그게…", "아… 그 부분은 제가 답을 가지고 있지 않습니다. 이메일로 드려도 될까요?"와 같은 답변이 이어지더니 갑자기 I사 담당자가 오히려 필자에게 질문을 던지기 시작했다.

IR 담당자: 저기 궁금한 게 있습니다.

필자: 네, 말씀하세요.

IR 담당자: 제가 이제 집을 사야 하는데 언제 사야 할지 모르겠네요.

필자: 집 사는 결정은 내리는 게 쉽지 않죠. 함부로 말씀드리기도 어렵고요.

IR 담당자: 제가 부동산 쪽 공부를 좀 하려고 하는데 뭘 봐야 할까요?

필자: 글쎄요. 저도 부동산 전문가가 아니라 쉽게 이야기하기가 어렵네요.

IR 담당자: 1년에 우리나라에 지어지는 주택이 얼마나 되나요?

필자: 정확한 수치는 모르지만 15~16년까지는 40~50만 호 정도 공급됐고 17년부터는 30만 호대로 낮아진 것으로 알고 있습니다.

이런 식의 대화가 계속 이어졌다. 탐방이 끝나고 나니 IR 담당자가 감사하다는 말을 전했다. 덕분에 부동산 공부를 많이 할 수 있었다는 것이다. 실제로 I사 IR 담당자가 필자에게 질문하고 필자가 답을 해주는 식으로 거의 모든 시간을 할애했다. 필자가 얻어온 내용은 거의 없었다. 포털에 검색만 해봐도 알 수 있을 정도의 정보만 몇 개 얻었을 뿐, 투자에 도움이 될 만한 정보는 전혀 얻지 못했다.

이 대화의 문제점은 무엇이었을까? I사 IR 담당자는 자신이 일하고 있는 산업에 대한 기본적인 수치들조차 모르고 있었다. 부동산과 건설 관련 기업이라면 부동산과 관련된 뉴스나 수치, 시황에 관심을 두고 있어야 한다. 우리나라 집값에 영향을 주는 요소는 무수히 많다. 부동산 정책, 세금, 주택 공급 규모, 수요, 유동성 등 여러 가지 이슈가 복합적으로 맞물린다. 시장의 흐름을 파악하기 위해서는 여러 요소를 묶어서 고민해야 하는데 1년에 우리나라에 주택이 얼마나 공급되는

지와 같은 기본적인 정보도 가지고 있지 않으면 어떻게 부동산 시장의 흐름을 고민할 수 있다는 말인가? 미래를 정확히 예측하지는 못해도, 최소한 현재까지의 데이터를 가지고 자신만의 의견 정도는 전달할 수 있어야 한다. 최소한 IR 담당자라면 필자보다는 많이 알고 있어야 필자가 투자에 도움을 받을 수 있지 않은가?

부동산 관련 이야기가 아니더라도 회사 경영진의 미래 비전, 앞으로 회사가 나아가야 할 방향에 대해서도 당연히 아무런 정보도 얻지 못했다. 그저 "그건 윗분들이 알아서 하실 일이라 제가 알 수가 없죠"와 같은 답만 돌아왔다. 회사에 관한 내용을 IR 담당자에게 의존해야 하는 상황에서 IR 담당자가 아무것도 모르고 있는데 어떻게 회사에 관한 내용을 자세하게 파악할 수 있다는 말인가?

그날 이후 필자는 I사에 단 한 번도 관심을 가지지 않았다. 여기서 독자 여러분은 오해하지 않길 바란다. I사가 나쁘다는 이야기가 아니다. 다만, 투자자와의 소통창구가 되어줄 수 있는 유일한 사람이 아무것도 전달해주지 못한다면 그런 기업에 투자하는 것은 거의 불가능하다는 말이다. 지금쯤 IR 담당자가 바뀌어 있을지도 모르겠다.

#도대체 아는 게 뭡니까?

J사는 실적이 꾸준히 발생하고 있는데도 투자자들에게 미래에 대한 비전을 제시하지 못하면서 시장에서 소외되고 있었다.

기업이 지금 돈을 아무리 잘 벌고 있다고 해도 시장은 늘

'그래서 다음은?'에 대한 답을 원한다. 카카오나 삼성전자와 같은 기업이 시장에서 꾸준히 관심을 받는 이유는, 현실에 안주하지 않고 계속해서 앞을 향해 달려나가기 때문이다. 돈을 잘 벌면서 가만히 있는 회사보다는 불확실해 보여도 자꾸 도전하려는 기업이 시장의 관심을 더 받기 마련이다. 미국의 애플, 페이스북, 구글, 아마존, 넷플릭스, 테슬라와 같은 기업들이 전 세계 투자자들의 관심을 받는 이유가 바로 여기에 있다.

그러던 어느 순간부터 J사가 신규 사업을 추가하려는 움직임을 보이기 시작했다. 제약 사업에서 바이오 쪽으로 발을 넓히려고 한 것이다. 필자도 시장에서 J사에 대한 관심이 많아지고 있음을 피부로 느낄 수 있었다. 주변에 알고 지내던 투자자들도 J사에 대한 언급을 자주 하기 시작했다. 증권사 보고서도 자주 나오기 시작했고 뉴스에도 더 많이 나오기 시작했다. 필자도 J사와 약속을 잡았다.

제약 산업과 바이오 산업은 공부하기가 쉽지 않은 산업 분야다. 해당 산업의 전문가가 아니고서는 산업을 이해하기가 굉장히 어렵다. 필자 역시 제약 및 바이오 산업 분야의 전문가가 아니라 늘 해당 산업에 속한 기업들의 투자에는 소극적인 편이다.

J사에 탐방 가기 전까지 수많은 자료를 찾아보고 공부했다. 탐방 당일, 미팅이 시작된 이후 회사 소개와 중요한 이슈 몇 가지를 업데이트받고 바로 질문을 시작했다. 기존 산업인 제약 사업부와 관련된 내용은 비교적 수월하게 지나갔다. IR 담당자도 제약 사업부와 관련된 질문은 어느 정도 준비가 되어 있다는 것을 바로 알 수 있었다. 문제는 회사가 새로 추진하고 있는 바이오 산업에 관한 이야기를 나눌 때부

터 시작됐다. IR 담당자는 바이오 사업부 질문이 시작되자 "제가 근데 바이오 쪽 전문가가 아니라 이 부분은 알려드릴 게 많이 없을 것 같습니다"라는 말을 했다. 바이오는 사실 누구에게나 어려울 수 있는 영역이라 충분히 이해한다고 얘기하고 질문을 이어갔다.

바이오 산업에서 성공하기 위해서는 우리나라에서 인정받는 것은 크게 의미가 없다. 글로벌로 나가야 하고, 특히 미국에서 인정을 받아야 한다. 같은 기술이라고 해도 우리나라 식약처(KFDA)에서 승인을 받는 것과 미국 FDA(Food and Drug Administration, 식품의약국)에서 승인을 받는 것은 하늘과 땅 차이다. 조금 쉽게 표현을 하자면, 우리나라 축구선수들이 유럽에서 인정을 받고 오는 것과 국내 K리그에서 인정받는 것의 차이라고 보면 된다. 미국이 시장도 크고 경쟁사도 많다. 그만큼 경쟁도 치열하다. 이런 이유로 바이오 산업을 공부할 때는 반드시 미국의 산업 흐름과 미국 기업들의 움직임을 같이 봐야 한다.

J사가 추진하려는 바이오 사업도 마찬가지였다. J사가 하려는 사업을 정확하게 분석하려면 미국에 있는 기업들을 같이 봐야 했다. 바이오 자체도 어려운데 우리나라도 아닌 미국 쪽 기업을 분석한다는 것은 여간 어려운 일이 아니다.

바이오 산업과 관련된 질문에서는 거의 아무런 결과도 얻지 못했다. IR 담당자는 솔직하게 털어놓았다. 회사가 지금 새로 추진하는 사업이 많고, 특히 바이오 산업은 아무리 봐도 이해하기가 너무 어렵다는 것이다. IR 담당자가 바이오 전문가는 아니라 충분히 이해는 할 수 있지만 거의 모든 질문에서 망설이고 답을 제대로 하지 못하는 모습을 보면서 화도 났다. 속에서는 '도대체 당신은 아는 게 뭡니까?'라는 질문이 목까지 올라왔다. 그날 탐방을 하면서 IR 담당자에게 얻은 바이오 사업 관련 정보는 바이오에 대한 전문지식이 전혀 없는 필자가 며칠 고생해서 알아낸 정보 수준이었다.

시장은 이미 J사를 볼 때 기존 제약 산업보다는 이제 막 시작하는 신규 바이오 사업에 관심을 두고 있었다. 그렇다면 회사의 가치도 결국 바이오 산업에서 나올 것이라는 의미가 된다. J사가 하려는 사업의 정확한 내용을 파악할 수 있어야지만 정확한 가치 평가를 내릴 수 있을 텐데 투자자로서 그럴 수 없겠다는 판단을 내렸다. 이후 J사의 주가는 '바이오'라는 새로운 모멘텀을 달면서 잘 올라갔지만 필자는 전혀 미련을 두지 않았다. 어차피 주가가 올라가도 왜 올라가는지 알 방법이 없고, 어떻게 대응해야 하는지 알 방법이 없기 때문이다.

회사에 관한 내용을 알 수 없다면 그것은 투자가 아닌 투기다. 제약 및 바이오 산업에 대한 이해가 뛰어난 사람들에게는 좋은 투자처가 될 수도 있다. 그러나 필자의 기준에서 J사는 투자할 수 없는 영역의 회사였고 IR 담당자 역시 아무런 도움이 되지 못하는 유형이었다. 투자자도 모르고, IR 담당자도 모르면 어디서 제대로 된 정보를 얻을 수 있다는 말인가?

그날 바이오 사업과 관련된 질문을 하면서 IR 담당자가 몇 번이나 "이 부분에 대한 답변은 오늘 미팅 이후에 이메일로 준비해서 드려도 될까요?"를 반복했는지 모르겠다. 물론 탐방을 다녀온 이후 아무런 답변도 얻을 수 없었다. 미팅 이후에 답변을 드리겠다는 것은 그저 자신이 답을 가지고 있지 않다는 것을 피해가기 위한 수단일 뿐이었다.

IR 담당자가 아무것도 모른다고 해서 비난하는 것은 결코 아니다. IR 담당자가 그런 유형이라고 해서 주가가 못 오른다는 것도 아니다. 다만, 투자자로서 얻어야 할 정보를 얻기 힘들 수 있어서 투자 여부는 다시 한번 생각해보라는 의미다. 투자해놓고 손실이 불어나는 상황에서 IR 담당자에게 돌아오는 답변이 "그게… 잘 모르겠습니다" 혹은 "저도 이해가 가지 않습니다"라고 생각해보라. 순간순간 필요한 대응을 하기가 굉장히 어려울 것이다.

회사는 좋은데 아무것도 모르는 IR 담당자가 있을 때 투자자는 난감할 수 있다. 물론 투자자가 해당 산업과 회사를 자세하게 잘 안다면 투자해도 괜찮을 것이다. 그러나 IR 담당자에게 어느 정도는 의존해야 하는 투자자라면 회사가 아무리 좋아 보여도 피하는 것이 좋다.

필자는 IR 담당자가 도움이 되지 않아서 투자하지 않았는데 주가가 크게 오른 경우도 많았다. 그러나 아쉽지 않았다. 투자자가 직접 분석하고 흐름을 읽을 수 없는 기업이 10배가 오르든 100배가 오르든 아무 의미가 없기 때문이다.

04 거짓말과 허세는 망하는 지름길이다

필자가 생각하는 최악의 IR 담당자 유형은 무엇일까? 앞에서 아무것도 모르는 IR 담당자를 피하라고 했는데 필자가 겪어본 최악의 IR 담당자 유형은 따로 있다.

잔인할 정도로 솔직한 것이 최고라고 했던 것을 기억하는가? 최악의 유형은 그 반대다. 거짓말을 하는 IR 담당자가 최악의 유형이다. 여기에 허세까지 있다면 더 최악이다. 거짓말은 최악, 거짓말을 하는데 허세까지 있는 사람이라면 '최악 환상 콤비'라 부른다.

#거짓말도 당당하게 하면 믿기더라

앞에서 언급한 상장 폐지된 F사에 탐방 간 시기는 계속 적자를 이어오다 2017년 3분기에 갑자기 흑자 전환을 한 이후였다. 갑자기 흑자 전환도 하고 실적이 좋아지자 시장에서는 앞으로 회사가 좋아질 수 있으니 주가가 많이 오를 것이라는 기대감을 가지기 시작했다. 당연히 시장은 4분기 실적에 관심을 두고 있었다. 다음은 탐방을 가서 필자가 IR 담당자와 나눴던 대화 일부다.

필자: 3분기 실적이 잘 나왔는데 4분기 실적은 어떻게 예상하면 될까요? 흐름이 비슷한지요? 3분기 실적이 일시적인 것인지, 지속하는 것인지 궁금합니다.

IR 담당자: 걱정하지 마십시오. 제가 보기에 힘든 시기는 2분기가 마지막이었습니다. 3분기부터는 확실히 회사 실적이 좋아지고 있고 4분기에는 더 좋아집니다.

필자: 그럼 2017년은 그렇게 끝나고, 2018년, 2019년 매출도 계속해서 더 오른다고 봐도 됩니까? 이익도 좋아지고요?

IR 담당자: 그렇습니다. 앞으로 2017년 수준의 실적은 다시 못 보실 겁니다. 잘 오셨습니다.

필자: 앞으로 적자가 날 걱정도 안 해도 되는 겁니까?

IR 담당자: (씩 웃으면서) 네, 그렇습니다.

IR 담당자는 눈 한번 깜빡하지 않고 자신 있게 회사의 미래가 밝다고 안심시켜줬다. 의심할 부분이 없고 해외 유명 기업들이 F사와 함께하려고 줄을 서 있다는 말도 잊지 않았다. IR 담당자가 언급한 해외 유명 기업은 나이키, 유니클로, 도레이와 같은, 이름만 들어도 투자자들이 설렐 만한 기업들이었다. 2018년 초에는 대형 증권사에서 앞으로 실적이 좋아질 수밖에 없다는 핑크빛 전망이 담긴 보고서까지 나왔다.

그러나 2018년 3월, F사의 거래 정지 사태가 터졌다. 필자 주변에서도 이로 인해 피해를 본 투자자들이 있었다. 나중에 밝혀졌는데 2017년 3분기에 나왔던 실적도 조작된 것이었다. 매출이 나지 않았는데 회계 장난질을 통해서 마치 매출이 났고 이익이 발생한 것처럼 꾸몄다는 것이 드러났다. F사의 IR 담당자는 투자자들에게 대놓고 거짓말을 했다.

지금 생각해보면 회사에서 투자자를 유인하려고 일부러 작전을 펼친 것이 아닌가 의심이 된다. 대충 이런 패턴이다. 조작을 통해 3분기 실적을 부풀려 적자에서 탈출한 것을 보여준다. 그러면 투자자들이 '이게 무슨 일이지?' 하면서 서서히 관심을 가진다. 이때 누가 들어도 혹할 만한 유명 기업들을 들이대면서 앞으로 실적이 좋아질 수밖에 없다는 내용을 흘린다. 물론 회사는 그럴 일이 없다는 것을 이미 알고 있다. 더 많은 투자자가 꼬이면서 주가가 오른다. 이때 회사 사정을 잘 알고 있는 내부자들은 일부 주식을 매도한다. 그 이후 상장 폐지가 되고 피해는 고스란히 개인투자자들에게 넘어간다.

필자와 F사 탐방을 같이 갔던 애널리스트들이 있었다. 그 자리에 함께 있었던 사람들은 IR 담당자의 자신감에 홀려 있었다. 주가가 오르지 않은 상태였으니 얼마나 매력적이었겠는가? 아무도 모르는 정보를 마치 나만 알았다는 착각을 할 만했다. 필자는 이때 큰 깨달음을 얻었다. 거짓말도 크게 하고 당당하게 하면 오히려 믿게 된다는 것을…. 탐방을 마치고 인사를 하는 자리에서 IR 담당자가 시계를 보며 필자에게 마지막으로 했던 말이 무엇인지 아는가?

"제가 급하게 일어나야 해서 죄송합니다. 지금 미국 JP모건에서 저희를 만나기 위해 와서 기다리고 있습니다. 요즘 미팅이 너무 많이 잡혀 있어서 시간이 부족한 점 양해 부탁드립니다."

정말로 JP모건과 미팅을 했을까? 필자가 생각하기에는 아니었을 가능성이 99%라고 본다. 그 말 한마디에 그 자리에 있던 모든 사람은 분명 '미국에서 미팅도 오고 정말 좋아지는구나'라는 생각을 했을 가능성은 100%라고 본다.

#그렇게만 되면 주가는 100배가 뛰겠소

이번에는 허세가 심했던 K사를 소개한다. K사는 핀테크 관련 회사다. 핀테크(Fintech)는 금융(Finance)과 기술(Technology)의 합성어로, IT 기술을 이용해 금융 서비스를 창출해내는 산업을 말하며 비교적 신사업에 속한다.

주식 시장은 늘 새로운 것을 좋아한다. 예전부터 하던 산업에서 돈을 잘 버는 회사보다 실적은 없어도 앞으로 기대되는 새로운 산업에 발을 담그고 있는 회사를 더 좋아한다. 당연히 K사 역시 시장에서 많은 관심을 받았다. 탐방을 가면 늘 다른 팀과 함께 진행했고 기업

설명회에 가면 자리가 꽉 차 있었다(탐방을 잡기 쉽다면 그만큼 시장에서 비교적 관심이 적다고 볼 수 있으며, 탐방을 잡기 어렵거나 다른 팀과 함께해야 한다는 것은 그만큼 시장이 관심을 많이 보인다고 볼 수 있다).

K사의 IR 담당자는 거짓말을 하는 유형이라기보다는 유독 허세가 심한 유형이라고 할 수 있겠다. 증권사들이 몰려있는 여의도에서도 K사의 IR 담당자의 허세는 유명했다. 핀테크 산업이 비교적 신사업에 속하다 보니 앞으로 일어날 수 있을 미래의 일에 초점을 맞춰서 투자자들을 설득해야 했다. 다음은 실제 IR 담당자가 했던 이야기 중 일부다.

> 저희가 앞으로 진행할 사업은 A, B, C로 나눌 수 있습니다. A 사업은 우리나라에서 이제 막 시작하는 단계에 놓여 있어서 경쟁사가 적습니다. 이곳에 먼저 들어가서 경쟁사들이 들어오기 전에 저희가 진입 장벽을 구축하려고 합니다. 이 시장은 10조 원이 넘는 시장입니다. 여기서 30% 정도만 저희가 가져와도 3조 원대의 시장이 됩니다. 이익을 10%만 내도 3,000억 원입니다.
>
> B 사업의 경우 해외에서 이미 어느 정도 자리가 잡혀 있습니다. 국내에도 경쟁사가 있지만 저희는 다른 방법으로 진입을 하려고 합니다. 서비스 차별화뿐만 아니라 기존의 다른 사업과 융합시켜 더 큰 시장을 만들어낼 수 있습니다. 이 경우 국내에서만 30조 원 정도의 시장이 생겨날 겁니다. 저희는 큰 것을 바라지 않습니다. 이 안에서 3분의 1 정도만 먹어도 10조 원의 시장이 됩니다. 10조 원에서 이익이 1%만 나도 1,000억 원이 넘습니다.

C 사업은 A 사업과 B 사업이 만들어지면서 저희가 노리고 있는 부문인데 글로벌로 봐도 아직 여기다 할 만한 기업이 없는 상황입니다. 일단 저희는 A 사업과 B 사업을 통해 국내에서 발판을 마련하고 해외로 진출하려고 합니다. C 사업은 앞에서 언급한 A 사업과 B 사업과는 비교할 수가 없습니다. 시장 크기부터 다릅니다. 수십조 원의 사업입니다. C 사업을 통해 20~30% 정도의 점유율만 가져와도 최소 20조 원이 넘는 매출을 올릴 수 있습니다.

K사는 필자가 탐방을 갔을 당시 1,000억 원의 매출도 올리지 못하고 있었다. 탐방을 다녀온 지 몇 년이 지났지만 여전히 그날 IR 담당자가 말한 '엄청난 미래'는 현실이 될 기미가 보이지 않는다.

사업을 하는 사람이라면 당연히 포부가 커야 한다. 가끔은 허세도 있어야 하고 무모해 보일 정도의 용기도 필요하다. 우리가 알고 있는 삼성그룹의 이병철 회장, 현대그룹의 정주영 회장, 셀트리온의 서정진 회장 등의 일화를 들어보면 '말도 안 되는 이야기'들이 가득하다. 그런 무모한 일들을 해내면서 그들은 대한민국 대표 기업들을 세워냈다.

K사 IR 담당자의 그런 비전과 용기에는 박수를 보내고 싶지만 투자를 결정해야 하는 투자자에게 큰 도움이 되지 않는다. 실제로 IR 담당자가 말한 그대로 현실이 됐다면 K사의 주가는 이미 100배가 넘게 뛰었어야 한다.

주식 시장은 늘 꿈을 먹고 자라는 곳이다 보니 이런 허세에 빠져 잘못된 선택을 하는 투자자가 종종 있다. 이런 말을 듣고 나면, 마치 나만 특급 정보를 얻은 것 같은 기분이 들고 지금 당장 투자하지 않으면 이렇게 큰 시장에 진출을 앞둔 기업을 놓칠 것만 같은 불안감이 든다. 물론 페이스북이나 구글처럼 단기간에 급성장하는 기업도 분명 있다. 짧은 기간에 회사가 수백, 수천 배 성장해서 주가도 큰 폭으로 오르는 경우는 분명 있다. 그러나 필자는 확률을 이야기하는 것이다. 필자가 경험했던 허세 톱 10 기업에 모두 투자했다면 지금쯤 투자금이 남아있지 않을 것이다. 상장 폐지가 된 기업도 많고 아직도 미래만 이야기하고 아무런 실적을 내지 못한 기업이 열에 아홉이 넘는다. 허세는 투자자를 설레게 한다. 그러니 굉장히 조심해야 한다.

#잘못 보낸 문자로 거짓말이 들통나다

마지막으로 L사 일화를 소개한다. 지금 생각해보면, 하늘이 이 회사에 투자하지 말라고 필자를 도운 것 같다는 생각이 든다.

필자는 탐방을 가면 반드시 물어보는 질문이 하나 있는데 오버행 이슈가 있는지에 관한 내용이다. 오버행 이슈란, 주식 시장에 언제든지 풀릴 수 있는 잠재적 주식 매물을 뜻한다. 특히 전환사채(CB) 발행 경력이 있는 회사라면 반드시 이 질문을 던진다. 전환사채의 경우 일정 기간이 지나면 소유자가 주식으로 전환해서 시장에 팔 수 있다. 전환사채 물량이 많으면, 그만큼 시장에 갑자기 쏟아져 나올 가능성이 있는 물량이 많다는 의미다. 이러면 주가 흐름에 방해가 될 수 있어서 반드시 전환사채가 발행되어 있다면 이 부분을 물어보는 것이 좋다.

L사도 전환사채를 발행했던 경력이 있어서 "전환사채 물량이 좀 있던데 시장에 나오는 겁니까?"라는 질문을 던졌다. IR 담당자는 1초의 망설임도 없이 굉장히 친절하게 "아닙니다. 걱정하지 않으셔도 됩니다. 한동안 가지고 계실 것 같습니다"라고 답변했다.

회사는 보통 전환사채 소유자와 소통을 한다. 그래서 전환사채 소유자가 어떤 생각을 하고 있는지 알고 있다. 물론 전환사채 소유자가 거짓말을 할 수 있지만 필자의 경험상 회사는 제대로 된 정보를 가지고 있는 경우가 많다. 필자는 IR 담당자에게 전환사채 소유자가 지금 어떤 생각을 하고 있는지를 물어본 것이고 IR 담당자는 '처분할 생각이 없다'라는 답을 준 것이다. 즉, 투자자에게 전환사채 물량이 나올 가능성이 없으니 그 부분은 걱정하지 않아도 된다는 메시지를 던진 것이다. 주식 물량이 늘어나면 주가에 부담을 줄 수 있으므로 이런 부분은 꼼꼼하게 체크하는 것이 좋다. IR 담당자에게 "오버행 이슈는 없습니까?"라고 질문을 하면 IR 담당자가 친절하게 답을 해줄 것이다.

탐방을 다녀온 다음 날, IR 담당자로부터 문자 한 통이 왔다. 'CB(전환사채) 오늘부터 정리하시는 거죠?'라는 내용이었다. 무슨 말인지 이해가 가지 않아 IR 담당자에게 전화했더니 죄송하다면서 번호를 잘못 눌렀다고 말하는 것이 아닌가! IR 담당자가 얼마나 당황했는지 목소리를 통해 알 수 있었다.

며칠이 지난 후 확인해보니 전환사채 소유자가 가지고 있던 물량을 모두 정리했음을 알게 됐다. IR 담당자는 필자가 탐방을 다녀간 다음 날부터 전환사채 소유자가 물량을 정리할 것을 이미 알고 있었고 해당 내용을 다시 확인하기 위해 문자를 보냈는데 하필 필자에게 잘못 보낸 것이다. 탐방을 갔을 당시 오버행 이슈를 물어봤을 때 IR 담당자는 알고 있으면서도 당당하게 거짓말을 한 것이다.

당연히 L사는 필자에게 투자 가치가 없는 회사로 분류됐다. 그 이후 L사에는 관심을 가지지 않았다. L사가 하는 사업에 문제가 있는 것이 아니었다. 투자자가 의지하고 대화를 할 수 있는 유일한 소통창구인 IR 담당자가 대놓고 거짓말을 하는데 어떻게 이 사람의 말을 믿고 투자 결정을 내릴 수 있을까? 더 재미있는 사실이 있다. IR 담당자가 필자에게 알려줬던 '앞으로의 실적'과 관련된 내용도 하나도 맞지 않았다.

의도했든, 의도하지 않았든 회사에 대한 정확한 정보를 전달할 수 없는 IR 담당자는 반드시 거르는 것이 좋다. 우리나라에 상장된 기업이 2,000개가 넘는다. 투자자들에게 제대로 된 정보를 전달하기 위해 끊임없이 노력하는 IR 담당자가 차고도 넘친다. 굳이 '이 IR 담당자가 말한 것이 이번에는 맞을까?'라는 의심을 하면서까지 투자할 필요는 없다.

*

앞에서 반드시 IR 담당자를 일정 기간 검증해야 한다고 했다. 필자가 F사를 접한 시점부터 거래 정지를 당하는 시점까지 6개월이 걸리지 않았다. 필자가 만약 탐방을 다녀온 후 바로 매수했다면 어떻게 됐을까? 검증 기간 없이 투자하는 것은 위험한 일이다. 투자자는 그 누구도 믿어서는 안 되며 반드시 검증 작업을 거쳐야 한다.

사람들은 주식 투자만 하면 다른 사람의 말을 너무 잘 믿는다. 유튜브에서 누가 좀 유명하다 하면 그 사람의 말이 진리가 된다. 얼굴 한 번 본 적 없는 사람의 글을 인터넷에서 보고 바로 믿는다. 시장에서 과일 하나만 사도 가격을 비교하고 사는데 주식 시장에서 아무 검증 없이 더 큰돈을 투자하는 모습을 보면 사람의 심리가 굉장히 신기하다는 생각을 자주 하게 된다. 우리는 반드시 검증하는 습관을 들여야 한다. F사에 급하게 투자했던 사람들의 마음은 한결같았을 것이다.

'지금 당장 사지 않으면 나만 이 좋은 기회를 놓칠 것이다!'

'검증'은 무엇을 의미할까? IR 담당자가 한 말을 되새겨 보면서 정말 IR 담당자가 말한 그대로 흘러가는지를 지켜보는 것이다. 한 번은 실수고 그 이후부터는 습관이라는 말이 괜히 생긴 게 아니다. 검증은 큰 능력이 필요한 작업이 아니다. IR 담당자가 다음 분기 실적이 더 좋을 것이라고 이야기했다면 기다렸다가 확인하면 그만이다. IR 담당자가 지금 접촉하고 있는 회사와 새로운 거래가 뚫릴 것 같다고 말했다면 기다려보는 것이다. 안 좋았던 회사 실적이 특정 시점부터 좋아질 것 같다고 하면 그 시점까지 기다려보는 것이다.

IR 담당자도 사람이기 때문에 미래를 100% 맞출 수는 없다. 그러나 최소한 산업의 흐름과 경쟁사들의 현재 상황이 어떤지 큰 흐름 정도는 읽을 수 있어야 한다. 이 정도도 하지 못한다면 투자자는 제대로 된 정보를 얻을 수 없다. 투자자라면 IR 담당자의 실력을 반드시 검증하고 최소한의 수준에도 미치지 못한다고 판단되면 투자하지 않는 것이 맞다.

05

회사 홍보를 너무 열심히 하면 의심해야 한다

주식 투자 세계에서 '마사지'라는 표현이 있다. 주로 재무제표와 관련해서 '실적을 마사지했다', '마사지했다'라는 표현을 쓴다.

마사지는 보통 상장을 앞둔 기업들이 실적을 부풀리는 행위를 말한다. 예를 들어, 2015년부터 정부와 5년 공급 계약을 맺고 제품을 납품하기로 한 회사가 있다고 해보자. 정부가 고객사다 보니 최소 5년 정도는 정부가 사가기로 한 제품이 문제없이 나갈 것이 확실하다.

정부와 1,000억 원 규모의 공급 계약을 5년 동안 1년에 200억 원씩 납품하기로 했다고 가정해보자. 이 회사의 예상 매출액은 2015년부터 2019년까지 매해 200억 원씩 발생한다. 마침 2017년에 상장을 계획하고 있다. 투자자들 앞에 나서서 '우리 회사가 매력이 있다'라는 메시지를 던지려면 회사가 지속해서 성장하고 있다는 신호를 보내야 한다. 투자자들은 늘 성장하는 기업을 원하는 것을 알고 있던 회사 대표

[예상 실적]

사업연도	매출액
2015년	200억 원
2016년	200억 원
2017년	200억 원
2018년	200억 원
2019년	200억 원

는 매년 200억 원의 매출만 발생한다는 것만 보여줄 수 없다고 판단하고 매출액 표기를 변경하기로 한다.

다음 표를 보자. 5년 동안 매출 1,000억 원은 변함이 없다. 그런데 2015년 100억 원, 2016년 200억 원, 2017년 400억 원이라는 수치로 만들었다. 2017년에 상장할 때 투자자들 앞에서 '우리 회사가 매년 2배씩 성장하고 있습니다!'를 외칠 수 있게 된 것이다. 2017년까지의 실적을 본 투자자들은 당연히 매력을 느끼지 않겠는가?

[실적 마사지 후 매출액]

사업연도	매출액
2015년	100억 원
2016년	200억 원
2017년(상장)	400억 원
2018~2019년	300억 원

문제는 상장 이후다. 2018년과 2019년에 남은 실적은 300억 원 정도다. 2배씩 성장한다는 기대를 하고 투자한 투자자들에게 돌아올 결과는 실적 하락이다. 잘 생각해보면 사실 이 회사의 매출액은 달

라지지 않았다. 다만 표기가 달라졌을 뿐이고 착시현상이 발생해 투자자들의 기대감이 올라갔을 뿐이다. 이렇게 화려하게 데뷔를 한 이후 실적이 주춤하기 시작하면 주가는 하락하고 손실은 고스란히 투자자들에게 돌아가게 된다.

실적 마사지를 왜 하는 것일까? 투자자들에게 좋은 회사라는 인식을 심어줘서 높은 가격에 상장하고 더 많은 자금을 끌어모으려는 것이다. 그리고 상장과 동시에 오래전부터 주식을 가지고 있던 기존 투자자들은 높은 가격에 매도하려는 목적이 있다. 이런 움직임을 포착하지 못한 투자자들이 손실을 고스란히 떠안고 고통의 시간을 보내야 한다. 이런 움직임을 의심하게 하는 행동들이 있는데 이 중에서 IR 담당자와 연결해 소개하려고 한다. 바로 홍보를 너무 과하게 하는 것이다.

#유독 경쟁사보다 이익률이 높다?

2017년에 상장한 M사에 필자가 탐방을 간 이유는 굉장히 단순했다. 유독 같은 제품을 만드는 경쟁사보다 이익률이 높았기 때문이다. M사가 취급하는 제품이 기술력이 크게 필요하지도 않은데 왜 이익률이 이렇게 높은 것인지 이해할 수 없었다. 실적은 좋은데 주가는 바닥에서 헤어나오지 못하는 점도 수상했다. M사뿐만 아니라 M사의 경쟁사인 기업 2곳에도 탐방을 갔다.

M사에 탐방을 갔을 때 이상한 느낌을 받았다. IR 담당자가 필요 이상으로 너무 친절하고 너무 핑크빛 전망만을 이야기하는 것이

아닌가! 필자는 이런 유형을 경계한다. 이렇게 좋았다면 분명 기관들이나 큰손들이 관심을 가졌을 것이고 주가가 올랐을 텐데 어딘가 앞뒤가 맞지 않는다고 느껴졌다.

M사의 이익률이 높은 이유로는 자사만의 비법이 있다는 이야기를 전달받았다. M사의 경쟁사들은 대기업에 속하는 큰 기업들인데 대기업도 아닌 M사만이 가지고 있는 비법이 무엇인지 도무지 이해할 수 없었다. 이후 경쟁사 탐방을 가서는 M사 탐방 때 나눈 이야기를 섞어가면서 대화를 했다.

경쟁사 2곳까지 탐방을 다녀오고 난 뒤, 결론을 내릴 수 있었다. 이제 막 상장한 M사는 주가 부양을 위해 열심히 노력하고 있었다. 상장을 위해 실적 마사지를 했던 것이고 다음 분기 실적이 나오기 시작하면 꺾일 것이 확실해 보였다.

앞에서 실적 마사지 관련해 매출액을 조정하는 부분만을 예시로 들었지만 비용도 여러 방법으로 마사지를 할 수 있다. 이렇게 하면 매출은 늘어나 보이고 비용은 줄어서 이익률이 높아지는 효과를 볼 수 있다. 올해 쓸 비용을 아껴뒀다가 내년에 몰아서 쓰면 비용이 일시적으로나마 적어진 것 같은 착시효과를 줄 수 있다.

필자는 그 이후부터 M사의 주가 흐름을 추적해봤다. M사가 상장하면서 기록했던 주가가 아직도 최고가로 남아 있다. 즉, M사가 상장할 때 매수했던 투자자라면 지금까지도 회복하지 못하고 손실구간에 머물러 있다는 이야기다. 그 하락 폭도 35%가 넘는다. 상장 전에 회사가 했던 이야기들만 들었던 투자자들은 이해할 수 없을 것이다. 그렇게 실적도 좋고 이익도 잘 나던 회사가 왜 상장 이후부터 실적이 잘 안 나오는 것인가? 회사 홍보하는 것만 보면 지금 상황도 나쁘지 않은데 왜 주가가 이 모양인가? 화려한 데뷔를 위해 실적 마사지를 했기 때문이다.

이제 막 상장된 기업이라면 실적 마사지를 했는지 반드시 확인해야 한다. 회사 홍보를 굉장히 열심히 한다면 더욱더 의심해볼 수 있다.

#회사와 자칭 전문가들의 선택에도 못 오르다

2016년 이세돌과 알파고의 바둑 대결을 기억하는가? 인공지능(AI) 바둑 프로그램과 인간 최고 바둑 실력자 이세돌의 대결로 큰 관심을 받았다. 5번에 걸친 대결에서 알파고의 4대 1 승리로 끝났다. 그 이후 우리나라 증시에도 AI 열풍이 불기 시작했다. 몇몇 기업들이 AI 관련주로 묶이면서 주가가 오르기 시작했다. 사실 생각해보면 답은 이미 정해져 있다. 갑자기 알파고가 바둑을 이겼다고 해서 AI로 묶인 관련주들이 돈을 더 벌게 되나? 조금만 생각해봐도 말도 안 되는 이야기지만 주식 시장에서는 이런 일이 늘 반복해서 일어난다.

AI는 강력한 테마다. 우리가 앞으로 살아갈 미래에 핵심 키워드 중 하나가 AI다. 당연히 시장에서도 반길 수밖에 없다. AI는 가전, 자동차, 공장, IT, 의료 등에 접목되면서 우리의 삶이 한 층 더 업그레이드될 수 있는 기대감을 키우기에 충분한 재료다.

N사는 AI와 의료를 융합해서 신규 서비스를 창출하겠다고 선언하며 시장에 등장했다. 필자가 N사에 관한 이야기를 처음 들었을 때부터 '시장에서 또 난리가 나겠구나'라는 생각을 했다. 유튜버는 물론, 증권사 리포트, 포털사이트의 블로그 등에서 N사에 관한 이야기가 쏟아지기 시작했다. N사 대표도 증권 방송에 거의 매주 출연하다시피 하면서 회사의 미래에 대한 전망을 쏟아냈다. 주식 투자를 전혀 모르는 사람도 N사에 대한 이야기는 최소 한 번 정도는 들어봤겠다는 생각이 들 정도였다. 늘 핫(Hot)한 테마는 존재한다. 그런 기업들은 펀더멘털과 상관없이 주가가 좀 더 잘 오르기도 한다.

N사 대표가 증권 방송에 거의 매주 나오는 것을 보면서 '도대체 저 사람은 경영을 언제 하지?'에 대한 생각을 한 적이 있다. 이제 막 새로운 시장에 뛰어든 사업가라면 매일 방송에 나와서 홍보할 시간에 더 많은 또 다른 회사를 만나고 고객들을 만나면서 사업을 확장해도 시간이 부족해야 하는데 방송할 시간이 넘쳐난다는 것은 이해하기 어려웠다. 필자의 눈에는 회사가 가지고 있는 한정된 자원을 '홍보'에 가장 많이 쓰고 있는 것이 아닌가 하는 생각이 들었다.

워낙 핫한 기업이다 보니 필자도 N사에 관심을 가지고 탐방을 다녀왔다. 이렇게 홍보(만)를 열심히 하는 기업을 좋아하지는 않지만 그래도 두 눈으로 확인하고 싶었다. 홍보만 잘한다면 문제가 있지만 일도 잘하면서 홍보까지 잘하면 매력적일 수 있기 때문이다.

탐방 당시에 높은 직급의 임원까지 함께하면서 비전을 설명했다. '홍보를 열심히 하는 기업'에서 느낄 수 있는 모든 것을 느낀 그런 탐방이었다. IR 담당자들은 필요 이상으로 친절했고 회사에 대한 핑크빛 전망과 지금 투자자들과의 미팅이 너무 많이 잡혀 있다는 이야기도 전달받았다. 참으로 신기하다. 이런 기업을 찾아가면 늘 '미팅이 너무 많다'라는 이야기를 듣는데 정작 필자는 단 한 번도 미팅을 잡으면서 어려움을 겪었던 적이 없었다. 증시에서 정말 몸값이 높고 큰손 투자자들이 선호하는 기업들은 탐방을 잡으려 해도 2~3개월 정도 밀려 있어서 다시 전화하라는 답을 받을 때가 많다. 그런데 홍보에 열을 올리는 기업의 경우 탐방 일정을 잡을 때 어려움을 겪었던 적이 거의 없었으니 어딘가 앞뒤가 맞지 않는다는 생각이 든다.

당연히 탐방을 다녀온 이후 매수를 하지 않았다. 다만 어떤 결과가 나오는지를 지켜보기 위해 관심 종목에는 올려두고 지켜보고 있지만 아직 좋은 소식은 들리지 않고 있다. 그런데 여전히 언론이나 유튜브를 통해서 N사에 대한 이야기는 자주 접하고 있다. 필자가 탐방을 갔을 당시와 동일한 이야기가 반복되고 있지만 아직도 큰 실적 개선은 보이지 않고 있다. 여전히 들리는 이야기는 '우리나라 의료 산업의 미래를 바꿀 기업'이라는 화려한 말뿐이다.

#주주가 아닌
전환사채 보유자를 위한 홍보 전략

앞에서 전환사채(CB)에 대한 내용을 짧게 다뤘다. 전환사채는 채권과 주식의 성격을 동시에 가지고 있는 상품이다.

전환사채 수익구조를 쉽게 설명하면 이렇다. 보통 1,000원짜리 주식에 투자했는데 500원이 되면 500원 손실이 발생하고, 2,000원이 되면 1,000원 이익이 발생한다. 그러나 투자자가 전환사채에 투자했다면 달라진다. 주가가 하락하면 전환사채는 채권의 성격을 띤다. 1,000원을 빌려준 사람에게 정해진 이자와 원금을 돌려준다. 투자자는 손실이 나지 않고 이자까지 챙길 수 있다. 그러나 주가가 오르면 전환사채는 주식의 성격을 띠게 된다. 전환 가격이 1,000원인데 주가가 2,000원으로 오르면 100%의 이익을 볼 수 있다. 사실상 투자자에게는 '원금을 잃지 않고 큰 수익을 낼 가능성이 있는 상품'이 된다. 물론 투자자들은 원금을 잃지 않는 것에 만족하기보다는 주가가 크게 올라서 큰 이익을 얻고 싶어 한다(전환사채의 수익구조가 잘 이해되지 않는다면 반드시 찾아서 공부해야 한다. 주식 시장에 참여하려면 전환사채에 대해 알고 있어야 하기 때문이다. 필자가 쓰고 있는 전환사채 관련 내용이 이해가 안 간다면 전환사채 수익구조를 이해하지 못하고 있다는 의미다).

필자가 O사에 탐방을 갔을 당시 IR 담당자가 홍보에 굉장히 열을 올리고 있다는 느낌을 강하게 받았다. 투자자들을 대상으로 투자설명회도 진행한다며 차기 일정까지 알려줬다. 탐방 이후에도 IR 담당자는 꾸준히 연락하면서 투자설명회 때 꼭 참석해달라는 이야기를 했고 필자는 2~3번 정도 추가로 다녀온 기억이 있다.

IR 담당자의 열정과 친절함은 좋은데 그 수준이 필요 이상을 넘어서면 분명 이유가 있겠다는 생각으로 O사를 꾸준히 지켜봤다. 투자설명회 때 한 투자자가 "전환사채 발행 물량이 많은데 주가가 오르면 이분들만 좋은 거 아닌가요?"라는 말을 했다. 필자가 파악해보니 O사는 꽤 많은 전환사채를 발행했고 주가도 많이 내려간 상태여서 전환사채 보유자들의 불만이 있겠다고 짐작이 됐다. 주가가 크게 올라야 전환사채 보유자들은 이익을 내고 팔고 나갈 텐데 지금 주가 수준이 지속되면 원금에 이자만 받아야 할 판이었다. 혹시 IR 담당자가 이렇게까지 열심히 홍보하는 이유가 전환사채 보유자들이 탈출할 수 있도록 주가를 끌어 올리려는 전략이 아닐까 하는 관점에서 다시 O사를 바라보기 시작했다.

아니나 다를까, 주가가 조금씩 올라가 전환사채의 전환 가격보다 높아지기 시작하자 전환사채 물량이 풀리기 시작했다. 여기서 더 놀라운 것이 있다. 전환사채 물량이 거의 다 해소되고 난 이후부터 IR 담당자는 예전만큼 회사 홍보를 열심히 하지 않았다. 그동안의 친절과 열정은 주가가 오르기를 바라는 전환사채 보유자들을 위한 것이고 그들이 탈출할 수 있도록 도와준 것이라는 생각을 하니 안타까웠다. 그 이후 주가는 계속해서 바닥에서 올라오지 못하고 있다. 회사가 열심히 홍보할 당시에 투자했던 개인투자자들만 고점에 물려 주가가 올라오길 바라고 있을 것이다. 아쉽지만 개인투자자들이 탈출할 수 있도록 홍보를 열심히 해주는 회사는 많지 않다. 그저 시간이 지나고 주가가 올라올 때까지 기다리거나 손실을 보고 정리하는 방법밖에는 없다.

*

홍보를 열심히 한다고 해서 다 나쁘거나 투자를 피하라는 이야기는 아니다. 실력도 좋고 홍보까지 잘하면 최고다. 그러나 홍보를 열심히 하는 기업들 중에는 실적 마사지를 했거나 다른 이유(기업이 상장 하기 전에 투자한 투자자들이 높은 가격에 주식을 매각하고 싶은 경우, 전환사채 보유자들이 탈출할 수 있도록 도와주려는 경우 등)로 주가 부양을 하려는 목적을 갖고 있기도 하다. 관심 있는 기업이 홍보를 필요 이상으로 많이 한다는 판단이 든다면 이런 부분까지도 한번 고려해보면서 투자 결정을 내리라는 조언을 하기 위해 이야기를 꺼내 봤다.

개인투자자를 위해 고군분투하는 상장사는 많이 없다. 사소한 부분 하나하나까지 의심하고 확인하고 검증하는 것이 그나마 생존 확률을 높이는 방법이다.

06 너무 보수적인 기업은 투자를 어렵게 한다

자기 이야기를 잘 하지 않는 사람을 만나봤을 것이다. 그 사람과 얼굴도 알고 대화도 한 기간은 오래됐지만 정작 무엇을 좋아하는지, 어떤 생각을 하면서 살아가는지 잘 모른다. 이런 사람들은 대화에 참여는 하는데 정작 본인에 대한 깊은 이야기는 잘 하지 않는다. 이런 사람들과는 어느 정도 이상의 거리가 유지되는 선에서 더 가까워지기가 힘들다는 것은 누구나 한 번쯤 경험해봤다고 생각한다.

서로가 자신의 이야기를 솔직히 공유해야 가까워지기 마련이다. 한쪽에서만 자신의 이야기를 하고, 한쪽에서는 늘 듣기만 하는 식으로 관계가 깊게 유지되기는 쉽지 않다.

기업 중에도 이런 케이스가 있다. 무엇을 하는지, 어떤 생각을 하고 있는지 이야기하는 것을 극도로 꺼리는 기업이다. 사실 IR 담당자가 모든 것을 이야기할 필요는 없다. 기업의 경쟁력인 주요 기술이

나 아직 공시되지 않은 실적과 관련된 부분들은 IR 담당자가 절대로 투자자들에게 알려서는 안 되는 정보다. IR 담당자는 회사에 피해를 주지 않고 법을 지키는 선 안에서 투자자들과 소통하고 투자자들이 제대로 된 판단을 할 수 있도록 도와야 한다. 이 균형을 잡지 못하고 하지 말아야 할 말까지 하는 IR 담당자도 문제지만, 반대로 아무런 정보도 주지 않는 IR 담당자도 문제일 수 있다.

#반복, 반복, 반복

코로나 사태 이후 비대면, 언택트 등의 키워드와 연관된 기업들의 주가가 고공행진을 했다. 각국에서 오프라인이나 대면 활동을 통제하면서 사람들이 집에서 하는 활동에 더 시간을 쏟은 결과다.

미국에서는 온라인 모임 서비스를 제공하는 줌(Zoom)과 같은 기업이 코로나로 큰 수혜를 봤다. 넷플릭스도 코로나 수혜를 받은 기업이다. 집에 있는 시간이 길어지다 보니 사람들이 미디어에 시간을 더 많이 쏟아부었기 때문이다.

P사는 넷플릭스에 콘텐츠를 제공하는 기업이다. 넷플릭스라는 말만 들어도 이 기업이 코로나 사태 이후 얼마나 많은 관심을 받았을지 감이 오지 않는가? 필자도 이 기업에 탐방을 다녀왔다. 주가도 시원시원하게 잘 올랐지만 필자는 이 기업에 투자하지 않았다. 그 이유는 무엇일까?

IR 담당자는 사업보고서만 읽어도 알 수 있는 내용만 반복해서 알려줄 뿐, 그 어떤 내용에 대해서도 제대로 된 답변을 주지 않았다. IR 담당자의 상황과 위치를 알기 때문에 필자도 탐방을 가서 대답하기 어려울 것 같은 질문은 애초에 던지지도 않는다. 그러나 IR 담당자는 거의 모든 질문에 "그 부분은 답변을 드릴 수가 없을 것 같습니다" 혹은 "사업보고서를 보시면 됩니다"만 반복했다.

IR 담당자와 직접 통화하거나 탐방을 하는 이유는 사업보고서에서 알 수 없는 내용을 물어보고 대화하면서 파악하기 위함이다. 사업보고서에는 나와 있지 않지만 기업의 문화라든지 내부 분위기와 같은 부분은 투자자가 충분히 알아야 할 중요한 내용이다. 그러나 이러한 질문에도 "제가 대답을 드릴 수 있는 부분이 아닙니다"와 같은 답변이 돌아올 뿐이었다. 도대체 탐방은 왜 받는 것이며 투자자들과 소통은 왜 하는 것인가? 사업보고서에 나와 있는 내용만을 반복할 것이라면 애초에 사업보고서에 나와 있는 내용 이상은 이야기할 수 없다고 말하고 탐방을 받지 않는 게 맞다. 이것은 취업하려는 사람이 면접에 가서 "모든 내용은 서류에 있는데 왜 자꾸 질문하십니까?"라고 하는 것과 같다.

물론 IR 담당자가 악의적인 의도를 가지고 그러지는 않았을 것이다. 위에서 투자자들에게 너무 많은 정보를 주지 말라고 했을 수도 있고, 자신이 하는 말이 혹여라도 후에 문제가 될 수 있다고 판단해 말을 아꼈을 수 있다. 그렇다고 해도 이런 기업과의 소통은 굉장히 어려워서 제대로 된 투자 판단을 내릴 수 없다는 것을 말하고 싶다.

P사 탐방이 끝난 후 필자가 준비해간 질문지에 제대로 답변이 이뤄지지 않은 질문이 절반 넘게 남아 있었다. 그 이후 IR 담당자

에게 전화를 해봐도 돌아오는 답은 자동 응답 기계 수준이었다.

#예, 아니오, 그리고 끝

1,000곳이 넘는 기업 탐방을 다닌 필자가 가장 힘들고 어려웠던 경험을 한 기업을 뽑자면 Q사가 있다. Q사는 실적도 좋고 주가도 잘 오르고 있었다. 특히 하고 있는 사업 쪽에서는 나름의 실력이 있어서 경쟁력도 충분히 있고 매력적이었다.

당시 필자는 지인과 함께 탐방을 갔다. IR 담당자는 직급이 높았다. 다른 중요한 직책을 맡으면서 IR 담당까지 함께 맡았다.

보통 IR 자료와 함께 회사 소개를 하면서 시작하는데 IR 자료는 준비되어 있지 않았다. 자료가 없으면 회사 소개를 짧게라도 해주는데 그런 것도 없었다. IR 담당자는 그저 멀뚱멀뚱 앉아서 우리를 쳐다보고 있었다. 필자가 먼저 어떻게 진행을 하면 좋을지 물어보자 궁금한 부분이 있으면 질문을 하라는 답변만 돌아왔다.

이런 유형의 사람들은 이미 만나봤기 때문에 크게 당황하지 않고 준비했던 질문을 던지면서 대화를 시작했다. 그런데 첫 번째 질문부터 IR 담당자는 단답형으로 대답하며 그 어떤 추가 설명도 하지 않았다. IR 담당자는 모든 질문에 "예", "아니오" 혹은 "모르겠습니다"로 답했다. 질문이 없어도 보통 산업에 관해 이야기하면서 대화를 주고받는데 Q사의 담당자는 그저 고개만 끄덕이며 바라보는 것이 아닌가?

보통 준비해간 질문을 하면서 대화를 하다 보면 1시간은 지나가는데 이번에는 15분도 채 되지 않아서 준비한 모든 질문이 끝나버렸다.

Q사 역시 좋은 기업이라는 판단은 들었지만 도저히 소통할 방법이 보이지 않았다. 필자의 기준에서는 투자 기준에 부합하지 않은 기업이었다. 문제가 생기거나 문의가 있을 때 해당 기업에 연락할 수 있는 사람이 IR 담당자밖에 없는데 이런 식으로 대화를 하는 사람이라면 쉽지 않겠다는 생각이 들었다.

탐방을 다녀온 이후에도 통화를 했는데 IR 담당자는 전화에서도 동일한 패턴을 보였다. 모든 질문에 단답형 대답만 돌아올 뿐, 그 어떤 추가 설명도 듣기 어려웠다. "예"와 "아니오"로만 답변을 하니 필자가 생각하는 부분이 맞는다는 것인지, 틀렸다는 것인지 판단할 방법이 없었다.

*

기업들이 이렇게까지 보수적인 이유는 무엇일까? 나름대로 이유는 있다. Q사의 경우 과거에 주가를 올리기 위해 조직적으로 움직였던 작전세력에 당한 적이 있었다. 주가를 올리고 싶은 작전세력이 IR 담당자가 전했던 말을 과장되게 포장해서 언론에 흘렸고 이후 주가가 크게 오르자 작전세력은 큰 수익을 내고 빠져나갔다. 주식 시장에서 이런 일은 비일비재하다.

필자가 투자하고 있는 한 자동차 부품회사에서도 유사한 일이 있었다. 테슬라에 일부 부품을 납품하고 있었는데 그 규모는 거의 의미 없는 수준이었다. 3,000억 원이 넘는 매출을 올리고 있었는데 테슬라에 납품하는 부품의 매출은 10분의 1도 되지 않았다. 갑자기 납품을 시작한 것도 아니고 늘 납품을 하고 있었다.

그런데 어느 날 갑자기 이 기업이 테슬라에 납품한다는 뉴스가 흘러나오더니 주가가 상한가를 기록했다. 코로나 사태 이후 테슬라 주가가 고공행진을 하던 시기였다. 테슬라라는 이름만 붙어도 주식 시장에서 관심을 받던 그런 시기였다. 뉴스가 나오자마자 상한가를 갔지만 며칠 뒤 확인해보니 일부 세력이 물량을 털어내기 위한 작업임이 파악됐다. 당연히 그날 이후로 주가는 계속 하락하고 한동안 회복하지 못했다. 테슬라라는 말만 믿고 투자했던 투자자들만 손실을 본 것이다.

이렇게 주식 시장에서는 세력의 장난질에 피해를 보는 일이 자주 발생한다. Q사도 과거에 그런 일을 겪으면서 투자자들과 갈등을 겪었던 적이 있었다. 그 이후 위에서 투자자들에게 말을 많이 하지 말라는 지시가 있었을 수도 있다.

또 다른 예를 들어보자. 삼성전자가 최첨단 반도체 소재를 만드는 기업과 공급 계약 체결에 대해 논의하는 중이라고 해보자. 이런 소식이 흘러나가면 소재를 만드는 기업의 주가는 바로 뛸 것이다. 만약 공급 계약 체결은 하지 않은 상황인데 반도체 소재를 만드는 기업에서 이 내용을 떠들고 다닌다면? 반도체의 경우 소재 하나까지도 기술 유출로 이어질 수 있다. 이럴 때 삼성전자 측에서는 이와 관련해 소송을 걸 수도 있다.

기업들은 여러 가지 이유로 투자자에게 너무 많은 이야기를 하지 않는 것이 더 좋은 선택이라고 생각할 수 있는데 이는 당연하다. 괜한 말 했다가 사고를 치느니 차라리 말을 하지 말자는 쪽이 더 좋은 방법이라고 생각할 수 있다. 사실 충분히 이해할 수 있는 부분이다.

투자자는 이런 기업을 만나면 깊이 고민을 해봐야 한다. 기술도 좋고 실적도 좋은데 소통이 너무 어려울 때는 고민이 깊어질 수밖에 없다. 투자하는 기간에 해당 기업과 아무런 대화를 할 필요가 없다면 다행이겠지만 이는 확률적으로 쉽지 않다. 특히 최첨단 기술을 다루는 기업이라면 더욱더 그렇다. 기술에 대한 이해도를 높이기 위해서는 반드시 기업과 소통할 수 있는 창구가 열려 있어야 한다. IR 담당자와 대화를 하지 않고도 소통할 수 있는 창구가 따로 있다거나 기업에 관한 내용을 제대로 파악할 방법이 있는 사람이 아니라면 이런 기업은 피할 것을 추천한다. 일반 투자자가 이런 기업에 투자하기란 쉬운 일이 아니다.

가끔 "회사와 대화할 게 뭐 있어? 인터넷 보면 되지"라는 말을 하는 사람도 있다. 이것은 직접 대응이 아니다. 누군가가 대응한 것을 보고 거기에 맞춰서 대응하는 것이다. 직접 대응해도 모자랄 판에 누군지도 모르는 사람이 인터넷에 올린 글을 보고 대응한다는 발상 자체가 투자를 너무 쉽게 생각하는 것이다. 그 사람이 작전세력이라 물량을 털어내려고 의도적으로 올린 글이라면 어떻게 할 것인가? 회사가 아닌 타인을 거쳐 투자 결정을 내리는 것은 실패 확률을 높이는 지름길이다.

앞에서 너무 과한 핑크빛 전망만을 하는 IR 담당자를 피하라고 조언했다. 현실과 떨어진 일만을 투자자들에게 말하면서 헛된 꿈을 꾸게 하는 것이 큰 피해를 주는 행동이지만, 반대로 아무것도 이야기하지 않고 소통 자체를 잘 하지 않는 것 역시 크게 도움이 되는 행동은 아니다. 무엇이든 균형이 중요하듯, IR 담당자는 적절한 선에서 투자자에게 필요한 정보를 정확하게 공급할 수 있어야 한다.

07 거만하고 교만하다면 아쉬워도 피해라

필자는 기술의 발전과 다양한 비대면 서비스가 가져다주는 편리함과 효율성을 부인하지 않는다. 그러나 직접 얼굴을 봐야지만 얻을 수 있는 장점도 인정해야 한다. 소개팅하려는 상대방과 문자로 소통하는 것과 직접 만나서 얼굴도 보고 대화도 해보는 것 간에 아무 차이가 없다면 우리는 왜 힘들게 오프라인에서 만나서 연애를 하는 것인가? 줌으로 얼굴 보고 대화하면 훨씬 더 효율적이지 않은가? 필자가 기업 탐방을 강조하는 이유다.

이번에도 필자가 현장에서 IR 담당자를 만났을 때 중요하게 보는 부분을 소개하려고 한다. 전화를 통해서는 파악하기가 어려운 부분이다. 주주총회를 한 번이라도 가서 IR 담당자가 어떤 분위기인지를 파악해본 사람에게만 적용되는 부분이기도 하다. 필자가 인격적으로 '마이너스 점수'를 준 케이스다. 중장기적으로 보면 투자 수익률에도 영향을 미칠 수 있는 부분이니 반드시 짚고 넘어가야 한다.

#투자자를 불쾌하게 만들다

R사 탐방 후 필자는 참 싸가지 없는 회사라고 생각했다('싸가지'라는 표현이 불편할 수 있을 텐데 확실하게 표현하기 위해 사용했으니 독자 여러분이 너그럽게 이해해주기 바란다). '회사가 싸가지 없다'보다 IR 담당자가 그랬다는 표현이 더 맞겠다.

R사는 5G 서비스에 필요한 핵심 부품을 만든다. 우리나라를 포함해 전 세계가 5G 서비스를 상용화하는 시기에는 시장에서 당연히 관심을 많이 받았다. 기회가 닿아 지인과 함께 R사 탐방을 가게 됐다.

회사에 대한 전반적인 이야기를 설명하는데 느낌이 이상했다. 그 자리에 앉아있는 것 자체가 불편했던 것인지, 귀찮았던 것인지 IR 담당자가 설명을 대충대충 하는 느낌이 굉장히 강했다. 이 회사를 찾아간 이유는 회사에 대한 관심도 있었지만 이제 막 시작되는 5G 서비스에 대한 기술적 이해도를 높이기 위함도 있었다.

짧게 회사 설명이 끝난 이후, 5G 기술과 관련된 내용에 대해서 질문을 하기 시작했다. IR 담당자는 그때부터 한숨을 푹푹 쉬기 시작했다. 같이 앉아있는 사람이 민망할 정도였다. 마치 '이런 것도 이해를 못 하느냐?'라는 느낌을 주고 있었다.

필자가 탐방을 가보면 '질문의 수준'이 분명 존재한다. 아무것도 준비하지 않은 상태로 상식 이하의 질문을 한다면 투자자의 잘못이고 예의가 아니다. IR 담당자가 짜증을 낼 수 있다. 그러나 그날 그 자리에서 오고 간 질문은 그런 수준이 아니었다. 5G 산업에 종사하는 기술 전문가가 아니라면 일반인이 알기 어려운 부분에 대한 질문들이 오고 갔다. 그런데도 IR 담당자는 한숨을 계속 내쉬면서 퉁명스러운 말투로, 단답형으로 답을 이어갔다. 당연히 탐방을 갔던 우리도 더 길게 질문을 하지 못했다.

IR 담당자는 5G 기술자들만이 이해할 수 있는 정도 수준의 대화를 원했거나 우리와 대화를 하고 싶지 않았던 것 같았다. 당연히 그 이후 R사에 대한 관심을 접었다. 신기하게도 주변에 R사를 다녀왔던 투자자들이 비슷한 이야기를 했다. 탐방을 다녀오고 불쾌함을 느꼈다는 투자자가 의외로 많았다. 우리한테만 그랬던 것이 아니라 IR 담당자의 성향이었다는 결론을 내릴 수 있었다.

미국에 샤크 탱크(Shark Tank)라는 유명한 TV 프로그램이 있다. 미국 ABC에서 방영하는 사업 오디션 프로그램이다. 사업가들이 나와서 아이템을 소개하고 '샤크'라고 불리는 심사위원들이 피드백도 주고 투자를 결정한다. 필자도 이 프로그램을 즐겨본다.

한 사업가가 나와서 아이템을 소개했던 에피소드가 기억난다. 아이템은 정확히 기억나지 않지만 샤크(심사위원)들이 관심을 많이 보였다. 그런데 당시 샤크 중 1명이 다음과 같이 말했다.

"이 사업은 앞으로 유망할 것 같습니다. 이미 여기에 계신 다른 샤크(심사위원)분들도 관심을 가지는 것 같고요. 하지만 저는 당신에게 투자하지 않겠습니다. 그 이유는 저는 당신과 같은 사람과 일한다는 것을 상상할 수 없기 때문입니다."

필자가 보기에 R사의 기술력은 나쁘지 않았다. 그렇지만 투자자를 싸가지 없게 대하는 IR 담당자가 있는 기업과 함께하고 싶은 마음은 없다. 투자할 곳은 널려 있기 때문이다.

#거만과 교만의 완성판

S사는 참으로 애매한 기업이었다. IR 담당자는 상대하기가 어려운 그런 사람은 아니었다. 필자가 생각하는 상대하기 어려운 상대는 (상대방에 대한) 최소한의 예의도 갖추지 못한 사람을 말한다. 바로 앞에서 언급했던 싸가지 없는 유형이 하나의 예다.

S사의 IR 담당자는 예의가 없는 그런 사람이 아니었다. 그러나 거만과 교만은 하늘을 찌를듯한 느낌을 받았다. 투자자는 이런 IR 담당자를 만나면 굉장히 분별을 잘해야 한다. 좋은 회사가 있고 좋지 않은 회사가 있기 때문이다. 회사가 좋고 앞으로 미래가 밝다면 어느 정도의 거만과 교만은 받아줄 수 있다. 그러나 경쟁력이 없고 미래도 없는데 IR 담당자의 성향 때문에 잘못된 선택을 내린다면 큰 피해를 볼 수 있으니 조심해야 한다.

S사의 IR 담당자는 자사의 사업 분야인 국내 제약·바이오 기업들의 문제점부터 언급하기 시작했다(이후 내용은 IR 담당자의 발언을 정리한 것이다. 실제 국내 산업 현장의 현실, 그리고 필자의 생각과 다를 수 있음을 참고하길 바란다). 국내 제약·바이오 기업 경영진의 폐쇄적인 조직 운영 방

식 등을 언급하면서 해외로 나가면 국내 제약·바이오 기업들 수준이 별 볼 일 없다고 말했다. 자사보다 뛰어난 사람은 채용하지 않는 폐쇄적인 문화 때문에 조직은 발전할 수 없고, 그래서 해외 투자자들에게 큰 걸림돌이 된다고도 했다. 국내 제약·바이오 기업들 수준이 올라오려면 이런 조직적 문화부터 바뀌야지, 그렇지 않으면 앞으로 미래가 없을 것이라는 내용이었다.

사실 이런 내용은 제약·바이오 산업뿐 아니라 사람이 모인 곳이라면 어디든 적용되는 내용이기는 하다. IR 담당자가 어떤 의미로 이런 이야기를 하는지는 이해할 수 있었다. IR 담당자는 S사에는 그런 문제가 전혀 없고 대한민국에서도 손에 꼽을 정도의 조직 문화를 가지고 있다고 자랑했다. 수준이 어느 정도 되기 때문에 아무나 들어올 수도 없다면서 어깨에 힘이 들어가 있어 보였다.

제품과 서비스를 설명할 때도 비슷한 느낌이 들었다. 국내에 자사와 같은 비즈니스 모델을 가진 기업은 전혀 없고 전 세계를 찾아봐도 이렇게 뛰어난 기업을 찾아보지 못한다고 자랑스럽게 이야기했다. 당시 주가가 많이 내려가 있던 상황이었는데 IR 담당자는 필자에게 계속해서 '너무 타이밍 잘 맞춰서 오셨다', '지금 투자하면 절대 손실 볼 수 없다', '이런 회사를 알아보지 못하는 사람들이 이해가 안 간다'라는 식으로 말했다. 속된 말로 '말만 번지르르하게 하는 사기꾼'이 이런 느낌일까 하는 생각이 들 정도였다.

어떻게 보면 IR 담당자의 실력이 뛰어난 것일 수도 있다. 알래스카에서 얼음을 팔 수 있겠다는 생각도 들었다. 실제로 필자와 함께 탐방을 갔던 지인은 탐방 후에 꽤 큰 금액을 투자했다. 그 지인은 제약·바이오 분야는 불확실성이 크고 모르는 분야라서 잘 투자하지 않는다고 했는데 탐방 이후에 IR 담당자 말에 설득되어 투자를 결정했다고 한다. 그만큼 IR 담당자가 설명을 잘 했다고 볼 수 있다.

탐방 이후 필자도 바로 투자를 하고 싶은 유혹이 들었지만 좀 더 깊게 파보기로 했다. 정말 IR 담당자가 말한 대로 S사와 같은 비즈니스 모델을 가진 기업이 하나도 없을까? 전 세계적으로 S사만큼의 경쟁력을 갖춘 기업이 없을까? 필자가 좀 더 공부를 해보니 S사가 경쟁력이 있는 것은 맞지만 세계적으로 독보적인 수준은 아니었다. 탐방이 끝났을 당시에는 S사가 너무 좋을 것 같다는 생각이 들었지만 좀 더 공부를 해보니 기대감이 조금 낮아지는 느낌이 들었다.

필자는 이후에도 2~3번 정도 더 탐방을 갔고 IR 담당자와 통화도 했다. 그때마다 IR 담당자는 똑같은 말을, 똑같은 느낌으로 반복했다. '우리 회사가 최고이고 우리 회사를 능가할 회사는 없다'라는 것이다. 어느 순간부터 교만의 영역으로 넘어갔다는 생각을 지울 수 없었다. 필자가 경쟁사에 관한 내용을 언급하면 IR 담당자는 전혀 들을 생각이 없었다. '그 회사의 기술 아무것도 아니다. 그런 기술 보지 않아도 된다'라는 식의 답만 돌아올 뿐이었다. 왜 S사 기술이 더 뛰어난지, 왜 경쟁사 기술이 별 볼 일 없는지에 대한 설명은 들을 수 없었다.

*

주식 투자를 하다 보면 '지금 당장 사지 않으면 안 될 것 같다'라는 생각이 들 때가 종종 있다. 이럴 때는 한발 물러서서 생각해보는 것이 좋다. 한 번 좋게 생각하기 시작하면 좋은 쪽으로만 생각하려는 경향이 있다. 매수하고 싶은 마음을 합리화하는 것인데 이는 굉장히 위험하다. 특히 회사에 대한 정확한 분석이 끝나지 않은 상태에서 이번에 말한 IR 담당자를 만나면 섣부른 투자를 초래할 수 있으니 조심해야 한다.

주식 투자를 하는데 무슨 IR 담당자 인격까지 따져야 하냐고 물어볼 수 있다. 그러나 필자의 생각은 다르다. IR 담당자의 성향에 따라 투자자가 내리는 결정이 달라질 수 있다. 투자하려는 회사의 경쟁력이 70 정도인데 IR 담당자 말만 듣고 100 정도로 파악하고 투자하면 어떻게 될까? 투자자가 올바른 결정을 내리기 위해 알아야 할 정보가 10가지가 있다고 가정해보자. IR 담당자가 투자자를 무시하고 말을 잘 해주지 않는 성향이라 5가지 정보밖에 얻어내지 못하면 어떻게 될까?

워런 버핏은 늘 큰 규모의 투자를 결정한 이후에 '사람'에 대한 이야기를 한다. 경영진의 인품이 뛰어나고 경영 능력이 뛰어난 점을 강조하면서 '이런 사람들이 있는 기업이라면 걱정이 없다'라는 식의 말을 한다. 필자도 이 부분에 동의한다. 아무리 회사가 제품이나 기술적 측면에서 뛰어나도 (내부의) 사람들이 상식 수준을 벗어나거나 최소한의 예의도 갖추지 못했다면 투자 대상에서 제외할 것을 추천한다.

투자의 여정에서 IR 담당자는 투자자와 반드시 함께해야 하는 사람이다. 함께 일하기 어려운 유형의 사람이라면 해당 기업은 피할 것을 추천한다. 기업 경쟁력이 너무 뛰어나서 IR 담당자가 힘든 유형이어도 투자하겠다면 말리지 않겠다.

우리나라에 상장된 기업이 2,000개가 넘는다. 기업도 좋고 IR 담당자도 좋은 기업이 널려 있다. (상대하기 어려운 IR 담당자가 앉아 있는 기업에 미련 두지 말고) 이런 기업을 찾는 것이 투자 수익률을 높일 수 있는 좋은 방법이다.

08 좋은 사람은 좋은 사람일 뿐

필자는 국내 정치를 바라보면서 늘 아쉽다고 생각하는 부분이 있다. 국가 지도자를 뽑는 과정에서 도덕을 지나치게 중요시한다는 점이다. 중요하지 않다는 이야기가 아니다. 도덕은 분명 굉장히 중요하다.

현재 투표 절차상 우리가 원하지 않는다고 후보자가 당선이 안 되지 않는다. 다수결에 의해 국가 지도자가 정해지는 시스템이기 때문에 결국 출마한 후보 가운데 한 사람이 지도자로 당선될 수밖에 없는 구조다. 두 후보가 출마했는데 모두 도덕적 기준을 통과하지 못해서 후보를 다시 뽑는다면 모를까, 최소한 지금의 투표 과정은 그렇지 않다. 결국 정해진 몇 명의 후보 안에서 유권자들은 투표해야 한다.

국가 지도자의 역할은 무엇인가? 나라를 이끌면서 글로벌 경쟁에서 뒤처지지 않고 우리나라 국민이 잘 먹고 잘살 수 있도록 만들어가야 한다. 시대 흐름에 맞춰 국가가 나아가야 할 방향을 제대로 설정할 수 있어야 한다. 도덕과 실력이 둘 다 100점짜리 후보가 있다면 필자도 망설임 없이 그 후보를 뽑겠다. 그러나 확률적으로 그런 사람은 거의 존재하지 않는다. 이런 상황에서 우리는 어떤 선택을 해야 할까? 국가적 측면에서 바라본다면 우리는 능력을 좀 더 우선순위에 둬야 한다. 우리는 국가를 제대로 운영할 사람을 뽑는 것이지 도덕적으로 존경할 사람을 뽑는 것이 아니다. 그렇다고 법도 안 지키고, 범죄를 저질러도 능력만 되면 뽑아야 한다는 의미는 아니다. 완벽하지 않더라도 어느 정도의 도덕성을 갖췄다면 그중에서 국가를 잘 이끌어 갈 지도자를 분별해서 골라야 한다는 의미다.

이를 기업에 적용해보자. 기업인의 역할은 무엇인가? 경쟁에서 뒤처지지 않고 변화의 시대 속에서 발 빠르게 살아남아 끊임없이 이익을 창출해가는 것이다. 이렇게 하면서 사회적 요구에도 맞춰가는 것이 순서다. 수익도 못 내고 직원들 월급도 주지 못하는 기업이 도덕적 가치를 내세우면 무슨 소용이 있나?

투자의 세계는 냉정하다. 인격적인 부분을 따진다 해도 실력이 뒷받침되어야 한다. 음식을 파는 가게가 가격도 싸고 도덕적으로 뛰어난데 맛이 없으면 어떻게 할 것인가? 음식점의 본질은 맛이다. 우선순위에서 '맛'이 최우선이어야 한다. 나머지는 그 뒤에 따라오는 요소다. 맛이 뛰어나면 음식점 내부가 조금 허름해도 사람들은 찾아온다. 그러나 최고의 인테리어를 한 가게도 맛이 없으면 사람들은 가지 않는다. 국가도, 투자도 결국 실력이 받쳐줘야 다른 요소들을 논의할 수 있다.

탐방을 다니다 보면 참으로 '착하고 좋은' 혹은 '매력적인' 사람들을 많이 만난다. 필자가 탐방을 다녀온 이후 가장, 그리고 자주 아쉬워하는 유형의 기업들이 있다. '기업만 좋았더라면' 하는 아쉬움이 남는 기업들이다. IR 담당자도 너무 좋고 내부 분위기도 너무 좋았다. 대화하기도 편하고 인격적으로 너무 훌륭한 사람들이었다. 그런데 아쉽게도 기업의 경쟁력이 높지 못했다. 너무도 아쉽지만 이런 기업에는 절대로 투자하면 안 된다. 친절한 사람, 상냥한 사람, 잘 웃는 사람과 함께하기를 원하는 것이 당연한 인간의 기본적 심리라고 하지만 투자는 수익률을 위해서 하는 것이지 좋은 사람을 만나기 위해 하는 것이 아니기 때문이다.

#사람만 좋았다

T사에 탐방을 다녀온 후 필자는 애착이 생겼다. 탐방을 갔을 당시 고위 임원진과 IR 담당자가 함께 나와서 필자를 반겨줬다. 회사에 대한 설명도 잘해줬고 생산 공장도 보여주면서 2~3시간에 걸쳐 회사를 알아갈 수 있도록 도와줬다. 필자가 늘 경계하는 허세, 교만, 거만, 거짓말, 비밀스러움, 불친절은 찾아볼 수 없었다. 정말 있는 그대로를 이야기해줬고(회사를 다녀온 이후 6개월~1년 동안 필자가 검증하며 내린 결론이었다) 투자자가 알아야 할 산업적 지식을 전달하기 위해 열심히 노력하는 모습이 눈에 보였다.

미팅을 하면서 "관련 자료를 이메일로 받아볼 수 있을까요?"라는 질문을 하면 보통 까먹고 보내주지 않는 경우가 많다. 그러나 T사의 IR 담당자들은 달랐다. 필자가 요청했던 모든 자료를 꼼꼼하게 노트해뒀다가 며칠이 지난 뒤 친절한 설명과 함께 자료도 보내주고, 전화로 자료에 대한 설명까지 덧붙여줬다.

T사 IR 담당자들의 예의와 투자자를 대하는 태도는 필자가 다녀온 그 어떤 회사보다도 높은 점수를 줄 수 있었다. 산업에 대한 깊은 이해도를 지녔고 경쟁사에 대한 분석도 완벽한 수준이었다.

그러나 너무 아쉬운 점이 있었다. T사 자체가 크게 경쟁력이 없다는 점이었다. T사가 하는 사업은 산업 규모도 너무 작았고 그 안에서도 이미 글로벌 기업들이 자리를 꽉 잡고 있었다. T사는 작은 산업 안에서도 니치 마켓(Niche Market, 틈새 시장)을 찾아 공략하고 있었는데 큰 실적을 내기에는 쉽지 않아 보였다.

탐방을 다녀온 후 1년이 지나고 2년이 지났는데 회사의 매출은 늘 제자리걸음이었고 주가 역시 오를 기미가 보이지 않았다. 당연히 필자는 이 회사에 투자하지 않았다. 투자하고 싶은 마음이 굴뚝 같았지만 사람만 좋다고 투자할 수는 없는 노릇이었다. 회사가 좋고 IR 담당자들까지 좋을 때 투자 매력이 생기는 것이다.

더욱 안타까운 상황도 생겼다. 탐방을 다녀온 지 1년 반 정도가 지난 시점에서 IR 담당자가 자리를 옮긴다는 이야기를 전해 듣게 됐다. 왜 그런지 물어보니 성장할 수 있는 회사로 자리를 옮겨야 할 것 같다는 답변이 돌아왔다. 그날 이후 필자도 T사에 관심을 두지 않았다. 지금도 T사의 주가는 여전히 제자리걸음을 하고 있다. 오르지도 않고 빠지지도 않는 것이다. 시장에서 철저히 소외되고 있다는 증거다.

#애널리스트보다 더 뛰어난 능력을 보여주다

실적이 너무 잘 나오는데 주가는 오르지 못하고 기업 가치도 저평가되어 있다고 판단된 U사를 탐방한 적이 있었다. 얼마나 저평가된 기간이 길었는지 알고 싶다면, 필자가 이 회사를 3년에 걸쳐 3번 탐방을 다녀왔다는 것만 기억하면 된다. 그런데도 주가는 3년 동안 제자리걸음을 했다.

첫 번째 탐방은 투자자문사의 대표와 함께 갔고, 두 번째 탐방은 증권가에서 애널리스트를 하는 지인과 함께 갔다. 마지막 탐방은 자산운용사에 다니는 지인과 함께 갔다. 함께 간 사람들을 나열하는 이유는, U사의 IR 담당자에 대한 평을 공유하기 위해서다. 필자와 함께 탐방을 갔던 3명 모두 IR 담당자의 실력에 감탄했다. 깔끔한 회사 설명, 산업에 대한 이해도, 재무적 감각과 분석이 뛰어났다. 투자자를 대하는 예의와 친절함까지 겸비해 IR 담당자가 갖춰야 할 거의 모든 역량을 두루 갖춘 그런 사람이었다.

이런 IR 담당자를 만나면 어쩔 수 없이 그 회사에 대한 애착이 생기게 된다. 같은 물건을 팔아도 영업을 잘하는 사람이 있고 못하는 사람이 있다. 물건을 파는 사람의 역량이다. 그 역량에 따라 소비자가 물건을 사고 싶게 만들거나 같은 물건이라도 사고 싶지 않게 만든다. 투자에서도 마찬가지다. IR 담당자의 역량에 따라 함께 하고 싶은 기업이 있기 마련이고, 그러고 싶지 않은 기업이 있기 마련이다.

특히 U사 IR 담당자의 재무 분석 능력은 놀라울 정도였다. 경쟁사의 수치 하나하나까지도 모두 외우고 있었다. 아직도 미팅하면서 IR 담당자의 엑셀을 보고 입이 떡 벌어졌던 기억이 난다. 탐방을 다녀온 필자의 모든 지인은 U사에 조금씩이라도 투자를 했다고 한다(투자금액에는 차이가 있다). 필자 역시 큰 금액은 아니지만 U사에 투자했다. 과한 저평가도 매력적으로 다가왔지만 IR 담당자와 대화를 하고 나면 U사에 투자하고 싶은 마음이 솟구쳐 올랐다.

그러나 안타깝게도 3년이 지난 시점에서 필자는 U사에 대한 투자를 모두 정리했고 필자의 지인들 역시 모두 정리했다는 이야기를 들을 수 있었다. 왜 그랬는지 한번 살펴보자.

필자가 3번째 탐방을 다녀온 후 한동안 연락을 하지 않다가 궁금한 부분이 생겨 전화를 해봤더니 그사이 IR 담당자가 바뀌어 있었다. 개인 사정으로 전에 있던 IR 담당자가 퇴사했다는 말을 들었다. 어쩔 수 없이 새로운 IR 담당자에게 질문을 던지고 대화를 이어나갔다. 그런데 그 전과는 느낌이 매우 달랐다. 분명 같은 회사인데 예전과 같은 매력이 느껴지지 않았고 보이지 않던 부분까지 보이기 시작했다. 그동안 왜 주가가 오르지 못했는지 이제 조금씩 이해가 가기 시작했다. 사실 이미 알려진 내용이었는데 필자가 보지 못했을 뿐이었다.

냉정하게 다시 U사에 대한 투자 포인트들을 되짚어 봤다. 보면 볼수록 U사가 아니라 IR 담당자의 능력에 빠져 있었던 것이 아닌가 하는 생각이 들기 시작했다. U사의 투자 가치가 그리 높지 않았는데 IR 담당자의 능력에 빠져 제대로 보지 못했던 것 같았다. IR 담당자의 뛰어난 재무 분석 능력과 U사의 투자 가치는 별개임에도 불구하고 이를 제대로 분별하지 못했다.

그렇게 IR 담당자가 바뀌고 U사에 대한 분석을 다시 하면서 가지고 있던 모든 물량을 정리하기로 했다. 다행히 주가가 제자리걸음을 하던 중이라 큰 이익도 없었지만 그렇다고 손실도 없었던 그런 투자로 마무리하게 됐다.

*

다음은 필자가 만든 '기업 유형별 투자순위'다. 기업도 좋고 사람(IR 담당자)까지 좋다면 최고다. 이런 기업은 투자 매력이 가장 높다. 물론 밸류에이션을 잘 파악해서 진입 시점은 잘 고려해야 한다는 점은 잊지 말아야 한다.

[기업 유형별 투자순위]

기업 유형	투자순위
기업 ○ + 사람 ○	1순위
기업 ○ + 사람 ×	2순위
기업 × + 사람 ○	×
기업 × + 사람 ×	×

기업은 좋은데 사람이 별로인 경우가 애매하다. 이런 경우라면 2순위 정도다. 기업이 너무 좋으므로 사람이 조금 별로라도 시장

에서는 관심을 충분히 받을 수 있다. 이런 기업을 골라서 적절한 가격에 투자한다면 충분히 수익을 낼 수 있다.

기업은 별로인데 사람이 좋을 수가 있다. 투자자로서 마음은 갈 수 있지만 절대로 투자해서는 안 된다. 이런 기업은 3순위가 아니고 투자 목록에서 제외해야 한다. 기업도 별로고 사람까지 별로인 기업과 별반 다를 게 없다. 기업이 별로면 시장은 절대로 관심을 두지 않는다. 이번에 예로 든 T사와 U사는 필자에게 '기업은 별로인데 사람은 좋은' 기업들이었다. 필자도 IR 담당자들에게 매력을 느꼈고 U사의 경우에는 잘못된 결정을 내리기도 했다. 사람에게 매력을 느끼면 잘못된 결정을 내릴 수 있게 되는데 주식 시장에서는 반드시 경계해야 한다.

IR 담당자와 만나거나 통화를 하다 보면 매력적으로 끌리는 사람이 존재한다. 이럴 때는 기업이 매력이 있는지를 반드시 확인하고 투자 결정을 내려야 한다. 영업을 잘하는 사람한테 질이 조금 떨어지는 물건을 사는 것은 물건값을 잃은 정도지만 주식 시장에서는 전 재산을 잃을 수 있으니 반드시 경계해야 한다. 주식 시장에서 수익을 가져다주는 핵심 요인은 기업의 능력이다. 이 기준이 충족되지 못하면 다른 요인들은 큰 의미가 없다.

맺음말

습관이 되니 돈이 벌리더라

주식 시장은 참으로 매력적이다. 단순히 큰돈을 벌 수 있어서만이 아니다. 주식 투자에 대해 아무것도 모르던 시절, 필자는 동물적 감각이 뛰어나야 돈을 벌 수 있다고 생각했다. 또한, 미래에 대한 통찰력을 가지고 돈 냄새를 잘 맡아야만 주식 시장에서 성공할 수 있다고 생각했다. 물론 어느 정도 필요하다. 동물적 감각이 뛰어나서 나쁠 것은 없다. 그러나 동물적 감각이 없다고 해서 성공 못 하는 곳도 아니라는 것을 발견한 후 주식 시장은 굉장히 매력적으로 다가왔다.

주식 시장에서 오랜 기간 살아남은 사람들이 투자를 확률적으로 잘하게 될 가능성이 크다. 그 이유는 무엇일까? 동물적 감각이 뛰어나서일까? 그럴 수도 있겠지만 필자의 답은 굉장히 단순하다. '오랫동안 주식 시장을 경험해봤기 때문'이다.

주식 시장에는 변수가 많다. 예상치 못한 일이 자주 발생하고 그래서 변동성이 심하다. 그런데도 사람들이 주식을 하는 이유는 큰돈을 벌 수 있다는 기대감 때문이다.

주식을 처음 시작하고 일정 기간은 반드시 수업료를 지불해야 한다. 시간이든 돈이든 수업료는 반드시 나간다. 이것을 아까워하지 마라. 갓난아기가 여러 번 넘어져 가면서 걷기에 성공하듯, 주식 시장에서도 여러 번 넘어지면서 걸을 수 있게 되는 것이다. 우리 모두 여러 번 넘어져 봤기 때문에 잘 걷는 것이지 태어나자마자 한 번도 안 넘어지고 완벽하게 걷기 시작한 사람은 아무도 없다. 반대로 생각해보면 굉장히 공평한 곳이라는 말이 되기도 한다. 누구나 넘어져 보고 다치다 보면 잘 걸을 수 있게 되기 때문이다. 전 세계 공통이다. 누구라도 예외가 없다.

필자가 '동물적 감각이 생각보다 필요하지 않다'라고 말하는 이유가 여기에 있다. 그저 오랜 기간 경험하고 시장을 겪다 보면, 어느 시점부터는 주식 시장에서 일어나는 일들이 '과거에 한 번쯤 겪어봤고 시장이 어떻게 흘러가는지 결과도 본 일'이 되어버린다. 주식 투자를 오래 한 사람들이 비교적 대폭락장에서 여유로운 이유는 태어나서부터 큰돈을 잃어도 무감각한 강심장이라서가 아니라 과거 대폭락을 한 번쯤 경험해보니 결국 다 지나가고 반등이 온다는 것을 알기 때문이다. 폭락장에서 큰돈을 강하게 베팅할 용기도 경험에서 나오는 것이다.

필자도 어느덧 주식 투자를 시작한 지 13~14년이 넘어가다 보니 새롭게 다가오는 이슈가 별로 없다. 주식이 떨어져도 이제는 무감각한 수준에 도달했다. 무엇이 중요한 뉴스고 무엇이 중요하지 않은 뉴스인지도 경험을 통해서 깨달았다. 처음부터 모든 것을 알고 시작하지 않았다. 긴 시간 동안 좋은 종목을 분별해내는 방법도 어느 정도 터득했으니 한 번 종목을 고르면 원하는 목표가에 도달할 때까지 잘 보지도 않는다. 시간이 지나면 지날수록 '주식 시장에서 돈 벌기 참 쉽더라'라는 말이 나온다. 단순 수익으로 계산해보니 필자도 어느덧 국내 주식 투자자 수익률 상위 5% 안에 든다는 것을 발견한 적이 있다. 2021년에도 계좌는 많이 불어났다.

주식 투자가 쉽다고 말하는 이유는 무엇일까? 더는 새로운 것이 없다고 할 때까지 경험하면서 버티고, 하지 말라는 것은 안 하고, 실전을 뛰어보면서 여러 경험을 하다 보니 주식 투자를 잘 하기 위해서는 꾸준히 해야 할 것들을 반복만 하면 된다는 결론을 내렸기 때문이다.

필자는 특별히 돈에 대한 동물적 감각이 뛰어난 사람이 아니다. 오히려 무디다고 하는 쪽에 가깝다. 필자가 공부한 주식 이론은 누구나 찾아볼 수 있는 이론들이다. 인터넷이나 여러 책에 이미 다 답이 나와 있다. 세상 사람 아무도 모르는 특별한 지식을 가지고 있지 않다는 의미다. 그리고 이 책에서 필자가 소개한 실전 과정 역시 누구나 할 수 있는 범위에 있는 일들이다. 누구나 기업에 전화를 걸 수 있고 IR 담당자와 관계를 쌓을 수 있다. 자신의 투자 철학을 잘 정립하고 같은 일들만 반복하다 보면 주식으로 돈을 벌게 된다. 너무나도 간단하다. 다만 단기간에 되지는 않으니 그 부분에 대한 꿈은 접는 것이 좋다. 진득하게 오랜 기간 시간을 투자하면서 공부하면 반드시 정복할 수 있는 영역이다.

《슈퍼개미 박성득의 주식투자 교과서》를 읽을 당시 '나도 언젠가 누군가에게 이런 조언을 할 수 있는 날이 올까?'라는 막연한 생각을 가졌었는데 그 일이 현실이 되어 이 책을 집필하고 있다. 지금 돌아보니 이 책을 쓰기까지(주식으로 돈을 벌기까지) 꾸준함과 인내, 다양한 경험, 그리고 해야 할 것들을 쉬지 않고 반복하는 시간이 필요했다.

매일 신문, 사업보고서 등을 읽었고 기업들의 실적을 추적했다. 한 번 매수한 기업은 매도할 때까지 끊임없이 추적했다. 궁금한 내용이 있으면 IR 담당자와 통화해서 답변을 얻어냈고 수정이 필요한 부분은 수정해가면서 계좌를 관리했다. 이런 일이 반복되고 습관이 되다 보니 실력이 늘었고 계좌가 불어났다. 시간이 지날수록 경험치가 더 쌓이고 내공이 더 쌓일 테니 주식 시장에서 필자의 결과는 앞으로 더욱 좋아질 가능성이 높다. 경험치가 쌓여가고 있으니 말이다.

아리스토텔레스의 말로 이 책을 마무리하겠다. 필자가 가장 좋아하는 말 중 하나다. 인생의 많은 영역에 적용되는 말이라고 생각한다. 주식 시장에서도 마찬가지다.

"We are what we repeatedly do. Excellence, then is not an act, but a habit(우리가 누구인지는 우리가 무엇을 반복적으로 하는 것인가에 달렸다. 따라서 탁월함은 행위가 아니라 습관이다)."

1000개 기업 탐방으로 알게 된
수익 내는 주식 투자의 원칙

2022년 9월 21일 초판 1쇄 인쇄
2022년 9월 28일 초판 1쇄 발행

지은이 | 호크마
펴낸이 | 이종춘
펴낸곳 | (주)첨단

주소 | 서울시 마포구 양화로 127 (서교동) 첨단빌딩 3층
전화 | 02-338-9151
팩스 | 02-338-9155
인터넷 홈페이지 | www.goldenowl.co.kr
출판등록 | 2000년 2월 15일 제2000-000035호

본부장 | 홍종훈
편집 | 전용준, 홍종훈
전략마케팅 | 구본철, 차정욱, 오영일, 나진호, 강호묵
제작 | 김유석
경영지원 | 윤정희, 이금선, 최미숙

ISBN 978-89-6030-608-0 13320

• BM 황금부엉이는 (주)첨단의 단행본 출판 브랜드입니다.

• 값은 뒤표지에 있습니다. 잘못된 책은 구입하신 서점에서 바꾸어 드립니다.